OS ESPORTES ELETRÔNICOS NO BRASIL

PROTEÇÃO JURÍDICO-TRABALHISTA DOS JOGADORES PROFISSIONAIS DE VIDEOGAME

AUTORIA
GABRIELA MARCASSA THOMAZ DE AQUINO

LTr®

OS ESPORTES ELETRÔNICOS NO BRASIL

PROTEÇÃO JURÍDICO-TRABALHISTA DOS JOGADORES PROFISSIONAIS DE VIDEOGAME

2024

LTr Editora Ltda.

Rua Jaguaribe, 571
CEP 01224-003
São Paulo, SP — Brasil
Fone: (11) 2167-1101
www.ltr.com.br
Agosto, 2024

Projeto Gráfico e Editoração Eletrônica: Peter Fritz Strotbek - The Best Page
Projeto de Capa: Danilo Rebello
Impressão: Docuprint

Versão impressa: LTr 6456.7 — ISBN 978-65-5883-316-1
Versão digital: LTr 9920.3 — ISBN 978-65-5883-317-8

Dados Internacionais de Catalogação na Publicação (CIP)
(Câmara Brasileira do Livro, SP, Brasil)

Aquino, Gabriela Marcassa Thomaz de
Os esportes eletrônicos no Brasil : proteção jurídico-trabalhista dos jogadores profissionais de videogame / Gabriela Marcassa Thomaz de Aquino. — São Paulo : LTr Editora, 2024.

Bibliografia.
ISBN 978-65-5883-316-1

1. Direito do trabalho - Brasil 2. Jogos eletrônicos 3. Videogame I. Título.

24-215141 CDU-34:331(81)

Índice para catálogo sistemático:

1. Brasil : Direito do trabalho 34:331(81)

Eliane de Freitas Leite - Bibliotecária - CRB 8/8415

Sumário

Lista de Abreviaturas

ABCD...... Autoridade Brasileira de Controle de Dopagem
ABERT.... Associação Brasileira de Emissoras de Rádio e Televisão
ADI.......... Ação Direta de Inconstitucionalidade
AMA........ Agência Mundial Antidopagem
AUT .... Autorização de uso terapêutico
CBC........ Comitê Brasileiro de Clubes
CBCP...... Comitê Brasileiro de Clubes Paralímpicos
CBCS...... Campeonato Brasileiro de *Counter-Strike* Elite
CBDEL.... Confederação Brasileira de Desporto Eletrônico
CBEE...... Confederação Brasileira de Esportes Eletrônicos
CBeS ...... Confederação Brasileira de eSports
CBGE ..... Confederação Brasileira de Games e eSports
CBLoL..... Campeonato Brasileiro de *League of Legends*
CID .... Classificação Estatística Internacional de Doenças e Problemas Relacionados com a Saúde
CLT .... Consolidação das Leis do Trabalho
CNPJ ...... Cadastro Nacional da Pessoa Jurídica
COB........ Comitê Olímpico Brasileiro
COI .... Comitê Olímpico Internacional
CS........... *Counter-Strike*
CS:GO .... *Counter-Strike: Global Offensive*
CSPPA.... *Counter-Strike Professional Players Association*
CTPS...... Carteira de Trabalho e Previdência Social
CTSST.... Comissão Tripartite de Saúde e Segurança no Trabalho
Dota 2..... *Defense of the Ancients 2*
ECA........ Estatuto da Criança e do Adolescente

ESIC .... *Esports Integrity Coalition*
FPS......... *First-Person Shooter*
JAIJ......... Juízo Auxiliar da Infância e Juventude
LCS......... *LoL Championship Series*
LoL.......... *League of Legends*
MOBA..... *Multiplayer Online Battle Arena*
NALCS.... *North American League Championship Series*
NLRA...... *National Labor Relations Act*
NR .... Norma Regulamentadora
OIT.......... Organização Internacional do Trabalho
OMS .... Organização Mundial da Saúde
PNSST.... Política Nacional de Segurança e Saúde no Trabalho
PUBG ..... *Playerunknown's Battlegrounds*
RTS .... *Real-Time Strategy*
SBP .... Sociedade Brasileira de Pediatria
SIBiUSP.. Sistema Integrado de Bibliotecas da Universidade de São Paulo
Sinesp..... Sistema Nacional do Esporte
SST......... Segurança e Saúde no Trabalho
STF......... Supremo Tribunal Federal
STJ .... Superior Tribunal de Justiça
TJ............ Tribunal de Justiça
TPS......... *Third-Person Shooter*
TRT......... Tribunal Regional do Trabalho
TST......... Tribunal Superior do Trabalho
USP .... Universidade de São Paulo

Lista de Figuras, Gráfico e Tabelas

Figuras

Gráfico

Tabelas

Prefácio

No crepitar da febre social que os esportes eletrônicos provocaram ao redor do planeta, o Brasil emerge como um dos protagonistas deste novo universo competitivo. O país se destaca como o terceiro em audiência de *e-sports* e o décimo em número de jogadores de videogame, evidenciando a paixão e o envolvimento da população com essa modalidade. Dentre as áreas de trabalho que suscitam maior otimismo entre os profissionais do setor, destacam-se a criação de conteúdo de jogos (68,3%), as publicações ou *marketing* com jogos (68%), a programação de jogos (66%), os efeitos visuais para jogos (65,7%) e o segmento de arte, ilustração e animação de jogos (65%).(1) A projeção de crescimento na América Latina reforça ainda mais a relevância do Brasil nesse contexto, tornando urgente a necessidade de compreendermos os desafios e as especificidades deste fenômeno. Ainda nos ressentimos, todavia, de uma política consistente para essa nova dimensão do trabalho criativo, já que a nossa relevância segue pelo aspecto do *consumo* — movimentam-se cerca de 13 bilhões de reais por ano —, mas ainda não nos destacamos como centro de criação de jogos.(2)

A obra que que você tem em mãos certamente será um divisor de águas nesse particular escopo. A advogada paulista Gabriela Marcassa Thomaz de Aquino apresenta ao grande público o fruto intelectual de sua investigação de doutorado, levada a cabo sob os auspícios do Programa de Pós-Graduação da Faculdade de Direito da Universidade de São Paulo, que resultou na obtenção do título de doutora pela FDUSP no final do segundo semestre de 2023, com sugestão de publicação por parte da banca examinadora. Trata-se de uma singular contribuição para o debate da regulação jurídico-laboral dos esportes eletrônicos no Brasil, desenvolvida a partir de um rigoroso trabalho de análise qualitativa que buscou responder, entre outras, a uma crucial pergunta: é necessária uma legislação específica para regular o setor?

---

(1) V. https://forbes.com.br/forbes-tech/2023/03/games-e-esports-ganham-forca-como-opcao-de-carreira-no-brasil/. Acesso em: 11 jun. 2024.

(2) FILHO, Márcio; ZAMBON, Pedro. Setor de games no Brasil movimenta R$ 13 bilhões por ano, mas ainda sem uma política nacional adequada. *Carta Capital*. 29 set. 2023. Disponível em: https://www.cartacapital.com.br/tecnologia/setor-de-games-no-brasil-movimenta-r-13-bilhoes-por-ano-mas-ainda-sem-uma-politica-nacional-adequada/. Acesso em: 11 jun. 2024.

De acordo com Taylor,[(3)] a cultura dos esportes eletrônicos desafia nossas concepções tradicionais de esporte e entretenimento, exigindo novas abordagens regulatórias que considerem as suas especificidades. Trata-se efetivamente de desporto? No Brasil, aplicam-se, a propósito, a Lei Pelé (Lei n. 9.615, de 24 de março de 1998) e a recente Lei Geral do Esporte (Lei n. 14.597, de 14 de junho de 2023)? Marcassa conclui que sim; e, nisto, acompanho-a incondicionalmente. Nessa direção, aliás, também Wagner[(4)] destaca a necessidade de reconhecimento jurídico dos esportes eletrônicos para garantir a mínima proteção da esfera jurídica dos envolvidos (notadamente *cyber*-atletas e desenvolvedores). Para Hutchins,[(5)] enfim, a profissionalização dos *gamers* traz consigo questões críticas relacionadas às condições de trabalho e à saúde dos jogadores, a desafiar novas abordagens, com acurácia e seriedade, porque já não se trata simplesmente de esporte, mas de esporte *como* mídia, com um nível de interpenetração e indissociabilidade entre desporto, conteúdos midiáticos, tecnologias de informação e comunicação em rede jamais visto nas sociedades humanas.

Forte nessa percepção, a presente obra é dividida em capítulos que exploram concatenada e coerentemente toda essa realidade caleidoscópica, desde a evolução e o desenvolvimento do ecossistema dos esportes eletrônicos até as definições jurídico-doutrinárias que podem caracterizá-los legalmente como esportes. O estudo revela, por meio de levantamentos bibliográficos, jurisprudenciais, legislativos e inclusive empíricos — a saber, entrevistas estruturadas (na verdade, apenas duas entrevistas realizadas com *cyber*-atletas de times de *League of Legends*, o que bem revela, na base desses nichos, uma compreensível resistência a qualquer escrutínio jurídico-científico que possa conduzir ao reconhecimento legal-formal de direitos que hoje são objeto de livre negociação) —, desenhando, ao final, um mapa detalhado das problemáticas enfrentadas por jogadores e demais atores envolvidos nesse universo.

---

(3) TAYLOR, T. L. Raising the Stakes: E-Sports and the Professionalization of Computer Gaming. [*s.l.*]: *MIT Press*, 2012. Disponível em: https://doi.org/10.7551/mitpress/8624.001.0001. Acesso em: 13 jun. 2024.

(4) WAGNER, M. G. On the Scientific Relevance of eSports. International Conference on Internet Computing. Proceedings of the 2006 International Conference on Internet Computing & Conference on Computer Games Development. Las Vegas: *CSREA Press*, 2006, p. 437-442.

(5) HUTCHINS, B. Signs of meta-change in second modernity: Informational developments, societal consequences. *New Media & Society**. Vol. 10, N. 6, 2008, p. 851-869. *In verbis*: (examinando, em particular, o evento *"World Cyber Games"*): "This popular event and the 'cyber-athletes' that compete in it cannot be explained fully by reference to existing studies of computer and video gaming, media and sport, media events or organized sporting competition. It is not possible to think in terms of sport and the media when considering the WCG and organized competitive gaming. This is sport as media or e-sport, a term that signifies the seamless interpenetration of media content, sport and networked information and communications technologies"

Ao longo da obra, com efeito, a autora identifica nada menos do que trinta e oito problemáticas organizadas em sete eixos temáticos: competição, contratos, jogadores, locais de trabalho, regulação, representação e saúde. A análise cuidadosa desses eixos revela que uma parte menor dos desafios já é contemplada pela legislação vigente, enquanto outra parte carece de regulamentação específica, apropriada para o tratamento dos problemas inéditos e/ou intrínsecos à fenomenologia dos esportes eletrônicos. E para promovê-la, direi eu, não haverá campo dogmático mais propício que o Direito do Trabalho e a sua inesgotável normatividade pluricêntrica.

A conclusão de Marcassa, assim, é inapelável: vive-se a premente necessidade de engendrar uma regulação jurídico-trabalhista específica para os esportes eletrônicos no Brasil, capaz de equilibrar, por um lado, especificidade e flexibilidade, e de equacionar, por outro, os diversos gargalos regulatórios do setor, sem, todavia, engessá-lo economicamente. Nessa direção, além de oferecer uma sólida base teórica e prática para futuras regulamentações, a tese deita os melhores alicerces para uma importante reflexão — que não consegue e nem poderia exaurir — sobre a saúde mental dos jogadores, os riscos físicos associados à prática intensiva de videogames e a proteção integral dos jovens que aspiram à profissionalização nesse campo.

Em um momento no qual os esportes eletrônicos se consolidam como uma das principais formas de entretenimento e competição do século XXI, a pesquisa de Gabriela Marcassa Thomaz de Aquino torna-se, sem favor, uma leitura obrigatória para tantos quantos queiram compreender e aprimorar a regulação deste dinâmico e complexo segmento lúdico-desportivo.

Eis aqui, caro leitor, o seu *start*. Resta jogar o jogo.

São Paulo, 11 de junho de 2024.

Guilherme Guimarães Feliciano
Professor Associado II do Departamento de Direito do Trabalho e da Seguridade Social da Faculdade de Direito da Universidade de São Paulo.
Doutor e Livre-Docente pela Faculdade de Direito da Universidade de São Paulo e Doutor pela Faculdade de Direito da Universidade de Lisboa.
Vice-Presidente da Associação Nacional dos Magistrados da Justiça do Trabalho (2015/2017).
Juiz Titular da 1ª Vara do Trabalho de Taubaté/SP.

Introdução

As competições de videogame não são uma novidade no cotidiano brasileiro ou mundial, sendo uma realidade presente na infância, na adolescência ou na vida adulta de muitas pessoas, nas disputas realizadas no sofá da sala de casa ou nos fliperamas.

A internet foi o elemento que permitiu uma grande mudança nesse panorama, possibilitando o ganho de escala das competições de videogame e a participação de pessoas de diferentes localidades, que encontraram um novo ambiente de interação. A maior difusão das competições e a maior interação dos fãs de videogame fortaleceram o mercado de jogos eletrônicos e propiciaram que campeonatos com maior estrutura fossem organizados.

Com a organização de campeonatos mais estruturados e com maiores premiações, houve um movimento de profissionalização no setor, que envolveu tanto os jogadores de videogame quanto os técnicos, preparadores físicos, fisioterapeutas, times e diversos outros atores.

A grande novidade envolvendo as competições de videogame, portanto, encontra-se nessa profissionalização do setor, que foi uma consequência direta da expansão global dos jogos eletrônicos e da criação de estruturas competitivas organizadas e atrativas.

Esse cenário competitivo profissional passou a ser denominado como esporte eletrônico (*esport*) e, segundo a última projeção realizada pelo periódico especializado Newzoo, é um mercado com receitas globais que alcançaram 1,38 bilhão de dólares (2022), com crescimento projetado para 1,86 bilhão de dólares em 2025.(1)

O Brasil ocupa um papel relevante no cenário dos *esports*, sendo o terceiro país do mundo em número de entusiastas(2) de esportes eletrônicos(3) e o décimo país mundial em número de jogadores de videogame (incluindo profissionais e não profissionais), com 101 milhões de pessoas.(4) É preciso

---

(1) NEWZOO. *Global Games Market Report 2022*. p. 7. Disponível em: https://newzoo.com/resources/trend-reports/newzoo-global-games-market-report-2022-free-version. Acesso em: abr. 2023.

(2) O relatório define entusiastas de esportes eletrônicos como as pessoas que assistem conteúdos de esports (profissionais) mais de uma vez ao mês.

(3) NEWZOO. *Global Esports & Streaming Market 2021*. p. 10. Disponível em: https://newzoo.com/insights/trend-reports/newzoos-global-esports-live-streaming-market-report-2021-free-version/. Acesso em: abr. 2023.

(4) NEWZOO. *Key insights into brazilian gamers*. p. 7. Disponível em: https://newzoo.com/

destacarmos, ainda, que a América Latina é uma das regiões que apresentam uma tendência de crescimento maior em relação ao mercado de jogos eletrônicos,[(5)] de modo que o Brasil pode apresentar números ainda mais significativos em um futuro próximo.

Esta pesquisa foi proposta considerando a profissionalização ocorrida nos *esports*, a importância desse mercado no Brasil e as projeções de crescimento do setor em nível tanto regional quanto mundial. Com o foco nos jogadores profissionais de esportes eletrônicos, o estudo busca responder à seguinte pergunta: É necessária a elaboração de uma legislação jurídico-trabalhista para regular o setor ou as legislações existentes são suficientes para garantir a proteção desses jogadores?

Para responder a essa pergunta, a pesquisa debruçou-se sobre os problemas existentes no cenário dos esportes eletrônicos, considerando os resultados provenientes dos mapeamentos bibliográfico, jurisprudencial e legislativo, além das respostas das entrevistas realizadas com as equipes de *esports*, conforme explicado melhor nas "considerações metodológicas" a seguir. Após a construção do mapa de problemas, identificamos que existem problemáticas que não estão restritas ao cenário dos esportes eletrônicos, mas ganham novos contornos nesse modelo, e problemáticas que são próprias dos *esports*.

A fim de apresentarmos todos os resultados obtidos e de responder à pergunta central da pesquisa, estruturamos este estudo em quatro capítulos centrais, além desta introdução, considerações metodológicas, considerações finais, referências e anexos.

No primeiro capítulo, apresentamos a descrição do ecossistema dos esportes eletrônicos, identificando quais elementos são essenciais para o desenvolvimento das atividades relacionadas ao videogame e como esses elementos foram se modificando com o desenvolvimento tecnológico. Além disso, o capítulo apresenta os atores primários e secundários que compõem esse ecossistema, os papéis desempenhados por esses atores e as diferenças desse ecossistema, quando comparado com a organização encontrada nos esportes tradicionais.

O segundo capítulo trata da discussão acerca da caracterização ou não dos esportes eletrônicos como atividade desportiva. São apresentadas definições jurídicas e da literatura desportiva sobre o termo "esporte" e estudos

---

resources/trend-reports/key-insights-into-brazilian-gamers-newzoo-gamer-insights-report. Acesso em: abr. 2023.

(5) NEWZOO. *Global Games Market Report 2022*. p. 21. Disponível em: https://newzoo.com/resources/trend-reports/newzoo-global-games-market-report-2022-free-version. Acesso em: abr. 2023.

realizados com jogadores de videogame no âmbito da psiquiatria, psicologia, educação física, medicina.

O terceiro capítulo aborda o mapa de problemas envolvendo os esportes eletrônicos, resultado dos mapeamentos bibliográfico, jurisprudencial, legislativo e das respostas das entrevistas realizadas. O mapa foi organizado em sete eixos temáticos — (i) competição, (ii) contrato, (iii) jogadores, (iv) local de trabalho, (v) regulação, (vi) representação e (vii) saúde — e apresenta problemas que são encontrados em outros tipos de trabalho, problemas que possuem novos contornos no ecossistema dos esportes eletrônicos e problemas que são próprios do setor.

No quarto capítulo, discutimos as problemáticas que são próprias dos esportes eletrônicos, incluindo tanto questões que apresentam novos contornos quanto as que são identificadas apenas nesse cenário competitivo. O capítulo apresenta as especificidades desses problemas, os motivos pelos quais as legislações em vigor não são suficientes para resolvê-los e os caminhos que podem ser seguidos pelo legislador, a fim de garantir a proteção aos jogadores profissionais de videogame.

Nas considerações finais, são apresentadas as conclusões acerca da necessidade de elaboração de uma legislação jurídico-trabalhista específica para os esportes eletrônicos, considerando as formas de organização dos ecossistemas de competição, os problemas envolvendo os *esports* e as respostas para cada um dos objetivos específicos propostos no estudo.

Por fim, apresentamos a lista de referências bibliográficas que foram as fontes de estudo da pesquisa e, nos anexos, os documentos relacionados à realização das entrevistas com as equipes de esportes eletrônicos.

Considerações Metodológicas

Compreender como a pesquisa será desenvolvida é essencial para identificar seus contornos e suas limitações.

O tema deste estudo foi proposto considerando o crescimento exponencial dos esportes eletrônicos. Esse crescimento, conforme visto anteriormente, ocorre não só em âmbito internacional senão em âmbito nacional, com o Brasil ocupando um papel importante no setor, em relação tanto à audiência dos *esports* quanto ao número de jogadores de videogame.

Tendo em mente esse cenário, veio a ideia de desenvolver um estudo sobre a temática, debruçando-nos sobre as questões trabalhistas envolvendo os jogadores profissionais de videogame. Em um primeiro momento, pensamos em utilizar a técnica de entrevista (pesquisa empírica) para identificar as questões relacionadas à rotina dos jogadores profissionais de *esports*.

Limitamos o número de profissionais entrevistados levando em conta dois jogos que possuem modelos competitivos (regulatórios) diferentes e têm um grande público no Brasil e no mundo: o *League of Legends* (LoL) e o *Counter-Strike: Global Offensive* (CS:GO).

Dessa forma, as entrevistas seriam realizadas com jogadores de *League of Legends* (LoL), levando em conta os times que disputam o Campeonato Brasileiro de *League of Legends* (CBLOL): paiN Gaming, RED Canids Kalunga, Liberty, FURIA, Flamengo Los Grandes, INTZ, KaBuM!, Rensga, LOUD e Miners.(6)

As entrevistas com os jogadores de *Counter-Strike: Global Offensive* considerariam os times que disputam o Campeonato Brasileiro de *Counter--Strike* Elite (CBCS). A primeira versão foi disputada em 2021 e contou com estas equipes: MIBR, Havan Liberty, Isurus, Bravos, Paquetá, Santos, Sharks,

(6) GE. *CBLOL 2022 2º Split*: as mudanças nas escalações dos times. Disponível em: https://ge.globo.com/esports/lol/noticia/2022/06/07/cblol-2022-2o-split-as-mudancas-nas-escalacoes-dos-times.ghtml. Acesso em: jul. 2022.

DETONA, Furious, Jaguares, Bears, Vivo Keyd, BD.ECHO, Meta Gaming, SWS e INTZ.[(7)]

O roteiro para as entrevistas[(8)] foi submetido ao Comitê de Ética da Escola de Artes, Ciências e Humanidades (EACH) da Universidade de São Paulo e aprovado em 16 de dezembro de 2020 (Parecer n. 4.468.465). Após a aprovação do parecer, houve tentativas para a realização das entrevistas por cerca de um ano e meio; no entanto, durante esse período, foram realizadas apenas duas entrevistas com times de *League of Legends* (LoL), e as outras equipes não responderam ao pedido de entrevista, sendo que uma dessas equipes se negou a participar. Diante dessa dificuldade, optamos por reformular a metodologia de pesquisa, mantendo-se, no entanto, o mesmo objetivo.

Explicada essa dificuldade na execução da metodologia inicialmente pensada, pretendemos, nesta parte, elucidar (i) o objetivo da pesquisa, bem como sua pergunta (ou problema de pesquisa) e suas hipóteses; (ii) o recorte de pesquisa; (iii) os caminhos escolhidos para que o objetivo seja alcançado; (iv) a estrutura do texto desta investigação.

(i) O objetivo, a pergunta e as hipóteses da pesquisa

Conforme já mencionamos, a principal preocupação, logo no início do processo de pensar a pesquisa, foi compreender como ocorrem as relações trabalhistas no cenário de esportes eletrônicos no Brasil. Tendo essa preocupação em mente, a pergunta que a pesquisa visa responder é esta: Há necessidade de uma regulação jurídico-trabalhista específica para esportes eletrônicos (*esports*) no Brasil?

Para que respondamos a essa pergunta norteadora (objetivo geral), é preciso analisarmos alguns objetivos específicos que a complementam:

(i) Identificar como se organiza o ecossistema dos esportes eletrônicos;

(ii) Compreender como é a regulação do cenário competitivo de *esports*;

(iii) Identificar quais são as problemáticas que envolvem a regulação dos *esports*;

(iv) Entender como é a rotina de trabalho e as atividades desenvolvidas pelos profissionais de *esports*;

---

(7) GE. *CBCS Elite:* tabela com jogos, times, horários, datas e mais. Disponível em: https://ge.globo.com/esports/csgo/noticia/cbcs-elite-tabela-com-jogos-times-horarios-datas-e-mais.ghtml. Acesso em: dez. 2021.

(8) Disponível no anexo.

(v) Identificar os possíveis impactos da atividade na saúde dos profissionais, considerando os estudos publicados;

(vi) Refletir sobre a necessidade de proteção jurídico-trabalhista especial aos trabalhadores adolescentes, considerando a doutrina da proteção integral e da prioridade absoluta;

(vii) Verificar se a legislação trabalhista existente é suficiente para abarcar todas as especificidades da atividade desenvolvida pelo jogador profissional de videogame.

Quanto à hipótese de pesquisa, pensada após a leitura de parte da bibliografia relacionada ao tema, é a de que a legislação trabalhista brasileira, incluindo as disposições que tratam sobre desporto, não é suficiente para abarcar todas as especificidades do ecossistema dos esportes eletrônicos. A pesquisa, no entanto, depois de traçar as questões e problemáticas que envolvem os esportes eletrônicos, confirmará ou negará essa hipótese.

(ii) O recorte da pesquisa

Nesse aspecto, é preciso ressaltarmos que a pesquisa se debruça sobre as questões envolvendo os jogadores profissionais de esportes eletrônicos, isto é, aqueles que são contratados por times/organizações para disputar competições de determinados jogos.

É importante mencionarmos esse recorte, pois, no cenário dos *esports*, existem jogadores amadores e também aqueles que se dedicam profissionalmente como criadores de conteúdo digital, compartilhando seu processo de jogo, em tempo real, com outros jogadores ou público,[9] que não estão inscridos no bojo da pesquisa.

(iii) A metodologia utilizada

A metodologia diz respeito ao caminho percorrido pelo pesquisador na construção de seu estudo. Esta pesquisa pauta-se por um caráter qualitativo, já que buscamos promover mais informações acerca do objeto da pesquisa em sua complexidade e em suas múltiplas características.[10]

---

(9) WOHN, Donghee Yvette; FREEMAN, Guo. Live Streaming, Playing, and Money Spending Behaviors in eSports. In: *Games and Culture*, vol. 15, p. 74. Disponível em: https://journals.sagepub.com/doi/full/10.1177/1555412019859184. Acesso em: jan. 2023.

(10) IGREJA, Rebecca Lemos. O direito como objeto de estudo empírico: o uso de métodos qualitativos no âmbito da pesquisa empírica em direito. In: MACHADO, Maíra Rocha. *Pesquisar empiricamente o direito.* São Paulo: Rede de Estudos Empíricos em Direito, 2017. p. 14.

A pesquisa baseia-se no método indutivo, que é aquele que parte de dados particulares, possibilitando que se identifique uma possível verdade que não está contida nos dados em si.

Como dito anteriormente, a proposta inicialmente pensada de aplicação do método de entrevista não foi possível de viabilizar, tendo em vista a falta de respostas/recusa das equipes, o que pode ser um indício de que os atores do ecossistema de *esports* possuem receio da regulação do cenário.

Mantendo o objetivo principal, qual seja a análise da necessidade de uma legislação trabalhista específica sobre esportes eletrônicos no país, optamos por elaborar um mapa de problemas envolvendo *esports* e, por meio da análise das problemáticas, identificar se as legislações existentes estão, ou não, aptas a resolver as questões.

Assim, adotamos, como técnica de pesquisa empírica, a pesquisa legislativa e a pesquisa jurisprudencial. Além disso, foi adotada como técnica a pesquisa bibliográfica. Para a construção do mapa de problemas, também foram levadas em conta as respostas das duas entrevistas realizadas com times de *League of Legends* (LoL).

Nesse sentido, é importante destacar que se compreende como pesquisa empírica os estudos que se baseiam em técnicas que levam em conta evidências baseadas em observação ou experiência, conforme definição proposta por Lee Epstein e Gary King. Assim, segundo os autores, a evidência pode ser tanto numérica (quantitativa) quanto não numérica (qualitativa), pois o que define o empirismo é o fato de a técnica estar baseada em dados que podem ser históricos, legislativos ou jurisprudenciais, baseados em estudos de pesquisas anteriores ou em coleta de dados primários.[11]

A pesquisa legislativa foi realizada nos sites da Câmara dos Deputados e do Senado Federal desde o início, em 2020, e foi atualizada até 6 de janeiro de 2023, a fim de englobar novos projetos de lei em trâmite. Foram utilizados como termos de busca <*esports*> e <esportes eletrônicos>. No entanto, no decorrer da análise, foi identificado que o termo <desporto virtual> também era aplicado em alguns projetos de lei; dessa forma, o termo também foi englobado na busca.

A busca retornou sete projetos de lei em tramitação na Câmara dos Deputados e um projeto de lei em tramitação no Senado Federal. Tais propostas

(11) EPSTEIN, Lee; KING, Gary. *Pesquisa empírica em direito:* as regras de inferência. Tradução de Fabio Morosini. São Paulo: DIREITO GV, 2013. p. 11-12.

de regulação foram analisadas a fim de compreender quais problemas se pretende regular no país.

Os resultados de acordo com os termos de busca estão organizados na tabela a seguir:

Tabela 1: Resultados da pesquisa legislativa.

Casa Legislativa	Palavra-chave	Resultados	Não pertinentes	Repetidos	Total
Câmara	esports	24	22	0	2
Câmara	esportes eletrônicos	21	18	0	3
Câmara	desporto virtual	17	15	0	2
Senado	*esports*	4	3	0	1
Senado	esportes eletrônicos	5	0	5	0
Senado	desporto virtual	1	1	0	0

Elaboração própria.

A pesquisa jurisprudencial teve por objetivo identificar as principais questões judicializadas e, portanto, problemáticas envolvendo os esportes eletrônicos. Da mesma forma que a pesquisa bibliográfica, não foi estipulado um recorte temporal.

O levantamento considerou todas as decisões dos Tribunais Regionais do Trabalho (TRTs), dos Tribunais de Justiça (TJs), do Tribunal Superior do Trabalho (TST), do Superior Tribunal de Justiça (STJ) e do Supremo Tribunal Federal (STF). Foram utilizados como termos de busca <*esports*>, <esporte eletrônico>, <esportes eletrônicos> e <desporto virtual>. A pesquisa sempre tomou em conta a busca pelo termo exato e foi realizada entre 5 e 19 de setembro de 2022.

Cabe-nos realçar que se optou por analisar as decisões tanto da Justiça do Trabalho quanto da Justiça Comum, porque não há um regramento claro quanto ao tipo de contrato que deve ser firmado entre jogadores profissionais e times. Sendo assim, abarcar ambas as justiças foi uma forma de garantir que todos os problemas judicializados fossem identificados.

Os resultados separados de acordo com os tribunais foram organizados na tabela seguinte:

Tabela 2: Resultados da pesquisa jurisprudencial.

Tribunal	Palavra-chave	Resul-tados	Não perti-nentes	Repetidos	Decisões anali-sadas
TRT-1	esporte eletrônico	1	0	0	1
TRT-1	esportes eletrônicos	1	1	0	0
TRT-1	*esports*	4	1	3	0
TRT-1	desporto virtual	0	0	0	0
TRT-2	esporte eletrônico	3	0	0	3
TRT-2	esportes eletrônicos	8	3	5	1
TRT-2	*esports*	8	7	1	0
TRT-2	desporto virtual	0	0	0	0
TRT-3	esporte eletrônico	0	0	0	0
TRT-3	esportes eletrônicos	0	0	0	0
TRT-3	*esports*	1	1	0	0
TRT-3	desporto virtual	0	0	0	0
TRT-4	esporte eletrônico	0	0	0	0
TRT-4	esportes eletrônicos	0	0	0	0
TRT-4	*esports*	0	0	0	0
TRT-4	desporto virtual	0	0	0	0
TRT-5	esporte eletrônico	0	0	0	0
TRT-5	esportes eletrônicos	0	0	0	0
TRT-5	*esports*	0	0	0	0
TRT-5	desporto virtual	0	0	0	0
TRT-6	esporte eletrônico	2	0	1	1
TRT-6	esportes eletrônicos	2	0	2	0
TRT-6	*esports*	531	531	0	0
TRT-6	desporto virtual	0	0	0	0
TRT-7	esporte eletrônico	0	0	0	0
TRT-7	esportes eletrônicos	0	0	0	0
TRT-7	*esports*	0	0	0	0
TRT-7	desporto virtual	0	0	0	0
TRT-8	esporte eletrônico	0	0	0	0
TRT-8	esportes eletrônicos	0	0	0	0
TRT-8	*esports*	0	0	0	0

Tribunal	Palavra-chave	Resul-tados	Não perti-nentes	Repetidos	Decisões anali-sadas
TRT-8	desporto virtual	0	0	0	0
TRT-9	esporte eletrônico	1000	1000	0	0
TRT-9	esportes eletrônicos	1000	1000	0	0
TRT-9	*esports*	9	9	0	0
TRT-9	desporto virtual	1000	1000	0	0
TRT-10	esporte eletrônico	1	0	0	0
TRT-10	esportes eletrônicos	1	0	1	0
TRT-10	*esports*	0	0	0	0
TRT-10	desporto virtual	0	0	0	0
TRT-11	esporte eletrônico	0	0	0	0
TRT-11	esportes eletrônicos	0	0	0	0
TRT-11	*esports*	0	0	0	0
TRT-11	desporto virtual	0	0	0	0
TRT-12	esporte eletrônico	1	1	0	0
TRT-12	esportes eletrônicos	0	0	0	0
TRT-12	*esports*	1	0	1	0
TRT-12	desporto virtual	0	0	0	0
TRT-13	esporte eletrônico	0	0	0	0
TRT-13	esportes eletrônicos	0	0	0	0
TRT-13	*esports*	1	1	0	0
TRT-13	desporto virtual	0	0	0	0
TRT-14	esporte eletrônico	0	0	0	0
TRT-14	esportes eletrônicos	0	0	0	0
TRT-14	*esports*	0	0	0	0
TRT-14	desporto virtual	0	0	0	0
TRT-15	esporte eletrônico	0	0	0	0
TRT-15	esportes eletrônicos	0	0	0	0
TRT-15	*esports*	0	0	0	0
TRT-15	desporto virtual	0	0	0	0
TRT-16	esporte eletrônico	0	0	0	0
TRT-16	esportes eletrônicos	0	0	0	0
TRT-16	*esports*	0	0	0	0
TRT-16	desporto virtual	0	0	0	0

Tribunal	Palavra-chave	Resul-tados	Não perti-nentes	Repetidos	Decisões anali-sadas
TRT-17	esporte eletrônico	0	0	0	0
TRT-17	esportes eletrônicos	0	0	0	0
TRT-17	*esports*	0	0	0	0
TRT-17	desporto virtual	0	0	0	0
TRT-18	esporte eletrônico	0	0	0	0
TRT-18	esportes eletrônicos	0	0	0	0
TRT-18	*esports*	0	0	0	0
TRT-18	desporto virtual	0	0	0	0
TRT-19	esporte eletrônico	0	0	0	0
TRT-19	esportes eletrônicos	0	0	0	0
TRT-19	*esports*	0	0	0	0
TRT-19	desporto virtual	0	0	0	0
TRT-20	esporte eletrônico	0	0	0	0
TRT-20	esportes eletrônicos	0	0	0	0
TRT-20	*esports*	0	0	0	0
TRT-20	desporto virtual	0	0	0	0
TRT-21	esporte eletrônico	15	15	0	0
TRT-21	esportes eletrônicos	7	7	0	0
TRT-21	*esports*	0	0	0	0
TRT-21	desporto virtual	2	2	0	0
TRT-22	esporte eletrônico	0	0	0	0
TRT-22	esportes eletrônicos	0	0	0	0
TRT-22	*esports*	0	0	0	0
TRT-22	desporto virtual	0	0	0	0
TRT-23	esporte eletrônico	0	0	0	0
TRT-23	esportes eletrônicos	0	0	0	0
TRT-23	*esports*	0	0	0	0
TRT-23	desporto virtual	0	0	0	0
TRT-24	esporte eletrônico	0	0	0	0
TRT-24	esportes eletrônicos	0	0	0	0
TRT-24	*esports*	0	0	0	0
TRT-24	desporto virtual	0	0	0	0
TST	esporte eletrônico	0	0	0	0

Tribunal	Palavra-chave	Resultados	Não pertinentes	Repetidos	Decisões analisadas
TST	esportes eletrônicos	1	1	0	0
TST	*esports*	3	3	0	0
TST	desporto virtual	0	0	0	0
TJAC	esporte eletrônico	0	0	0	0
TJAC	esportes eletrônicos	0	0	0	0
TJAC	*esports*	443	443	0	0
TJAC	desporto virtual	0	0	0	0
TJAL	esporte eletrônico	0	0	0	0
TJAL	esportes eletrônicos	0	0	0	0
TJAL	*esports*	726	726	0	0
TJAL	desporto virtual	0	0	0	0
TJAP	esporte eletrônico	0	0	0	0
TJAP	esportes eletrônicos	0	0	0	0
TJAP	*esports*	0	0	0	0
TJAP	desporto virtual	0	0	0	0
TJAM	esporte eletrônico	0	0	0	0
TJAM	esportes eletrônicos	0	0	0	0
TJAM	*esports*	238	238	0	0
TJAM	desporto virtual	0	0	0	0
TJBA	esporte eletrônico	3	3	0	0
TJBA	esportes eletrônicos	4	3	1	0
TJBA	*esports*	1	1	0	0
TJBA	desporto virtual	0	0	0	0
TJCE	esporte eletrônico	0	0	0	0
TJCE	esportes eletrônicos	0	0	0	0
TJCE	*esports*	546	546	0	0
TJCE	desporto virtual	0	0	0	0
TJDFT	esporte eletrônico	0	0	0	0
TJDFT	esportes eletrônicos	0	0	0	0
TJDFT	*esports*	0	0	0	0
TJDFT	desporto virtual	0	0	0	0
TJES	esporte eletrônico	1	1	0	0
TJES	esportes eletrônicos	0	0	0	0

Tribunal	Palavra-chave	Resul-tados	Não perti-nentes	Repetidos	Decisões anali-sadas
TJES	*esports*	0	0	0	0
TJES	desporto virtual	0	0	0	0
TJGO	esporte eletrônico	0	0	0	0
TJGO	esportes eletrônicos	0	0	0	0
TJGO	*esports*	0	0	0	0
TJGO	desporto virtual	1	1	0	0
TJMA	esporte eletrônico	0	0	0	0
TJMA	esportes eletrônicos	0	0	0	0
TJMA	*esports*	0	0	0	0
TJMA	desporto virtual	0	0	0	0
TJMT	esporte eletrônico	0	0	0	0
TJMT	esportes eletrônicos	0	0	0	0
TJMT	*esports*	115	115	0	0
TJMT	desporto virtual	0	0	0	0
TJMS	esporte eletrônico	0	0	0	0
TJMS	esportes eletrônicos	0	0	0	0
TJMS	*esports*	1	1	0	0
TJMS	desporto virtual	0	0	0	0
TJMG	esporte eletrônico	3	3	0	0
TJMG	esportes eletrônicos	3	3	0	0
TJMG	*esports*	0	0	0	0
TJMG	desporto virtual	0	0	0	0
TJPA	esporte eletrônico	0	0	0	0
TJPA	esportes eletrônicos	0	0	0	0
TJPA	*esports*	0	0	0	0
TJPA	desporto virtual	0	0	0	0
TJPB	esporte eletrônico	36	36	0	0
TJPB	esportes eletrônicos	2	2	0	0
TJPB	*esports*	0	0	0	0
TJPB	desporto virtual	13	13	0	0
TJPR	esporte eletrônico	3	3	0	0
TJPR	esportes eletrônicos	0	0	0	0
TJPR	*esports*	0	0	0	0

Tribunal	Palavra-chave	Resul-tados	Não perti-nentes	Repetidos	Decisões anali-sadas
TJPR	desporto virtual	0	0	0	0
TJPE	esporte eletrônico	0	0	0	0
TJPE	esportes eletrônicos	0	0	0	0
TJPE	*esports*	0	0	0	0
TJPE	desporto virtual	0	0	0	0
TJPI	esporte eletrônico	0	0	0	0
TJPI	esportes eletrônicos	0	0	0	0
TJPI	*esports*	0	0	0	0
TJPI	desporto virtual	0	0	0	0
TJRJ	esporte eletrônico	4	4	0	0
TJRJ	esportes eletrônicos	4	4	0	0
TJRJ	*esports*	0	0	0	0
TJRJ	desporto virtual	1	1	0	0
TJRN	esporte eletrônico	0	0	0	0
TJRN	esportes eletrônicos	0	0	0	0
TJRN	*esports*	0	0	0	0
TJRN	desporto virtual	0	0	0	0
TJRS	esporte eletrônico	0	0	0	0
TJRS	esportes eletrônicos	0	0	0	0
TJRS	*esports*	3	3	0	0
TJRS	desporto virtual	0	0	0	0
TJRO	esporte eletrônico	0	0	0	0
TJRO	esportes eletrônicos	0	0	0	0
TJRO	*esports*	0	0	0	0
TJRO	desporto virtual	0	0	0	0
TJRR	esporte eletrônico	0	0	0	0
TJRR	esportes eletrônicos	0	0	0	0
TJRR	*esports*	0	0	0	0
TJRR	desporto virtual	0	0	0	0
TJSC	esporte eletrônico	0	0	0	0
TJSC	esportes eletrônicos	0	0	0	0
TJSC	*esports*	0	0	0	0
TJSC	desporto virtual	0	0	0	0

Tribunal	Palavra-chave	Resul-tados	Não perti-nentes	Repetidos	Decisões anali-sadas
TJSP	esporte eletrônico	6	1	1	4
TJSP	esportes eletrônicos	6	0	6	0
TJSP	*esports*	19562	19556	6	0
TJSP	desporto virtual	0	0	0	0
TJSE	esporte eletrônico	0	0	0	0
TJSE	esportes eletrônicos	0	0	0	0
TJSE	*esports*	0	0	0	0
TJSE	desporto virtual	0	0	0	0
TJTO	esporte eletrônico	0	0	0	0
TJTO	esportes eletrônicos	0	0	0	0
TJTO	*esports*	366	366	0	0
TJTO	desporto virtual	0	0	0	0
STJ	esporte eletrônico	0	0	0	0
STJ	esportes eletrônicos	0	0	0	0
STJ	*esports*	0	0	0	0
STJ	desporto virtual	0	0	0	0
STF	esporte eletrônico	0	0	0	0
STF	esportes eletrônicos	0	0	0	0
STF	*esports*	1	1	0	0
STF	desporto virtual	0	0	0	0
Total		**25695**	**25657**	**28**	**10**

Elaboração própria.

Cabe-nos ressaltar que os tribunais que apresentaram grande volume de resultados sem pertinência temática são aqueles em que os filtros para busca exata dos termos não estavam funcionando; portanto, a busca acabou retornando resultados que não estavam relacionados com o tema da pesquisa.

Outro ponto importante de mencionar no tocante à pesquisa jurisprudencial é que somente foram considerados, na análise e estruturação do mapa de problemas, os processos que se relacionavam aos jogadores; no entanto, durante as buscas, foi possível perceber a judicialização de questões envolvendo outros profissionais: treinadores, diretores de transmissão de jogos e *head* de *esports*.

A pesquisa bibliográfica abrangeu a produção já publicada sobre o tema, como livros, artigos, revistas, monografias, boletins, relatórios. O levantamento bibliográfico foi realizado nas bases SSRN, Jstor, Lexis Nexis, HeinOnline, Scopus, Scielo, além do repositório da biblioteca da Universidade de São Paulo (USP), por meio do Sistema Dedallus e Sistema Integrado de Bibliotecas da Universidade de São Paulo (SIBiUSP). Não foi estipulado um recorte temporal, tendo em vista que a temática é recente em estudos científicos.

Para o levantamento, utilizamos como termos de busca <*esports*>, <esporte eletrônico> e <desporto virtual> em português, inglês, italiano e francês. A busca nos repositórios, realizada até 9 de janeiro de 2023, resultou em 136 textos, divididos da seguinte forma: SSRN (28 resultados), Jstor (13 textos), Lexis Nexis (nenhum resultado), HeinOnline (37 resultados), Scopus (53 resultados) e Scielo (5 resultados). Todos os textos foram catalogados em uma planilha do Excel e identificados quanto ao conteúdo.

Dos 136 textos selecionados, 54 tratavam de algum aspecto jurídico envolvendo os esportes eletrônicos, mas apenas 20 deles tratavam de algum aspecto trabalhista da relação. Outro ponto relevante de destacar é que apenas um dos textos selecionados analisa o contexto brasileiro, o que demonstra o quanto a temática ainda é incipiente no país.

Cabe-nos pôr em relevo que os textos selecionados foram utilizados para o trabalho desenvolvido em todos os capítulos da pesquisa, porém, para a estruturação do mapa de problemas envolvendo os esportes eletrônicos, foram considerados apenas aqueles que tratavam de temáticas jurídicas que impactavam os jogadores profissionais de videogame.

A pesquisa no repositório da biblioteca da Universidade de São Paulo (USP) retornou 30.986 resultados, cuja maioria estava relacionada com esportes em geral e não esportes eletrônicos. Nenhum dos textos encontrados relacionava-se com a área jurídica, de modo que os estudos utilizados no trabalho foram selecionados de acordo com a viabilidade de aplicação.

Após a análise dos resultados das pesquisas legislativa, jurisprudencial e bibliográfica, foi elaborado um mapa de problemas envolvendo os esportes eletrônicos e os jogadores profissionais de videogame. Após a elaboração do mapa, foi feita a análise das legislações em vigor no país e da efetividade delas em resolver os problemas identificados.

(iv) A estruturação do texto

A tese foi organizada em nove partes: introdução, considerações metodológicas, capítulo 1, capítulo 2, capítulo 3, capítulo 4, considerações finais, referências bibliográficas e anexo.

A introdução e as considerações metodológicas têm o objetivo de apresentar ao leitor o tema da pesquisa, seu objetivo e a metodologia escolhida para responder à pergunta central.

O primeiro capítulo foi destinado a descrever o ecossistema dos esportes eletrônicos, os atores primários e secundários que o compõem e as diferenças organizacionais dele quando comparado com o encontrado nos esportes tradicionais. Por fim, ainda foi apresentado um panorama do mercado de jogos e dos *esports* em nível mundial e nacional, demonstrando que o Brasil ocupa uma posição importante no cenário.

O segundo capítulo traz a discussão sobre a caracterização ou não dos *esports* como esportes. Para que seja possível proceder a essa análise, são apresentadas algumas definições do termo "esporte", considerando as definições encontradas tanto no âmbito jurídico quanto no âmbito da literatura.

O terceiro capítulo apresenta o mapa de problemas desenvolvido como resultado das pesquisas legislativa, bibliográfica (textos relacionados ao contexto jurídico do tema) e jurisprudencial. Cada um dos problemas é contextualizado considerando os principais pontos necessários de observar.

O quarto capítulo é destinado a destacar as problemáticas do esporte eletrônico que encontram respaldo na legislação em vigor no Brasil e aquelas que ainda não possuem regulação. Nessas últimas, são destacados os desafios regulatórios e os principais pontos que devem ser observados para que eventual regulação seja eficiente.

Nas considerações finais, são apresentadas as percepções acerca da necessidade de regulação jurídico-trabalhista específica dos esportes eletrônicos no Brasil, considerando a estruturação do ecossistema, os problemas atrelados a ele e a incompatibilidade e ineficiência da regulação existente no país em lidar com essas problemáticas.

Capítulo 1

O Ecossistema dos Esportes Eletrônicos: Evolução e Desenvolvimento

1.1. Elementos caracterizantes e impulsionadores dos esportes eletrônicos

Diversas inovações tecnológicas permitiram que a indústria de videogames se desenvolvesse e se expandisse para desenvolver um ecossistema complexo e com diversos atores que realizam atividades profissionais relacionadas aos esportes eletrônicos. Podemos identificar inúmeras inovações tecnológicas desde os primeiros jogos de fliperama até as plataformas de *streaming* atuais. Alguns elementos, contudo, foram (e são) essenciais para a evolução e desenvolvimento dos esportes eletrônicos, e identificá-los é fundamental para compreender algumas das características dessa atividade.

O primeiro elemento caracterizante dos esportes eletrônicos é a **relação jogador *versus* jogador**. A primeira vez que foi possível observar essa relação foi em 19 de outubro de 1972, no Laboratório de Inteligência Artificial da Universidade de Stanford. Um grupo de cientistas da computação reuniu-se para realizar o evento que foi chamado de "*Spacewar Olympics*", cuja premiação consistia na assinatura da revista *Rolling Stone*. Pelo relato de Stewart Brand, um dos competidores e responsável pela reportagem sobre o evento, é possível perceber que, além da interação com a máquina, a integração entre os participantes era muito importante. Dessa forma, as competições permitiram o surgimento da relação jogador *versus* jogador, onde, antes, só existia a relação jogador *versus* máquina.(12) Nessa época, os computadores ainda eram restritos às universidades, de modo que os fliperamas foram os primeiros locais de difusão dos videogames.

Segundo T. L. Taylor, a migração dos jogos dos laboratórios das faculdades para os fliperamas abriu novas possibilidades nessa relação jogador

(12) BRAND, Stewart. *Spacewar*: Fanatic Life and Symbolic Death Among the Computer Bums. Rolling Stone, 1972. Disponível em: http://wheels.org/spacewar/stone/rolling_stone.html. Acesso em: out. 2021.

versus jogador. Poucos ainda eram os jogos que permitiam uma competição entre jogadores e a maioria dos confrontos ocorria por meio de **rankings** que eram gerenciados pela própria máquina.(13) Assim, o período dos fliperamas apresenta outro elemento constituinte do cenário de esportes eletrônicos: os **rankings**, que permitiam uma competição entre jogadores sem a necessidade da presença física do oponente. Entretanto, T. L. Taylor destaca que ainda havia a barreira do espaço, na medida em que era possível ser o melhor jogador em determinado fliperama, mas não havia uma conexão entre os recordes em nível nacional e internacional,(14) ou seja, a relação entre jogadores ainda era geograficamente localizada.

Com a migração dos fliperamas para os consoles, as pessoas começaram a jogar com familiares e amigos, fazendo a transição do videogame do espaço público para o privado. A cultura das listas de recordes manteve-se, os jogadores tiravam foto de seus recordes e enviavam às empresas que possuíam selos decorativos para metas determinadas.(15) Além disso, as listas de recordes eram divulgadas por revistas, de modo que os jogadores podiam comparar suas performances.(16) A migração dos videogames para o espaço privado ocasionou uma mudança na forma de competição e ampliou o alcance e difusão das listas de recordes.

Paralelamente, nesse momento, os jogos com **múltiplos jogadores (*multiplayers*)** (terceiro elemento caracterizante) começaram a ser desenvolvidos,(17) possibilitando uma mudança ainda maior no cenário competitivo, com o incremento da relação jogador *versus* jogador, que passou do mundo físico para o mundo virtual e possibilitou uma mudança nos modelos de negócios dos videogames, impulsionando o desenvolvimento dos esportes eletrônicos.

Embora os elementos citados acima tenham sido importantes para o desenvolvimento do ecossistema dos esportes eletrônicos, foi a **internet** que permitiu que esse movimento ganhasse escala. Os jogos online permitiram que pessoas de localidades diferentes competissem entre si, compartilhassem experiências e se comunicassem em tempo real por vídeo e áudio. Para T.

---

(13) TAYLOR, T. L. *Raising the stakes:* e-sports and the professionalization of computer gaming. Cambridge: MIT Press, 2012. p. 3-4.

(14) *Idem.*

(15) JAKOBSSON, Mikael. The Achievement Machine: Understanding Xbox 360. Achievements in Gaming Practices. *Game Studies*. 2011. Disponível em: http://gamestudies.org/1101/articles/jakobsson. Acesso em: out. 2021.

(16) TAYLOR, T. L. *Raising the stakes:* e-sports and the professionalization of computer gaming. Cambridge: MIT Press, 2012. p. 6.

(17) NEWMAN, James. *Videogames*. New York: Routledge, 2004. p. 43.

L. Taylor, o jogo online é o eixo fundamental na história dos esportes eletrônicos.(18)

Essas mudanças trazidas pela internet e pelos jogos online propiciaram o fortalecimento de outro elemento impulsionador do cenário dos esportes eletrônicos: as **comunidades**. Se os fliperamas e os consoles já haviam desenvolvido uma comunidade local de fãs de videogame, a internet mostrou-se o ambiente ideal para o crescimento e difusão dessas comunidades, permitindo a conexão em nível nacional e internacional.

Com o crescimento do setor, algumas plataformas passaram a ser desenvolvidas tendo essas comunidades como principal público-alvo. Talvez o maior exemplo seja a Twitch, plataforma criada com ênfase nas *lives* de videogame, com acesso gratuito que permitiu, com a proliferação de computadores e da internet, que o *streaming* (transmissão) de videogame não ocasionasse nenhum custo extra aos usuários, democratizando o consumo de jogos e possibilitando que profissionais e não profissionais ocupassem espaço na plataforma.(19)

Embora muitas mudanças tecnológicas tenham ocorrido desde as primeiras competições nos laboratórios universitários, passando pelos fliperamas e chegando até o surgimento de plataformas como a Twitch, é possível percebermos que muitos elementos se mantêm como parte da tradição e da formação do cenário de esportes eletrônicos.

Entre esses elementos, consideram-se essenciais para a estruturação, o desenvolvimento e o crescimento do setor: i) relação jogador *versus* jogador; ii) rankings; iii) multiplicidade de jogadores (*multiplayers*); iv) internet e v) comunidades. Elementos que podem ser encontrados independentemente do gênero do jogo analisado.

Alguns desses elementos, inclusive, são identificados em alguns dicionários quando definem o termo *esport*(20). De acordo com o *Oxford Learner's Dictionaries*, o termo pode ser definido como "videogame jogado como competição para as pessoas assistirem como entretenimento".(21) Nessa primeira definição, podemos encontrar os elementos da relação jogador *versus* jogador (competição) e da comunidade (pessoas assistirem como entretenimento).

(18) TAYLOR, T. L. *Raising the stakes:* e-sports and the professionalization of computer gaming. Cambridge: MIT Press, 2012. p. 9.

(19) LI, Roland. *Good luck have fun:* the rise of eSports. New York: Skyhorse Publishing, 2016. p. 76.

(20) O termo também pode ser encontrado grafado como eSport, e-sport ou Esport. Neste trabalho, adota-se a grafia *esport*, grafia adotada pela The Associated Press.

(21) Tradução livre do original: "a video game played as a competition for people to watch as entertainment". Disponível em: https://www.oxfordlearnersdictionaries.com/definition/english/e-sport?q=e-sport. Acesso em: out. 2021.

O *Cambridge Dictionary* define o termo como "atividade de jogar jogos de computador contra outras pessoas na internet, muitas vezes por dinheiro, e muitas vezes assistido por outras pessoas usando a internet, às vezes em eventos especiais organizados".(22) Nessa definição, podemos encontrar, além dos dois elementos destacados anteriormente, a ênfase ao papel da internet.

Por fim, o dicionário *Lexico* define esporte eletrônico como "jogo de videogame jogado de forma competitiva, por múltiplos jogadores, geralmente profissionais, e assistido por expectadores".(23) Nessa definição, diferentemente das anteriores, há um destaque para o elemento da multiplicidade de jogadores.

Nos dicionários brasileiros, o termo *esport* (*eSport/e-sport/Esport*) ou esporte eletrônico não foi encontrado. Considerando os cinco elementos caracterizantes dos esportes eletrônicos, podemos conceituar como a atividade de jogar videogame de forma competitiva e com listagem de pontuação (*rankings*), geralmente efetuada com múltiplos jogadores (*multiplayer*), por meio da internet, com a veiculação dos jogos, de forma online ou em eventos específicos, para os expectadores.

1.2. Os gêneros de jogos eletrônicos

Existe uma variedade de tipos de jogos que compõe o cenário dos esportes eletrônicos. Diferentes tipos de jogos requerem diferentes conjuntos de habilidades. John T. Holden, Marc Edelman e Thomas A. Baker III identificaram cinco categorias: a) jogos de luta; b) jogos de tiro (em primeira e terceira pessoa); c) jogos de estratégia em tempo real; d) jogos esportivos; e) jogos de arena de batalha para múltiplos jogadores (*Multiplayer Online Battle Arena*).(24)

Os jogos de luta constituem-se em jogos em que o objetivo é controlar o personagem em ação de combate para derrotar o oponente, possuindo

(22) Tradução livre do original: "the activity of playing computer games against other people on the internet, often for money, and often watched by other people using the internet, sometimes at special organized events". Disponível em: https://dictionary.cambridge.org/pt/dicionario/ingles/e-sports?q=e-sport. Acesso em: out. 2021.

(23) Tradução livre do original: "A multiplayer video game played competitively for spectators, typically by professional gamers". Disponível em: https://www.lexico.com/en/definition/e-sport. Acesso em: out. 2021.

(24) HOLDEN, John T.; EDELMAN, Marc; BAKER III, Thomas A. *A short treatise on eSports and the law:* how America regulates its next national pastime. Disponível em: https://papers.ssrn.com/sol3/papers.cfm?abstract_id=3441843. p. 524. Acesso em: out. 2021.

semelhanças com esportes como artes marciais e boxe.(25) Esses jogos popularizaram-se ainda no período dos jogos de fliperama, sendo *Street Fighter* e *Tekken* alguns dos títulos mais conhecidos.(26)

Os jogos de tiro podem ser divididos em duas categorias: primeira pessoa (*First-Person Shooter — FPS*) e terceira pessoa (*Third-Person Shooter — TPS*).(27) Os jogos FPS são aqueles em que o enquadramento ocorre do ponto de vista do protagonista, que se desloca em um mapa, cujo objetivo pode ser matar a maior quantidade de adversários ou cumprir uma missão (desarmar uma bomba, por exemplo). Esses jogos podem ser jogados tanto individualmente como em equipes, mas, no cenário de esportes eletrônicos, a tendência é que ocorra da segunda forma. Atualmente, os jogos mais conhecidos nesse gênero são *Counter-Strike: Global Offensive* (CS:GO), *Call of Duty Series* e *Overwatch*.(28)

Já os jogos TPS, como o próprio nome diz, são aqueles cujo enquadramento é dado por uma terceira pessoa, de modo que, na visualização, o jogador se mistura com o ambiente que o circunda, sendo possível visualizar os movimentos do corpo inteiro do personagem e as interações no contexto em que se dá o jogo.(29) Os jogos que mais se destacam nessa modalidade atualmente são *Fortnite*, *Playerunknown's Battlegrounds* (PUBG) e *Free Fire*, jogos em que os jogadores lutam um contra os outros, com o objetivo de ser o último vivo no jogo.

(25) HOLDEN, John T.; EDELMAN, Marc; BAKER III, Thomas A. *A short treatise on eSports and the law:* how America regulates its next national pastime. Disponível em: https://papers.ssrn.com/sol3/papers.cfm?abstract_id=3441843. p. 524. Acesso em: out. 2021.

(26) MURRAY, Trent. *An introduction to watching fighting games as eSports*. Disponível em: https://archive.esportsobserver.com/introduction-fighting-games-esports/. Acesso em: out. 2021.

(27) Nessa categorização, os autores incluem os jogos de Battle Royale, modo em que várias equipes competem simultaneamente entre si (na mesma partida) e a última equipe sobrevivente ganha o jogo. DELPANAH, Arman *et al. The evaluation of rating games in team-based Battle Royale games*. p. 1. Disponível em: https://arxiv.org/pdf/2105.14069.pdf. Acesso em: out. 2021.

(28) HOLDEN, John T.; EDELMAN, Marc; BAKER III, Thomas A. *A short treatise on eSports and the law:* how America regulates its next national pastime. Disponível em: https://papers.ssrn.com/sol3/papers.cfm?abstract_id=3441843. p. 525. Acesso em: out. 2021.

(29) EMMERICH, Katharina *et al. Streaming VR games to the broad audience:* a comparison of the first-person and third-person perspectives. p. 2. Disponível em: https://dl.acm.org/doi/abs/10.1145/3411764.3445515?casa_token=XUdpUcPGeDkAAAAA:Cxzwb7f2PtRSCY7QBWdyL5ILZnIRcGiNjeFIirFDRS3euOUnzgUK5EZ495BHdH3UPwWulvQfxiByTyQ. Acesso em: out. 2021.

Figura 1: Diferença de enquadramento de jogos *First-Person Shooter* — FPS e *Third-Person Shooter* — TPS.

Counter-Strike: Global Offensive (CS:GO)	***Fortnite***

Fonte: Imagens retiradas destes sites: https://ge.globo.com/esports/csgo/noticia/csgo-as-melhores-binds-para-usar-no-jogo.ghtml e https://www.epicgames.com/fortnite/pt-BR/news/ea-1-6-3-release-notes.

Os jogos de estratégia em tempo real — *Real-Time Strategy* (RTS) — são tradicionalmente associados a jogos de computador e envolvem estratégias de construção de infraestruturas de defesa e ataque, em que os grupos podem coordenar forças por meio de uma comunicação eficaz, para suportar a força dos oponentes.[30] Jogos RTS são um dos mais populares gêneros de esportes eletrônicos e o jogo mais popular nesse cenário é o *Starcraft II*.[31]

O que caracteriza os jogos esportivos é sua inspiração nos esportes tradicionais. Um desafio para esse gênero de videogame, segundo John T. Holden, Marc Edelman e Thomas A. Baker III, é a constante comparação com os esportes em que se baseiam, bem como a transição da base de fãs que já

(30) BURO, Michael. *Real-time strategy games:* a new AI research challenge. p. 1. Disponível em: https://skatgame.net/mburo/ps/RTS-ijcai03.pdf. Acesso em: out. 2021.

(31) HOLDEN, John T.; EDELMAN, Marc; BAKER III, Thomas A. *A short treatise on eSports and the law:* how America regulates its next national pastime. Disponível em: https://papers.ssrn.com/sol3/papers.cfm?abstract_id=3441843. p. 526. Acesso em: out. 2021.

existe no esporte tradicional para o jogo. Títulos que podem ser destacados nesse gênero são FIFA e NBA 2K.(32)

Os jogos de arena de batalha para múltiplos jogadores (*Multiplayer Online Battle Arena* – MOBA) são os mais populares no cenário dos esportes eletrônicos. Os jogos MOBA realizam-se com partidas de cinco contra cinco jogadores, e cada jogador desenvolve um papel no time para destruir as construções dos oponentes. Os jogos MOBA assemelham-se, em alguns aspectos, aos jogos RTS, porém envolvem menos ações de construção de infraestruturas e são jogados em partidas mais rápidas. Além dos cinco jogadores de cada equipe, há personagens que seguem caminhos e ações definidas no mapa do jogo. Podemos citar como jogos que se destacam nesse gênero: *League of Legends* e *Defense of the Ancients 2* (Dota 2).(33)

Os autores John T. Holden, Marc Edelman e Thomas A. Baker III ainda identificaram que, embora os cinco gêneros citados acima apresentem características diversas e amplas, alguns jogos eletrônicos não se encaixam em nenhuma dessas categorias, por exemplo, jogos de quebra-cabeça, como o *Tetris*. O jogo eletrônico que mais comumente é lembrado por não se encaixar em nenhuma das categorias é o *Hearthstone*, um jogo de cartas em que os jogadores convocam criaturas para lutarem entre si, com o objetivo de reduzir a saúde do oponente a zero.(34)

É importante notar que o cenário dos esportes eletrônicos abrange uma ampla quantidade de gêneros que se desenvolvem de formas diferentes e requerem, em maior ou em menor medida, habilidades físicas dos jogadores. As diferentes formas de desenvolvimento do ato de jogar, considerando esse cenário diverso, é o que torna as discussões em torno da caracterização dos *esports* como esportes tão complexas, já que se deve considerar que nem todos os jogos eletrônicos possuem a mesma dinâmica de desenvolvimento. Essa discussão será desenvolvida nos próximos tópicos.

Nesse mesmo sentido, na análise dos cinco gêneros de esportes eletrônicos, é possível percebermos que os elementos caracterizantes da atividade

(32) HOLDEN, John T.; EDELMAN, Marc; BAKER III, Thomas A. *A short treatise on eSports and the law:* how America regulates its next national pastime. Disponível em: https://papers.ssrn.com/sol3/papers.cfm?abstract_id=3441843. p. 526. Acesso em: out. 2021.

(33) HOLDEN, John T.; EDELMAN, Marc; BAKER III, Thomas A. *A short treatise on eSports and the law:* how America regulates its next national pastime. Disponível em: https://papers.ssrn.com/sol3/papers.cfm?abstract_id=3441843. p. 527. Acesso em: out. 2021.

(34) HOLDEN, John T.; EDELMAN, Marc; BAKER III, Thomas A. *A short treatise on eSports and the law:* how America regulates its next national pastime. Disponível em: https://papers.ssrn.com/sol3/papers.cfm?abstract_id=3441843. p. 528. Acesso em: out. 2021

aparecem com maior ou menor relevância a depender das funcionalidades do jogo, o que demonstra não haver um modelo único nesse sistema.

1.3. O ecossistema dos esportes eletrônicos: atores primários e secundários

Além da diversidade de elementos caracterizadores e impulsionadores dos *esports* e dos gêneros de jogos, outro aspecto que demonstra a complexidade do cenário de esportes eletrônicos é a quantidade de atores que compõem seu ecossistema. Os jogadores são parte essencial desse ecossistema, no entanto, outros atores também são importantes de analisar, para que entendamos, de forma mais profunda, como as atividades são desenvolvidas.

De acordo com T. L. Taylor, a profissionalização dos jogadores vem acontecendo dentro de contextos estruturais, institucionais e sociais que envolvem, entre outros, os organizadores das competições, emissoras, proprietários de times, árbitros, treinadores, patrocinadores e fãs (comunidade).[(35)] Portanto, para entender todo o cenário, é preciso que entendamos o papel de cada um desses atores.

Nesse mesmo sentido, T. M. Scholz identifica atores primários e secundários na indústria dos esportes eletrônicos,[(36)] que estão representados no esquema a seguir:

(35) TAYLOR, T. L. *Raising the stakes:* e-sports and the professionalization of computer gaming. Cambridge: MIT Press, 2012. p. 17.

(36) SCHOLZ, T. M. *Management in the world of competitive gaming.* Siegen: Palgrave Macmillan, 2019. p. 46.

Figura 2: Atores primários e secundários na indústria dos esportes eletrônicos.

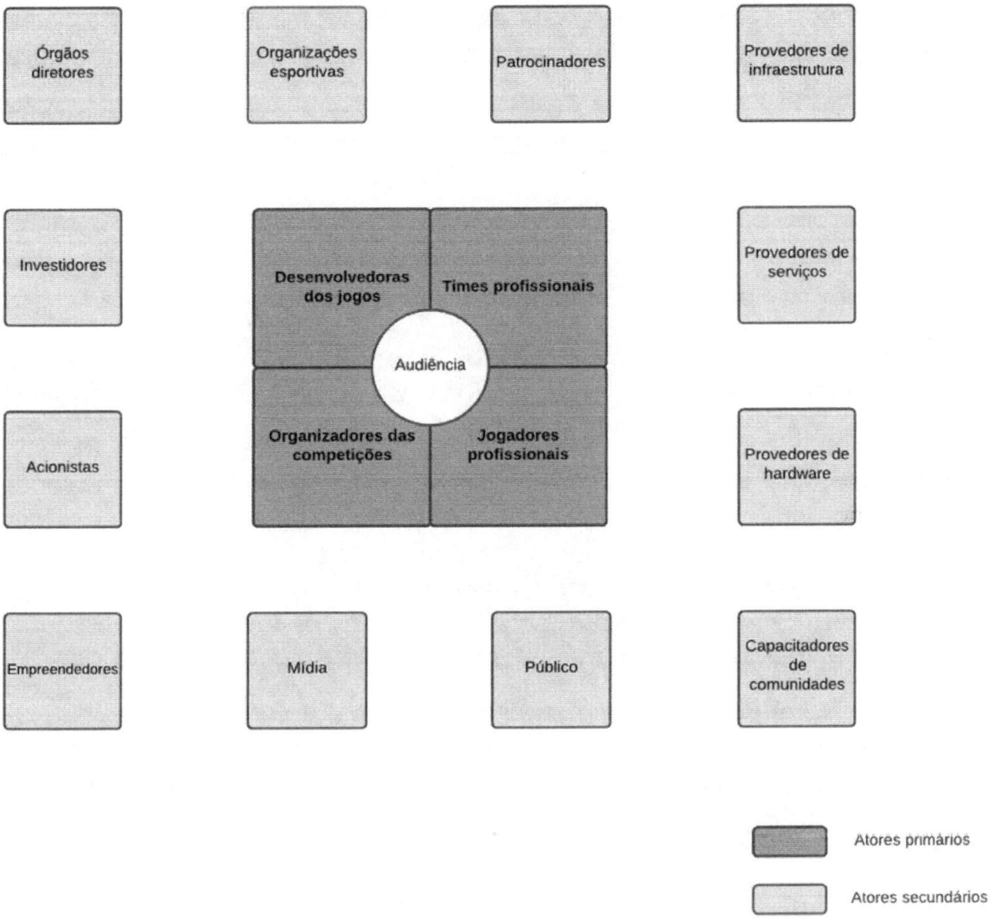

Fonte: Adaptado de SCHOLZ, T. M.(37)

De acordo com Scholz e Stein, esses atores podem ser descritos levando em conta seis características fundamentais:(38)

i) As pessoas envolvidas no cenário dos esportes eletrônicos são altamente focadas em estabelecimento de metas, de modo que sempre buscam inovações em prol de aprimoramento;

(37) Em seu texto *"Management in the world of competitive gaming"*, o ator identifica que os provedores e capacitadores seriam atores primários; já em seu texto mais recente *"Deciphering the World of eSports"*, o autor realoca esses atores como pertencentes ao grupo dos secundários.

(38) SCHOLZ, Tobias M.; VOLKER, Stein. Going Beyond Ambidexterity in the Media Industry: eSports as Pioneer of Ultradexterity. *International Journal of Gaming and Computer-Mediated Simulations*. 2017. p. 57.

ii) A orientação do mercado é glocal, isto é, as empresas pensam de forma global e agem localmente;

iii) Os esportes eletrônicos são orientados para a mudança, e estratégias de tentativa e erro são adotadas para encontrar o melhor caminho para o cumprimento das metas;

iv) Os recursos são alocados de forma ascendente, para garantir que todos se beneficiem;

v) Os participantes são entusiastas, energéticos e dinâmicos, ou seja, os atores desse ecossistema têm um envolvimento passional com os esportes eletrônicos;

vi) A digitalização é parte integrante dos esportes eletrônicos, o que permite que organizações, times, organizadores de competições, provedores e comunidade possam existir de forma virtual e descentralizada.

Essas características podem ser mais bem compreendidas quando consideramos que, no início do desenvolvimento dos esportes eletrônicos, não havia números confiáveis para demonstrar o sucesso do setor, de modo que os investidores e apoiadores eram pessoas envolvidas nos jogos de videogame. Esse tipo de organização permitiu que o ecossistema dos esportes eletrônicos desenvolvesse características distintas dos modelos de negócios tradicionais.(39)

Os atores primários desse ecossistema são as desenvolvedoras dos jogos, os organizadores das competições, os times profissionais e os jogadores profissionais. Esses quatro atores são os responsáveis por estabelecerem a infraestrutura competitiva na indústria dos esportes eletrônicos.(40)

As desenvolvedoras são um dos atores mais importantes desse ecossistema, já que são as responsáveis pela criação dos jogos. As desenvolvedoras também são responsáveis pela atualização dos títulos, a fim de garantir que as competições sejam equilibradas (para os jogadores) e divertidas de assistir (para as comunidades e público em geral). Além disso, elas têm um papel único, não só no cenário dos esportes eletrônicos senão em relação aos esportes tradicionais, visto que possuem a propriedade intelectual dos jogos que produziram. Desse modo, o desenvolvimento de produtos e de torneios depende da permissão legal das desenvolvedoras.(41)

---

(39) SCHOLZ, T. M. *Management in the world of competitive gaming.* Siegen: Palgrave Macmillan, 2019, p. 47.

(40) SCHOLZ, T. M. Deciphering the World of eSports. *International Journal on Media Management*, 2020, vol. 22, n. 1. p. 7. Disponível em: https://www.tandfonline.com/doi/pdf/10.1080/14241277.2020.1757808. Acesso em: out. 2021.

(41) SCHOLZ, T. M. *Management in the world of competitive gaming.* Siegen: Palgrave Macmillan, 2019. p. 50.

O fato de as desenvolvedoras serem as detentoras da propriedade intelectual dos jogos faz com que elas tenham o poder de ditar as regras que norteiam as competições. Essas competições podem ocorrer no chamado modelo aberto, quando a desenvolvedora não controla os torneios, ou em modelo fechado, quando a desenvolvedora mantém esse controle.(42) Esses modelos, porém, variam de acordo com a gradação de maior ou menor controle por parte das desenvolvedoras.

T. M. Scholz organizou uma gradação dessas estratégias de regulação adotadas pelas desenvolvedoras, identificando cinco categorias: a) ignorar; b) deixar (*laissez-faire*); c) pautar no nicho; d) regular; e) super-regular.(43)

Figura 3: Espectro de estratégias de regulação adotadas pelas desenvolvedoras de jogos.

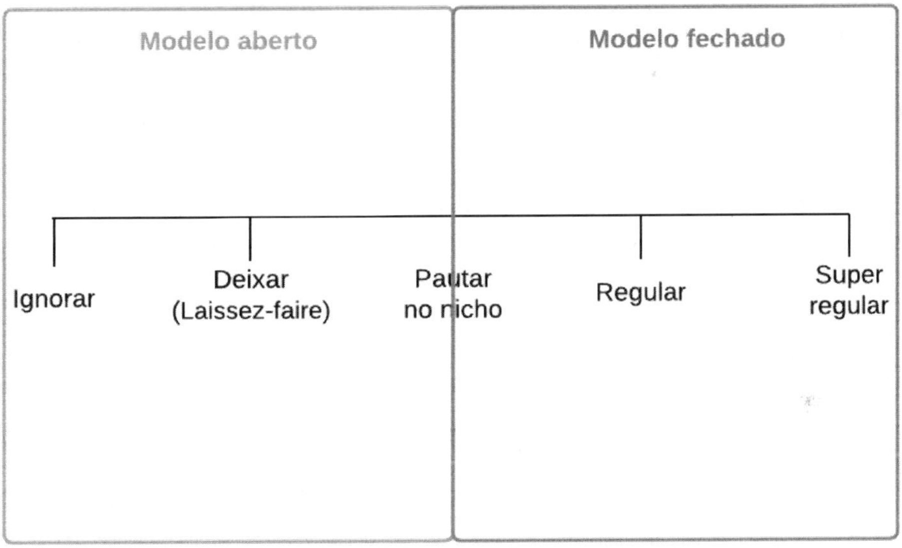

Fonte: Adaptado de SCHOLZ, T. M.

A estratégia de ignorar consiste em não estabelecer regulações (inclusive em relação aos torneios), ignorando o cenário de *esports*. A atualização do jogo é feita de acordo com as ideias surgidas dentro da comunidade, em uma forma de terceirização das ideias. Apesar de não apresentar uma conduta proativa nessa estratégia, a desenvolvedora ainda precisa efetuar atualizações do título como forma de manter a comunidade. Um exemplo citado pelo autor

(42) IZIDRO, Bruno. *Torneios de eSports:* qual a diferença entre ligas abertas e fechadas? Disponível em: https://www.uol.com.br/start/ultimas-noticias/2019/05/26/torneios-de-esports-qual-a-diferenca-entre-formatos-abertos-e-fechados.htm. Acesso em: out. 2021.

(43) SCHOLZ, T. M. *Management in the world of competitive gaming.* Siegen: Palgrave Macmillan, 2019. p. 51.

é a conduta da desenvolvedora Activision Blizzard em relação ao jogo *World of Warcraft*, que possui uma audiência pequena, mas engajada.(44)

A estratégia *laissez-faire* é mais proativa que a primeira, apresentando poucas regulações e sem um modelo de torneio rígido. Nesse caso, a desenvolvedora envolve-se dando apoio à comunidade, com abertura para que os torneios sejam organizados por quem tenha interesse, desde que alguns requisitos (estabelecidos pela desenvolvedora) sejam cumpridos. Em relação ao conteúdo do jogo, a desenvolvedora continua mantendo-o atualizado, de forma a equilibrar as partidas e acrescentar novos elementos. Um exemplo de desenvolvedora que adota essa estratégia é a Valve em relação ao *Counter--Strike* (CS).(45)

A terceira estratégia está relacionada aos esportes eletrônicos que se desenvolvem em nichos específicos. Nessa estratégia, as desenvolvedoras optam por manter o jogo restrito a esse nicho, sem buscar a expansão do título, o que permite que sejam feitos investimentos menores e com lucratividade. A desenvolvedora Activision Blizzard adota essa estratégia em alguns de seus títulos: *Call of Duty*, *Heroes of the Storm*, *Hearthstone*, e *StarCraft II*.(46)

As outras duas estratégias relacionam-se com modelos em que há uma regulação substancial, tendo a desenvolvedora o controle de todo o cenário de esportes eletrônicos: determinando como os torneios serão disputados, estipulando como as equipes serão formadas e tendo o controle sobre a organização dos campeonatos, sendo, muitas vezes, elas próprias as responsáveis por organizar os principais torneios.

Em relação ao cenário regulado, podemos citar como exemplo a desenvolvedora Riot com o jogo *League of Legends* (LoL), que controla os torneios mais importantes desse título. Os times que participam dos torneios devem cumprir com as regras estabelecidas pela Riot, que, nos últimos anos, tem estabelecido o sistema de franquias em seus campeonatos, com a associação dos times em ligas.(47) No Brasil, a Riot adotou o sistema de franquias para o Campeonato Brasileiro de *League of Legends* (CBLoL) de 2021 e tem por objetivo fortalecer e profissionalizar o cenário no país.(48)

---

(44) SCHOLZ, T. M. *Management in the world of competitive gaming.* Siegen: Palgrave Macmillan, 2019. p. 52.

(45) *Ibidem*, p. 53.

(46) *Ibidem*, p. 53-54.

(47) *Ibidem*, p. 55.

(48) EXAME. *Por que o campeonato brasileiro de LoL vai adotar o modelo de franquia.* Disponível em: https://exame.com/pme/por-que-o-campeonato-brasileiro-de-lol-vai-adotar-modelo-de-franquia/. Acesso em: out. 2021.

No cenário super-regulado, um exemplo é a desenvolvedora Activision Blizzard com o jogo *Overwatch*. A Blizzard também adota o sistema de franquias e controla todos os torneios envolvendo o título. Por outro lado, enquanto a Riot permite parcialmente outros torneios em torno de suas ligas, a Blizzard monopoliza todas as ligas envolvendo *Overwatch*.(49)

Essas diferentes estratégias de regulação do cenário de esportes eletrônicos impactam a forma como o mercado se desenvolve em torno do jogo, a estrutura das equipes, a forma de contratação dos jogadores e as estratégias de treinamento. Dessa forma, o que se percebe é que não existe um ecossistema uniforme, mas, sim, diversos ecossistemas com maior ou menor equilíbrio, a depender dos estímulos lançados pelas desenvolvedoras e pelos outros atores do cenário.

Embora as desenvolvedoras tenham o poder para comandar toda a organização dos torneios de *esports*, a maioria não opta pelo cenário de super-regulação. Dessa maneira, outro ator primário do ecossistema são os organizadores das competições/torneios. Esse ator foi fundamental no início do desenvolvimento dos esportes eletrônicos, ao propiciar que as comunidades locais se fortalecessem e se expandissem e, mesmo com o crescimento do setor, continuam a ser importantes, já que a organização de um campeonato requer muitos recursos, de modo que muitas desenvolvedoras optam por não efetuar esse trabalho.

Os organizadores da competição têm um papel fundamental na interconexão das desenvolvedoras e da audiência. Estruturas de torneio bem organizadas atraem times profissionais, o que resulta no fortalecimento da comunidade do jogo.

Os times profissionais são essenciais para estabelecer um cenário de alto nível competitivo. Nos torneios mais estruturados, os times se assemelham às equipes dos esportes tradicionais e contam com suporte de técnicos, fisioterapeutas, nutricionistas e psicólogos.(50) Além disso, costumam organizar-se de duas formas principais: em *gaming houses* (casas de treinamento) ou em *gaming offices* (escritórios de treinamento).

O modelo de organização dos times em *gaming houses* é muito comum no cenário de esportes eletrônicos(51) e consiste em centros de treinamento

---

(49) SCHOLZ, T. M. *Management in the world of competitive gaming*. Siegen: Palgrave Macmillan, 2019. p. 55-56.

(50) *Ibidem*, p. 62-63.

(51) HOLDEN, John T.; EDELMAN, Marc; BAKER III, Thomas A. *A short treatise on eSports and the law:* how America regulates its next national pastime. Disponível em: https://papers.ssrn.com/sol3/papers.cfm?abstract_id=3441843. p. 551. Acesso em: out. 2021.

organizados em casas residenciais para os jogadores e demais membros da equipe se organizarem e cumprirem com uma rotina de treinamento durante a temporada competitiva (muitas vezes, a equipe utiliza as casas para treinamento e moradia).(52) Alguns dos pontos positivos desse modelo são a diminuição de problemas de deslocamento e de comunicação.(53) Por outro lado, é um modelo que dificulta a separação da vida profissional da vida pessoal.(54)

De acordo com John T. Holden, Marc Edelman e Thomas A. Baker III, a escolha desse modelo de estrutura compartilhada implica várias responsabilidades para os times, como a provisão de um ambiente que se ajuste às normas de saúde e segurança do trabalho e deveres de gestão que garantam que eventuais litígios (fruto, inclusive, da convivência) sejam minimizados, a fim de evitar riscos de violência.(55)

Os *gaming offices* surgem com um viés mais corporativo e funcionam como escritórios de treinamento, onde os times estabelecem regras por meio de manuais e códigos de conduta. Os jogadores comparecem nesses centros de treinamento nos horários estabelecidos para a realização das atividades previstas na programação do time.(56) Entre os pontos positivos desse modelo de organização estão horários bem definidos para o trabalho, separação entre vida pessoal e profissional e espaço específico para treinos.(57) Por outro lado, os problemas relacionados a deslocamentos continuam.

É preciso termos em mente, no entanto, que essas estruturas de organização variam de acordo com o nível de equilíbrio do ecossistema, das regulações estabelecidas pelas desenvolvedoras e pelos organizadores e dos contratos firmados entre jogadores e times, de modo que é possível encontrar denúncias como a dos jogadores do jogo *Rainbow Six,* que ingressaram com uma reclamação trabalhista contra o time (*Team oNe*), alegando, entre outras coisas,

---

(52) KEMP, C.; PIENAAR, P. R.; RAE, D. E. B*race yourselves:* esports is coming. p. 1. Disponível em: http://www.scielo.org.za/pdf/sajsm/v32n1/07.pdf. Acesso em: out. 2021.

(53) BRATEFIXE JUNIOR, Antonio Carlos. *Introdução ao estudo do esports law:* o direito do esporte eletrônico. Leme: Mizuno, 2021. p. 130.

(54) PARAVIZO, Esdras; SOUZA, Renato Rodrigues Luvizoto. *Playing for real:* an exploratory analysis of professional esports athletes' work. Disponível em: https://link.springer.com/chapter/10.1007/978-3-319-96077-7_54. Acesso em: out. 2021.

(55) HOLDEN, John T.; EDELMAN, Marc; BAKER III, Thomas A. *A short treatise on eSports and the law:* how America regulates its next national pastime. Disponível em: https://papers.ssrn.com/sol3/papers.cfm?abstract_id=3441843. p. 555. Acesso em: out. 2021.

(56) BRATEFIXE JUNIOR, Antonio Carlos. *Introdução ao estudo do esports law:* o direito do esporte eletrônico. Leme: Mizuno, 2021. p. 131.

(57) UOL. *Gaming office:* saiba tudo sobre o *gaming office* do Submarino Stars. Disponível em: https://www.uol/jogos/conteudo-de-marca/submarino-stars-gaming-office.htm#gaming-office. Acesso em: out. 2021.

más condições de trabalho pelo excesso de pessoas no local, ausência de janelas na sala de treinos, conexão ruim de internet, estresse físico e mental.(58)

O ator mais importante dentro desse ecossistema é o jogador profissional. Os jogadores precisam especializar-se em um jogo para conseguir jogar profissionalmente, algo semelhante aos esportes tradicionais. Por outro lado, o ciclo competitivo é mais curto, sendo mais comum que o profissional de videogame comece a jogar mais jovem.(59)

Outra característica desse mercado é que há muitos jogadores que buscam seguir a carreira profissional. Sendo assim, poucos conseguem destacar-se o suficiente a ponto de ter poder de negociar valores com os times. O surgimento das plataformas de *streaming* possibilitou que os jogadores pudessem estabilizar a sua renda, e, dessa forma, segundo T. M. Scholz, muitos deles têm um rendimento pautado em até 50% de salário (às vezes com patrocínio), prêmio de até 25% em dinheiro e até 30% das receitas de *streaming*.(60) Muitos dos jogadores, inclusive, conseguem notoriedade por meio dos *streamings*, podendo, assim, integrar uma equipe profissional ou somente viver da renda das transmissões online.(61)

Em relação às condições de trabalho dos jogadores profissionais, surgem diversos questionamentos sobre jornadas de treinamento, remuneração, qualificação profissional, lesões. No entanto, tendo em vista que o ecossistema não é uniforme, é preciso considerarmos que as respostas variam, sendo preciso análises específicas para responder a esses questionamentos.

Os atores secundários são constituídos por provedores, facilitadores de comunidade, público, mídia, empreendedores, acionistas, investidores, órgãos diretores, organizações esportivas e patrocinadores.

Alguns desses atores secundários são essenciais para garantir o suporte e o aumento do potencial de monetização e audiência dos esportes eletrônicos. Os provedores de infraestrutura, provedores de serviços, provedores de hardware e facilitadores de comunidade fazem esse papel. Os provedores de infraestrutura garantem que o *esport* chegue ao público para que este consuma onde e quando quiser, e as plataformas de *streaming* são exemplos de

---

(58) FABER, Rodrigo. *Rainbow Six:* jogadores vão à Justiça do Trabalho contra a Team oNe. Disponível em: https://ge.globo.com/e-sportv/rainbow-6/noticia/rainbow-six-jogadores-vao-a-justica-do-trabalho-contra-a-team-one.ghtml. Acesso em: out. 2021.

(59) SCHOLZ, T. M. *Management in the world of competitive gaming.* Siegen: Palgrave Macmillan, 2019. p. 67.

(60) *Ibidem*, p. 68.

(61) CNN. *Profissão streamer:* a geração que ganha até US$ 500 mil por mês fazendo lives. Disponível em: https://www.cnnbrasil.com.br/business/profissao-streamer-a-geracao-que-ganha-ate-us-500-mil-por-mes-fazendo-lives/. Acesso em: out. 2021.

provedores de infraestrutura. Os provedores de serviços realizam atividades essenciais para o fortalecimento dos esportes eletrônicos, por exemplo, serviços de cobertura jornalística e consultoria de negócios. Os fornecedores de *hardware* permitem maior monetização do setor com o desenvolvimento de equipamentos especializados. Por fim, os facilitadores de comunidade realizam a interação com o público, sendo, muitas vezes, auto-organizados.(62)

O público é um ator secundário essencial, uma vez que influencia a percepção do cenário de esportes eletrônicos e, por consequência, os negócios. Os videogames ainda são vistos por parte do público como causadores de agressividade ou de dependência, o que demanda que o setor se organize a fim de mudar essas perspectivas e garantir um ambiente equilibrado e saudável.(63)

Apesar de parte do público possuir essa percepção negativa, uma pesquisa realizada pelo periódico Newzoo constatou que os jogos eletrônicos impactam diferentes gerações. Entre as pessoas pertencentes à geração X (com idade entre 41 e 55 anos), 60% dos entrevistados jogavam algum tipo de jogo, gastando, em média, 4 horas e 25 minutos por semana.(64) Entre as pessoas da geração Y/*millenials* (com idade entre 25 e 40 anos), 77% jogavam, gastando, em média, 6 horas e 50 minutos por semana.(65) Entre as pessoas da geração Z (com idade entre 10 e 24 anos), o percentual subiu para 80%, sendo a média de tempo gasto semanal de 7 horas e 20 minutos.(66)

Esses dados revelam que, além de impactar gerações, os jogos eletrônicos têm maior incidência nas gerações mais novas, constituindo-se em um cenário atrativo para os outros atores secundários que buscam renovar seu público-alvo/audiência.

Uma parte desses atores secundários se insere no ecossistema dos esportes eletrônicos com o objetivo de obter lucros, é o caso dos investidores, empreendedores e acionistas. A mídia também pode ser inserida nesse grupo, uma vez que está se adaptando ao cenário dos esportes eletrônicos e fazendo transmissões dos jogos.(67)

---

(62) SCHOLZ, T. M. *Management in the world of competitive gaming*. Siegen: Palgrave Macmillan, 2019. p. 70-73.

(63) *Ibidem*, p. 83-84.

(64) NEWZOO. *Gen x gamers:* the spotlight. Disponível em: https://newzoo.com/insights/infographics/gen-x-gamers-how-gen-x-engage-with-video-games/. Acesso em: out. 2021.

(65) NEWZOO. *Millenials gamers:* a deep dive. Disponível em: https://newzoo.com/insights/infographics/millennial-gamers-how-millennials-engage-with-video-games/. Acesso em: out. 2021.

(66) NEWZOO. *Gen Z gamers:* key insights. Disponível em: https://newzoo.com/insights/infographics/gen-z-gamers-key-insights/. Acesso em: out. 2021.

(67) SCHOLZ, T. M. *Management in the world of competitive gaming*. Siegen: Palgrave Macmillan, 2019. p. 84.

Em relação aos órgãos diretores, um aspecto bastante ressaltado é a falta de governança nos esportes eletrônicos.[(68)] Algo que precisa estar claro, no entanto, é que o ecossistema dos *esports* é diferente daquele encontrado nos esportes tradicionais e o próprio termo *esport* engloba, como visto anteriormente, diversos gêneros de jogos. Assim, pensar em uma estrutura, de cima para baixo, organizada em federações e confederações para unir todos esses gêneros, todos os atores e todos os futuros jogos é algo muito complicado. Além disso, há um aspecto que dificulta a legitimidade e a transferência das estruturas de governança dos esportes tradicionais para os esportes eletrônicos: a propriedade intelectual pertencente à desenvolvedora.

Considerando essa dificuldade de transferência das estruturas dos esportes tradicionais, T. M. Scholz defende que é preciso que compreendamos a governança de forma mais profunda, como um processo de organização e coordenação social.[(69)] Assim, o surgimento de consensos, de baixo para cima, entre os atores do ecossistema de *esports* a respeito de divisão de responsabilidades, comportamentos éticos e medidas de transparência, seria as práticas de governanças condizentes com as estruturas desse mercado.[(70)] É importante ressaltarmos que a governança por consenso não exclui a responsabilidade de os atores cumprirem com as regras estabelecidas fora do ecossistema, como aquelas estabelecidas pelo governo e pelas legislações.

No que concerne à implementação de estruturas semelhantes às adotadas pelos esportes tradicionais, podemos citar, no Brasil, quatro entidades que buscam representar os esportes eletrônicos em nível nacional: a Confederação Brasileira de Desporto Eletrônico (CBDEL)[(71)], a Confederação Brasileira de eSports (CBeS),[(72)] a Confederação Brasileira de Games e eSports (CBGE)[(73)] e a Confederação Brasileira de Esportes Eletrônicos (CBEE).[(74)] Essa multiplicidade de entidades em nível nacional demonstra as dificuldades em estabelecer um sistema de hierarquia no setor.

---

(68) CHAO, Laura L. 'You Must Construct Additional Pylons': Building a Better Framework for Esports Governance. N. 86. *Fordham Law Review*, 2017, pp. 737–765. Disponível em: https://ir.lawnet.fordham.edu/cgi/viewcontent.cgi?article=5447&context=flr. Acesso em: out. 2021.

(69) BEVIR, Mark. *Governance:* A Very Short Introduction. Oxford: Oxford University Press, 2014. p. 20.

(70) SCHOLZ, T. M. *Management in the world of competitive gaming.* Siegen: Palgrave Macmillan, 2019. p. 75.

(71) CBDEL. *Sobre a confederação.* Disponível em: https://cbdel.com.br/portal/governanca/sobre-cbdel. Acesso em: out. 2021.

(72) CBeS. *Conheça a CBeS.* Disponível em: http://cbesports.com.br/a-cbes/conheca-a-cbes/. Acesso em: out. 2021.

(73) CBGE. *Sobre nós.* Disponível em: https://cbge.com.br/institucional/a-cbge. Acesso em: out. 2021.

(74) CBEE. *Sobre nós.* Disponível em: http://www.cbee.com.br/#sobre. Acesso em: out. 2021.

Podemos citar ainda organizações auto-organizadas que se formam em busca de efetivar demandas específicas no setor. *The Counter-Strike Professional Players Association* (CSPPA) é um exemplo, a associação internacional foi criada buscando melhores condições de trabalho para os jogadores de *Counter-Strike*.[75] Outro exemplo é a *Esports Integrity Coalition* (ESIC), formada por atores do ecossistema dos esportes eletrônicos (organizadores das competições, órgãos governamentais, patrocinadores), que tem por objetivo discutir e propor regulamentos de código de ética e de conduta, a fim de evitar incidentes relacionados a *doping* e combinação de resultados.[76] Ambas as iniciativas demonstram a possibilidade de estabelecer um sistema de governança pautado no consenso entre os atores, sistema que precisaria se expandir para incluir todos os que participam do ecossistema.

As organizações esportivas são aquelas que investem nos esportes tradicionais e passam a investir também nos esportes eletrônicos em busca de maior audiência. O Brasil é destaque no *ranking* internacional de audiência em esportes eletrônicos, ocupando o terceiro lugar, atrás somente de China e Estados Unidos, com 7,6 milhões de brasileiros assistindo o conteúdo profissional de *esports* mais de uma vez ao mês.[77] Assim, é cada vez mais comum que as organizações esportivas brasileiras ampliem sua atuação abarcando os esportes eletrônicos.

Em uma pesquisa da PwC, realizada em 2020, que entrevistou 385 empresas que possuíam direitos proprietários no cenário de esportes eletrônicos, 74,3% responderam que um dos benefícios desse investimento estava no engajamento de uma nova base de fãs para seu esporte e 71,9% responderam que o investimento era benéfico ao possibilitar novas parcerias comerciais.[78]

Segundo T. M. Scholz, as organizações esportivas podem adotar alguns tipos de estratégia no setor: 1) investir em jogadores que joguem a versão digital do esporte tradicional que a empresa já investe; 2) investir em equipes de diversos jogos; 3) investir em equipes de diversos jogos em diferentes países; 4) comprar ações de uma equipe já existente e investir na criação de

---

(75) CSPPA. *About CSPPA*. Disponível em: https://www.csppa.gg/about. Acesso em: out. 2021.

(76) ESIC. *Who we are*. Disponível em: https://esic.gg/about/. Acesso em: out. 2021.

(77) NEWZOO. *Esports in Brazil:* key facts, figures, and faces. p. 4. Disponível em: https://resources.newzoo.com/hubfs/Reports/Esports_Bar_Newzoo_ Esports_in%20Brazil.pdf?__hstc=133451409.e85d2ae887e1752 fc1de3bac41c9e1c3.1568909855822.1568909855822.1568909855822.1&__hssc=133451409.9.1568909855823. Acesso em: out. 2021.

(78) PwC. *Sports industry:* system rebooting. p. 56. Disponível em: https://library.olympics.com/Default/doc/SYRACUSE/470563/sport-industry-system-rebooting-pwc-s-sports-survey-2020-pricewaterhousecoopers?_lg=en-GB. Acesso em: out. 2021.

uma nova marca; 5) retirar-se temporariamente do mercado de *esports*; 6) criar uma liga específica; 7) comprar uma equipe que faça parte de uma franquia.[79]

Essas diferentes estratégias são analisadas pelas organizações esportivas, considerando os objetivos e os interesses de ingressar de maior ou menor forma no ecossistema de esportes eletrônicos.

Por fim, os patrocinadores são uma força motriz do cenário de esportes eletrônicos. De acordo com o relatório *Global Esports & Streaming Market*, produzido pela Newzoo, periódico holandês especializado, em 2021, as receitas globais do mercado de esportes eletrônicos alcançaram a marca de 1,084 bilhão de dólares (crescimento de 14,5% em relação a 2020) e 75% das receitas deste mercado vieram de direitos de mídia e de patrocínios.[80][81]

O fator que une todos esses atores (primários e secundários) é a audiência. Por um lado, cada um dos atores relaciona-se com a audiência com o objetivo de monetizá-la; por outro, a audiência participa ativamente da indústria dos esportes eletrônicos, já que está alinhada à cultura de jogos.[82] A relação da audiência com a cultura dos jogos eletrônicos faz com que as fronteiras entre atores não sejam rígidas, podendo uma mesma pessoa ser público e simultaneamente membro de um time profissional ou investidor.[83]

A grande quantidade de atores primários e secundários e as diversas interconexões entre eles evidenciam a complexidade do ecossistema. No esquema a seguir, apresentamos uma visão geral dessas relações:[84]

---

(79) SCHOLZ, T. M. *Management in the world of competitive gaming.* Siegen: Palgrave Macmillan, 2019. p. 78-79.

(80) O relatório considera como receita de patrocínio as receitas geradas por times e organizadoras por meio de acordo de patrocínio. Isso inclui todas as ofertas relacionadas ao patrocínio de um evento: produtos, patrocínio de times e pagamentos, realizados por marcas, pelo uso da imagem do time, evento ou direitos de propriedade intelectual específicos do jogo em suas comunicações de *marketing*. Quaisquer anúncios vendidos como parte de um pacote de patrocínio estão incluídos nas receitas do patrocínio.

(81) NEWZOO. *Global Esports & Streaming Market:* 2021. p. 10. Disponível em: https://newzoo.com/insights/trend-reports/newzoos-global-esports-live-streaming-market-report-2021-free-version/. Acesso em: out. 2021.

(82) FRANKE, Tilo. The Perception of eSports. Mainstream Culture, Real Sport and Marketisation. p. 113. In: *eSports Yearbook 2013/14*, ed. Julia Hiltscher and Tobias M. Scholz, 111–144. Norderstedt, Germany: Books on Demand, 2015. Disponível em: https://www.esportsyearbook.com/eyb201314.pdf. Acesso em: out. 2021.

(83) SCHOLZ, T. M. *Management in the world of competitive gaming.* Siegen: Palgrave Macmillan, 2019. p. 86.

(84) NEWZOO. *Global Esports & Streaming Market:* 2021. p. 9. Disponível em: https://newzoo.com/insights/trend-reports/newzoos-global-esports-live-streaming-market-report-2021-free-version/. Acesso em: out. 2021.

Figura 4: Visão global do ecossistema dos esportes eletrônicos.

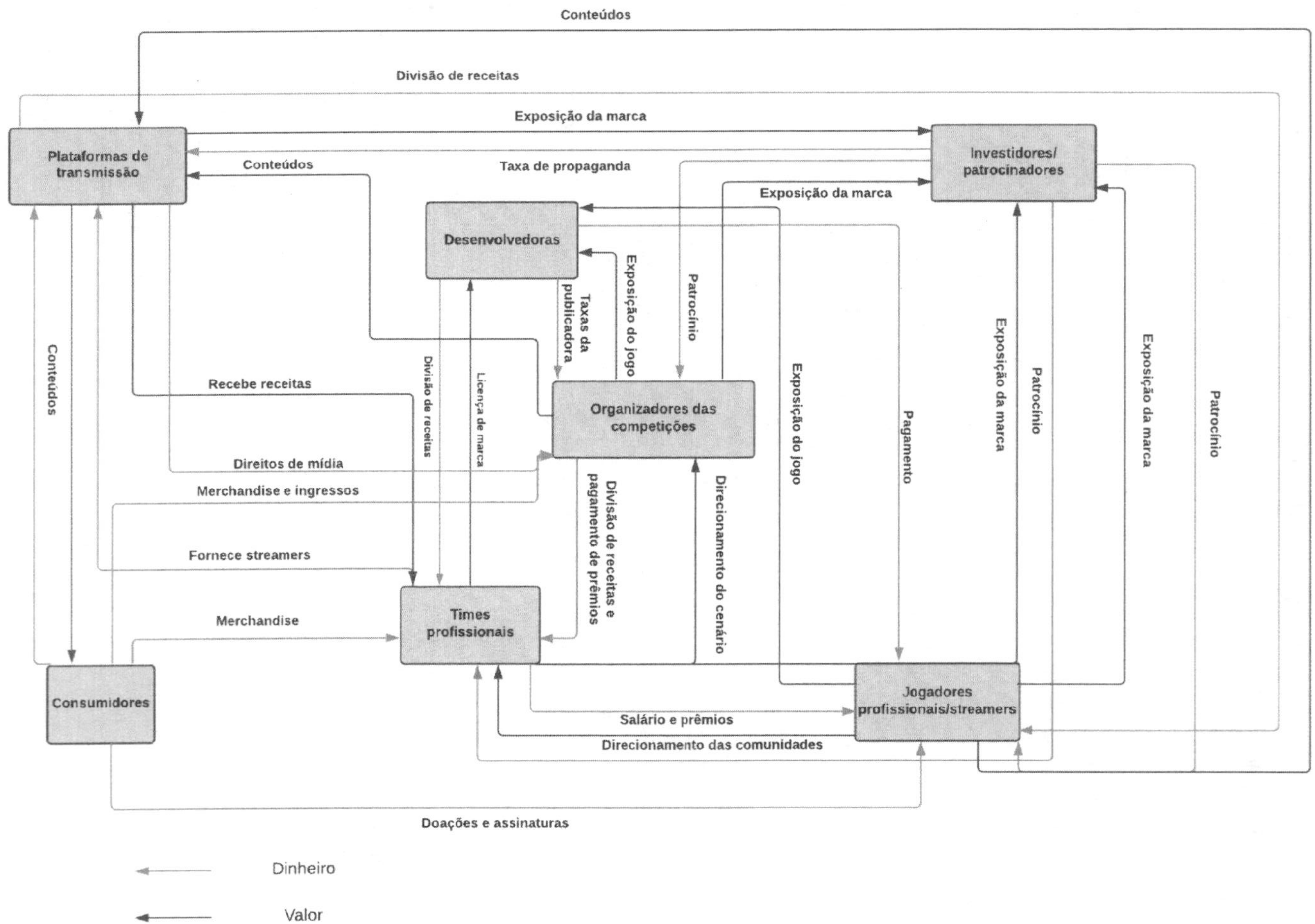

Fonte: Traduzido de Newzoo.

No esquema, podemos inserir os facilitadores de comunidades e o público no quadrante dos consumidores; os empreendedores, acionistas e organizações esportivas no quadrante de investidores/patrocinadores; a mídia e os provedores no quadrante das plataformas de transmissão. Como os órgãos diretores ainda não se desenvolveram de forma organizada nos esportes eletrônicos, eles não foram identificados no esquema.

Podemos compreender, assim, que todos os atores dependem uns dos outros para que a indústria dos esportes eletrônicos continue a se expandir e alcance uma estabilidade em longo prazo. Alguns dos números da indústria indicam o crescimento e o amadurecimento desse modelo de negócios tanto no Brasil quanto no restante do mundo.

1.4. O mercado dos esportes eletrônicos no Brasil e no mundo

O *Global Games Market Report*, produzido pelo periódico Newzoo, projetou que, em 2022, as receitas globais de jogos eletrônicos somaram 184,4 bilhões de dólares, com uma redução de 4,3% em relação a 2021, sendo um ano de equilíbrio, dado o forte crescimento do setor durante a pandemia da Covid-19. A região Ásia-Pacífico continuou sendo a maior região do mundo, somando 87,9 bilhões de dólares, queda de 5,6% em relação a 2021, o que representa 48% das receitas mundiais. A segunda maior região foi a América do Norte, com uma queda de 5,1% em relação a 2021, somando 48,4 bilhões de dólares (26%).(85)

O relatório ainda identificou que as taxas de crescimento do mercado nas regiões da América Latina (3,4%) e Oriente Médio & África (6,6%) estavam acima da média global, o que pode indicar um aumento dessas regiões na participação da receita global de jogos no futuro.(86) Na atualidade, o Brasil é o 12º mercado de jogos do mundo(87) e o maior mercado de jogos e *esports* da América Latina, tendo alcançado, em 2021, uma receita total de 1,4 bilhão de dólares e, segundo a PwC, há a previsão de que o mercado continue em crescimento, alcançando, em 2026, 2,8 bilhões de dólares.(88)

---

(85) NEWZOO. *Global Games Market Report 2022*. p. 24. Disponível em: https://newzoo.com/resources/trend-reports/newzoo-global-games-market-report-2022-free-version. Acesso em: out. abr. 2023.

(86) *Idem*.

(87) GE. *Mercado brasileiro de games deve bater R$ 12,3 bi em 2021*. Disponível em: https://ge.globo.com/esports/stories/2021/05/05/mercado-brasileiro-de-games-deve-bater-r-123-bi-em-2021.ghtml. Acesso em: out. 2021.

(88) PWC. *Pesquisa global de entretenimento e mídia (2022-206):* inovação e crescimento em um novo cenário competitivo. p. 22. Disponível em: https://www.pwc.com.br/pt/estudos/setores-atividades/entretenimento-midia/2022/Pesquisa-Global-de-Entretenimento-e-Midia-2022%E2%80%932026.pdf. Acesso em: abr. 2023.

Podemos visualizar a participação de cada região global nas receitas mundiais de jogos eletrônicos, bem como o crescimento ou queda dessas receitas, em relação aos valores de 2021, no gráfico que segue:

Figura 5: Mercado global de jogos eletrônicos por região.

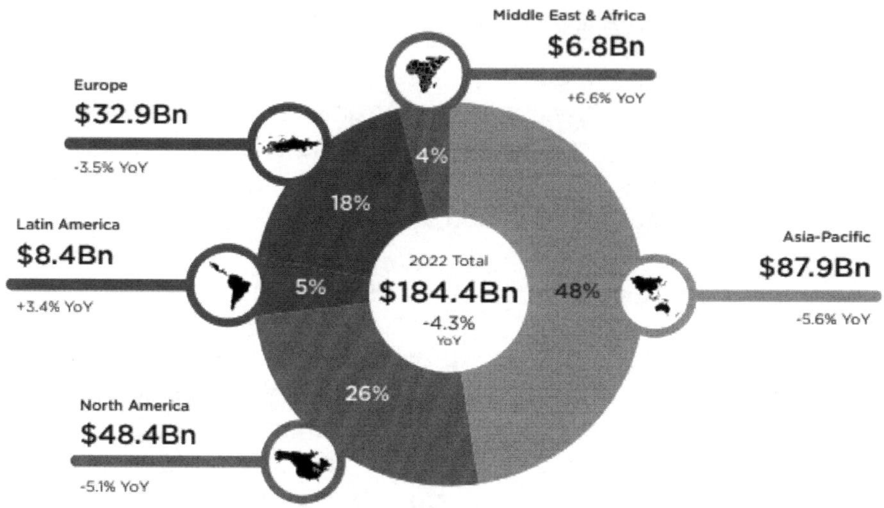

Fonte: Newzoo.

Essas receitas globais de jogos eletrônicos dividem-se em cinco segmentos: jogos para smartphones, jogos de computador baixados da internet, jogos de navegador (computador), jogos de console e jogos para tablet.

Os jogos para smartphones, segundo o relatório, representam a maioria das receitas, somando 92,2 bilhões de dólares, queda de 6,4% em relação ao ano anterior, que teve desempenho superior ao projetado devido às restrições de locomoção ocasionadas pela pandemia. O segmento de consoles também apresentou uma queda de 4,2%, somando 51,8 bilhões de dólares.

A distribuição das receitas em cada um dos segmentos foi organizada na figura a seguir:

Figura 6: Mercado global de jogos eletrônicos por segmento.

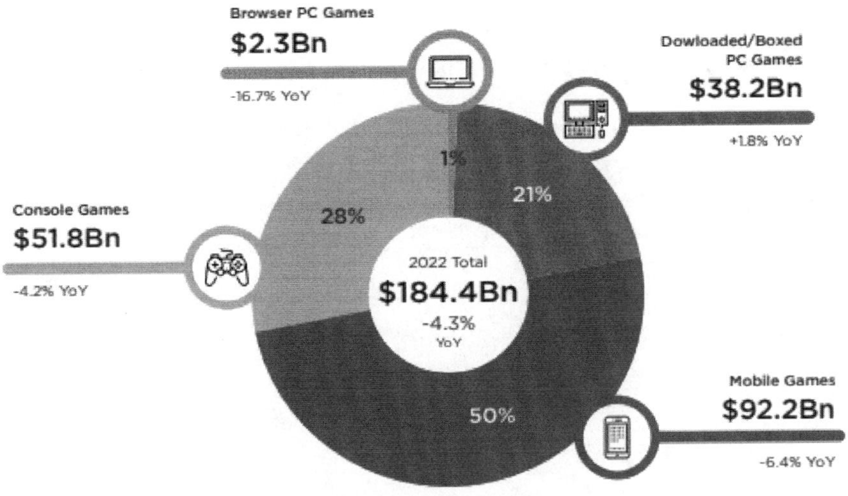

Fonte: Newzoo.

Em relação ao número de jogadores (tanto profissionais quanto amadores), o relatório projetou que, em 2022, haveria 3,2 bilhões de jogadores no mundo, um crescimento de 4,9% em relação ao ano anterior. Segundo o relatório, o crescimento identificado em 2021, por conta da pandemia, mostrou-se duradouro também em 2022, tendo em vista que as restrições ocasionadas pela pandemia se mantiveram em alguns países.(89)

Assim como nos anos anteriores, as principais causas para esse aumento estão na melhoria da infraestrutura de internet, planos de dados e acessibilidade de internet móvel para smartphones. Essas causas, de acordo com o relatório, impactam, de forma mais veemente, as regiões do Oriente Médio & África e da América Latina, que apresentaram um crescimento, em relação a 2021, de 8,3% e 5%, respectivamente.(90)

A região da Ásia-Pacífico é a maior região em número de jogadores, abrigando 54% dos jogadores do mundo todo. A distribuição de jogadores nas demais regiões está organizada na figura seguinte:

(89) NEWZOO. *Global Games Market Report 2022.* p. 21. Disponível em: https://newzoo.com/resources/trend-reports/newzoo-global-games-market-report-2022-free-version. Acesso em: abr. 2023.

(90) *Idem.*

Figura 7: Número de jogadores por região.

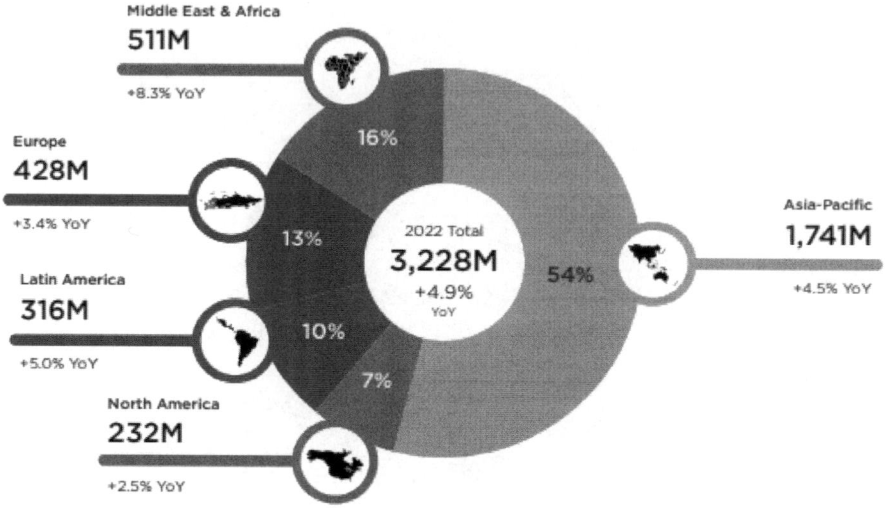

Fonte: Newzoo.

Por fim, o relatório ainda estabelece que o setor continua em crescimento, prevendo, para 2025, receitas globais em torno de 211,2 bilhões de dólares e 3,57 bilhões de jogadores.(91)

Especificamente sobre os esportes eletrônicos, o relatório *Global Esports & Live Streaming Market*, que traz o dimensionamento do mercado considerando apenas o cenário profissional, prevê um crescimento das receitas globais dos *esports* para 1,38 bilhão de dólares, projetando que este crescimento se mantenha e, em 2025, o mercado alcance receitas globais em torno de 1,86 bilhão de dólares.(92)

Em relação à audiência dos esportes eletrônicos, o relatório projeta um crescimento de 8,7% em relação a 2021, alcançando 532 milhões de pessoas, das quais 261 milhões são entusiastas de esportes eletrônicos(93). A China é o país com o maior número de entusiastas, somando quase um terço do número global,(94) seguida pelos Estados Unidos e pelo Brasil,(95) que conta

(91) NEWZOO. *Global Games Market Report 2022*. p. 20 e 26. Disponível em: https://newzoo.com/resources/trend-reports/newzoo-global-games-market-report-2022-free-version. Acesso em: abr. 2023.

(92) *Ibidem*, p. 7.

(93) O relatório define entusiastas de esportes eletrônicos como as pessoas que assistem conteúdos de eSports (profissionais) mais de uma vez ao mês.

(94) NEWZOO. *Global Esports & Streaming Market:* 2022. p. 7. Disponível em: https://newzoo.com/resources/trend-reports/newzoo-global-esports-live-streaming-market-report-2022-free-version. Acesso em: abr. 2023.

(95) NEWZOO. *Global Esports & Streaming Market:* 2021. p. 10. Disponível em: https://newzoo.com/insights/trend-reports/newzoos-global-esports-live-streaming-market-report-2021-free-version/. Acesso em: out. 2021.

com 21,2 milhões de espectadores, sendo 9,1 milhões de entusiastas e 12 milhões de espectadores ocasionais.(96)

Ao final, o relatório dispõe que o mercado continuará em ascensão, projetando que, até 2025, as receitas globais de esportes eletrônicos alcançarão 1,86 bilhão de dólares, um crescimento de 13,4% no período de 2020-2025. O relatório também projeta o aumento da audiência em esportes eletrônicos, chegando a alcançar 640,8 milhões de pessoas em 2025, sendo 322,8 milhões de espectadores ocasionais e 318 milhões de entusiastas.(97)

Quando se considera o panorama da América Latina, o Brasil é o maior mercado em relação tanto à receita gerada por jogos *mobile* quanto ao número de jogadores. A Newzoo estima que, no Brasil, existam 101 milhões de jogadores (ocupando o 10º lugar no ranking mundial),(98) que movimentam cerca de 1 bilhão de dólares no mercado de jogos *mobile*.(99)

Cerca de 70% da população online brasileira joga no setor *mobile*, porque as barreiras de entrada para esses jogos são menores, tendo em vista o menor custo dos smartphones e tablets. Além disso, os jogadores brasileiros de *mobile* tendem a jogar títulos competitivos de estratégia (34%), corrida (33%), jogos de tiro (32%), *Battle Royale* (25%) e esportes (26%).(100)

Assim, considerando que (i) o Brasil se encontra em uma região (América Latina) onde se prevê um grande crescimento do mercado de jogos para os próximos anos, (ii) é o 12º maior mercado mundial de jogos eletrônicos, (iii) é o terceiro maior país no mundo em número de entusiastas de esportes eletrônicos e (iv) é o maior mercado da América Latina em jogos *mobile* e em número de

---

(96) ISTOÉ. *E-sports não é (mais) brincadeira.* Disponível em: https://www.istoedinheiro.com.br/e-sports-nao-e-mais-brincadeira/. Acesso em: out. 2021.

(97) NEWZOO. *Global Esports & Streaming Market:* 2022. p. 7. Disponível em: https://newzoo.com/resources/trend-reports/newzoo-global-esports-live-streaming-market-report-2022-free-version. Acesso em: abr. 2023.

(98) NEWZOO. *Key insights into brazilian gamers.* p. 7. Disponível em: https://newzoo.com/resources/trend-reports/key-insights-into-brazilian-gamers-newzoo-gamer-insights-report. Acesso em: abr. 2023.

(99) SANTOS, Isadora. *Insights into Latin America's $3.5 Billion Mobile Games Market:* Players, Payers, Revenues, Esports & Market Dynamics. Disponível em: https://newzoo.com/insights/articles/insights-into-latin-americas-3-5-billion-mobile-games-market-players-payers-revenues-esports-market-dynamics/. Acesso em: out. 2021.

(100) WEUSTINK, Jorik. *Brazilian Games Market Consumer Insights:* Brazil's Mobile Players Are Likelier to Play Competitive & Midcore Games. Disponível em: https://newzoo.com/insights/articles/brazilian-games-market-consumer-insights-brazils-mobile-players-are-likelier-to-play-competitive-midcore-games/. Acesso em: out. 2021.

jogadores, compreender como essa indústria funciona, como são firmados os contratos com os jogadores profissionais e como estão estruturadas as competições, levando em conta as estratégias adotadas pelas desenvolvedoras, é essencial para verificar se há uma proteção jurídico-trabalhista efetiva.

Capítulo 2

Esporte Eletrônico é Esporte? Definições Jurídicas e Doutrinárias

2.1. Discussões acerca da caracterização dos esports como esporte

Uma das principais discussões em torno dos *esports* é se essas atividades se caracterizariam, ou não, como esporte. A abrangência do termo "esporte" já foi debatida por órgãos reguladores e atletas de outras modalidades, tais como hipismo, *snowboard* e xadrez.(101) A discussão, portanto, não é nova, sendo o *esport* apenas mais uma modalidade englobada.

Segundo T. L. Taylor, essa discussão acerca do *status* dos videogames como esporte não envolve apenas pessoas que não estão familiarizadas com os jogos de computador. Segundo a autora, as próprias comunidades (compostas por fãs dos jogos) debruçam-se sobre a questão, debatendo inclusive se títulos ou gêneros específicos poderiam, ou não, ser inclusos na definição de esporte.(102)

Essa não é uma discussão meramente teórica. Determinar se os *esports* são, ou não, esporte é importante para estabelecer o tipo de legislação a ser aplicada. Em relação à área trabalhista, por exemplo, se vamos aplicar a Consolidação das Leis do Trabalho (CLT) ou a Lei Pelé (Lei n. 9.615/1998)/ Lei Geral do Esporte (Lei n. 14.597/23).

Nesse ponto, é importante destacar que, em 14 de junho de 2023, houve a sanção da Lei n. 14.597/23 criando a Lei Geral do Esporte. Como o dispositivo que revogava totalmente a Lei Pelé (Lei n. 9.615/1998) foi objeto de veto presidencial, a situação jurídica atual se caracteriza pela existência de duas leis que tratam sobre esporte no país. Assim, a análise envolvendo a caracterização ou não dos *esports* como esporte deve considerar, necessariamente, ambas as leis.

De acordo com Marianne Faure-Abbad e Michel Boudot, a qualificação legal dos *esports* pressupõe a determinação de critérios de qualificação que

(101) TAYLOR, T. L. *Raising the stakes:* e-sports and the professionalization of computer gaming. Cambridge: MIT Press, 2012. p. 36.

(102) *Idem.*

considerem três aspectos: 1º: o que são atividades físicas; 2º: o que é esporte; 3º: o que o *esport* tem de esporte. Para os autores, esses aspectos precisam observar uma escala dupla: a primeira diz respeito aos regimes jurídicos, ou seja, aos critérios formais que determinam o que é esporte em termos legais; a segunda refere-se às definições substanciais que definem esporte.(103)

2.2. Critérios formais de definição do que é esporte na legislação brasileira

A Constituição Federal dispõe, em seu art. 217, que o desporto, no Brasil, é dividido entre práticas formais e não formais. As práticas formais são aquelas reguladas por normas nacionais e internacionais e pelas regras de prática desportiva de cada modalidade, aceitas pelas entidades nacionais (art. 1º, § 1º, da Lei n. 9.615/1998; art. 1º, § 1º, da Lei n. 14.597/23). Já as práticas não formais são aquelas caracterizadas pela liberdade lúdica de seus praticantes (art. 1º, § 2º, da Lei n. 9.615/1998; art. 1º, § 1º, da Lei n. 14.597/23).

Assim, segundo Álvaro Melo Filho, a Constituição, em seu art. 217, garante o direito ao desporto com amplitude difusa, coletiva e individual (universalidade) sendo, a um só tempo, um direito de cada um e de todos e abarcando práticas tanto formalizadas quanto recreativas.(104)

Rafael Teixeira Ramos ressalta a feição sociofundamental do direito desportivo. Segundo o autor, essa feição é designada quando o art. 217, § 3º da Constituição Federal traz o termo "lazer" relacionado ao contexto desportivo. Considerando que a Constituição apresenta, em seu art. 6º, o direito ao lazer como direito social, o aspecto desportivo acaba sendo contemplado nesse rol (ainda que sob o aspecto recreativo).(105) A Lei Geral do Esporte (Lei n. 14.597/23) reafirma esse entendimento ao prever, eu seu art. 3º, § 1º, que a promoção, o fomento e o desenvolvimento de atividades físicas para todos consubstanciam-se em direito social.

O desporto pode manifestar-se de quatro formas: educacional, de participação, de rendimento e de formação (art. 3º da Lei n. 9.615/1998), sendo os dois últimos relacionados com o aspecto profissional.

---

(103) BOUDOT, Michel; FAURE-ABBAD, Marianne. La qualification juridique de l'e-sport. Gaylor Rabut, Morgane Reverchon-Billot. *Les enjeux juridiques de l'e-sport*, PUAM, 2017, 978-2-7314-10709. hal-01925756, p. 23-24.

(104) MELO FILHO, Álvaro. *Direito desportivo:* novos rumos. Belo Horizonte: Del Rey, 2004. p. 1-2.

(105) RAMOS, Rafael Teixeira. Direito desportivo e o direito ao desporto na Constituição da República Federativa do Brasil. *Revista Jurídica da FA7*, vol. 6 (1), 81-103. https://doi.org/10.24067/rjfa7;6.1:236. Disponível em: https://periodicos.uni7.edu.br/index.php/revistajuridica/article/view/236. Acesso em: nov. 2021, p. 91.

O desporto de rendimento é aquele praticado levando em conta as normas gerais da Lei n. 9.615/1998 e as regras de práticas desportivas (nacionais e internacionais), visando obter resultados e integrar pessoas e comunidades, e pode ser praticado de forma profissional ou não profissional. No primeiro caso, há a remuneração pactuada em contrato formal de trabalho entre o atleta e a entidade desportiva, enquanto, no segundo, há a liberdade para prática do desporto e inexiste contrato de trabalho, embora possa haver recebimento de incentivos materiais e patrocínios.

O desporto de formação é caracterizado pela aquisição inicial de conhecimentos desportivos, tendo o objetivo de promover o aperfeiçoamento qualitativo e quantitativo da prática desportiva em termos recreativos, competitivos ou de alta competição. Em relação aos atletas em formação, a lei prevê algumas medidas visando a proteção dos adolescentes como: tempo destinado à atividade de formação não superior a quatro horas por dia, ajustamento das atividades de formação aos horários do currículo escolar ou curso profissionalizante, exigência de frequência e aproveitamento escolar (art. 29, § 2º, "*f*", da Lei n. 9.615/1998).

A Lei Geral do Esporte prevê apenas três níveis de desenvolvimento de prática desportiva (art. 4º), no entanto, esses níveis estão em consonância com o que já vinha previsto na Lei Pelé, são eles: formação esportiva, excelência esportiva e esporte para toda a vida.

A formação esportiva (art. 5º da Lei n. 14.597/23) é aquela que visa o acesso à prática esportiva por meio de ações planejadas, inclusivas, educativas, culturais e lúdicas para crianças e adolescentes. Esse tipo de formação abrange a vivência, a fundamentação e a aprendizagem da prática esportiva. Tal nível se relaciona com as formas de esporte educacional e de participação previstas na Lei Pelé.

A excelência esportiva (art. 6º da Lei n. 14.597/23) abrange o treinamento sistemático direcionado à formação de atletas na busca de alto rendimento. Tal nível abrange a especialização e o aperfeiçoamento esportivo, o alto rendimento e a transição de carreira. Esse nível, portanto, relaciona-se com as formas de esportes de rendimento e formação previstas na Lei Pelé.

Por fim, o esporte para toda a vida (art. 7º da Lei n. 14.597/23) é a consolidação e aquisição de hábitos saudáveis ao longo da vida, a partir da aprendizagem esportiva, do lazer e da atividade física, relacionando-se com as quatro formas de esportes previstas na Lei Pelé.

A Lei n. 9.615/1998 ainda prevê que as entidades de prática desportiva e os atletas são livres para organizar a atividade profissional, desde que respeitem os fundamentos da lei (art. 26/art. 27 da Lei n. 14.597/23). Entre esses fundamentos, estão os princípios nos quais tem base o desporto: soberania, autonomia, democratização, liberdade, direito social, diferenciação, identidade nacional, educação, qualidade, descentralização, segurança e eficiência (art. 2º da Lei n. 9.615/1998 e da Lei n. 14.597/23).

Em termos competitivos, a Lei n. 9.615/1998 estabelece que a competição profissional é aquela promovida no intuito de obter renda e disputada por atletas profissionais com remuneração decorrente de contrato formal de trabalho (art. 26, parágrafo único; art. 72, parágrafo único da Lei n. 14.597/23).

De forma mais recente, a Lei n. 14.597/23 inovou ao trazer uma definição jurídica para o termo "esporte", que não havia sido definido até então pela Lei n. 9.615/1998. A Lei Geral do Esporte estabelece que se considera esporte toda forma de atividade predominantemente física que, de modo informal ou organizado, tenha por objetivo a prática de atividades recreativas, a promoção da saúde, o alto rendimento esportivo ou o entretenimento (art. 1º, § 1º). A lei, no entanto, não estipula se os esportes eletrônicos se encaixariam nesta definição.

Buscando identificar quais opções legislativas estão sendo levadas em conta para regular os *esports* no Brasil, foi feito um levantamento nos sites da Câmara e do Senado Federal. Foram utilizadas como termos de busca as mesmas palavras do levantamento bibliográfico <*esports*> e <esportes eletrônicos>, todas elas entre aspas (" ") para garantir a busca exata.

O site da Câmara Federal retornou 21 resultados para o termo "esportes eletrônicos", dos quais quatro se referiam a proposições legislativas e 24 resultados para o termo "*esports*", sendo dois deles para proposições legislativas. Os demais resultados referiam-se a requerimentos para a realização de audiência pública sobre o tema, parecer quanto às proposições legislativas e emendas parlamentares.

Durante o levantamento, identificou-se que outro termo utilizado nas proposições legislativas era <desporto virtual>, de modo que ele também foi incluído nas buscas. O termo resultou em 17 documentos, dos quais três eram referentes a proposições legislativas.

Excluindo-se as proposições repetidas, foram encontradas na Câmara dos Deputados oito proposições legislativas tratando de *esports*: PL 3450/2015, PL 6210/2016, PL 7747/2017, PL 8260/2017, PL 2972/2019, PL 2796/2021, PL 70/2022 e PL 2891/2022.

O site do Senado Federal retornou cinco resultados para o termo "esportes eletrônicos", sendo um deles referente à proposição legislativa. O termo "*esports*" retornou quatro resultados, um dos quais de proposição legislativa, a mesma identificada na busca anterior. Por fim, o termo "desporto virtual" retornou um resultado referente a uma propositura legislativa identificada nas buscas no site da Câmara Federal. Assim, no Senado Federal, encontrou-se apenas o PLS 383/2017.

Considerando o caráter genérico da legislação desportiva, conforme disposto por Álvaro Melo Filho, algumas propostas legislativas em tramitação no Congresso Nacional buscam incluir na Lei n. 9.615/1998 os esportes eletrônicos. É o caso dos PL 3450/2015, PL 7747/2017 e PL 2891/2022.

O PL 3450/2015 busca incluir um quinto inciso ao art. 3º da Lei n. 9.615/1998, acrescentando aos desportos educacional, de participação, de rendimento e de formação a previsão do desporto virtual, "assim entendido jogos eletrônicos transcorridos individual ou coletivamente, contra a máquina ou em rede, como também a competição entre profissionais e amadores do gênero".(106)

No mesmo sentido, o PL 7747/2017 também busca fazer uma inclusão na Lei n. 9.615/1998. A proposta é que seja inserido um terceiro parágrafo no art. 3º, dispondo que: "Aplicam-se, também, a este artigo, o desporto virtual, assim entendido como jogos eletrônicos transcorridos individual ou coletivamente, contra a máquina ou em rede, bem como a competição entre profissionais e amadores do gênero".(107)

Já o PL 2891/2022 pretende inserir o inciso IX no art. 13, parágrafo único da Lei n. 9.615/1998, prevendo a Confederação Brasileira de Desportos Eletrônicos (CBDEL) como responsável por coordenar, administrar, normatizar e apoiar a prática dos esportes eletrônicos no país. Essa instauração de um modelo confederativo no âmbito dos *esports*, como visto no capítulo anterior, é complicada, tendo em vista a propriedade intelectual das desenvolvedoras dos jogos.(108)

Além disso, o PL 2891/2022 busca alterar a Lei n. 13.756/2018, prevendo o financiamento público da Confederação Brasileira de Desportos Eletrônicos (CBDEL).

Aplicando outra estratégia, o PL 6210/2016 propunha uma lei à parte para o reconhecimento como modalidade esportiva dos esportes da mente. Entre esses esportes estariam pôquer, damas, xadrez, *bridge*, *go*, *shogi*, bilhar e sinuca, canastra, dominó, gamão, truco, cubo mágico, jogos eletrônicos, jogos

(106) BRASIL. *PL 3450/2015*. Disponível em: https://www.camara.leg.br/proposicoesWeb/fichadetramitacao?idProposicao=2025514&ord=1. Acesso em: nov. 2021.

(107) BRASIL. *PL 7747/2017*. Disponível em: https://www.camara.leg.br/proposicoesWeb/fichadetramitacao?idProposicao=2139618. Acesso em: nov. 2021.

(108) BRASIL. *PL 2891/2022*. Disponível em: https://www.camara.leg.br/proposicoesWeb/fichadetramitacao?idProposicao=2340373. Acesso em: jan. 2023.

digitais feitos para videogames, computadores e celulares. O projeto, já arquivado, previa também que caberia ao Poder Executivo regulamentar a lei.(109)

O PL 8260/2017 também propõe uma lei apartada para o reconhecimento de uma série de atividades como modalidade esportiva(110), entre as quais os esportes eletrônicos.(111) Considerando essa mesma gama de modalidades, o PL 2972/2019 propõe uma alteração na Lei n. 9.696/1998, que regula a profissão de educação física, para definir atividades privativas desses profissionais: "ensinar, orientar, treinar, ministrar atividades físicas, exercícios físicos e do desporto nas suas diversas modalidades". Os esportes eletrônicos foram incluídos entre as modalidades de atividade privativa dos profissionais de educação física.(112)

No Senado Federal, o único projeto em tramitação é o PLS 383/2017, que propõe uma lei específica para regular a prática esportiva eletrônica. O projeto prevê uma definição para a atividade esportiva eletrônica e dispõe que são as atividades que, fazendo uso de artefatos eletrônicos, caracterizam a competição de dois ou mais participantes, no sistema de ascenso e descenso

---

(109) BRASIL. *PL 6210/2016*. Disponível em: https://www.camara.leg.br/proposicoesWeb/fichadetramitacao?idProposicao=2112633. Acesso em: nov. 2021.

(110) *Acqua ride*; aeromodelismo; agarrada marajoara; *aikido*; alpinismo; apneia; arvorismo; asa-delta; atletismo; atletismo de força; automobilismo; *badminton*; balonismo; *base jump*; basquete; basquete em cadeira de rodas; *beach tennis*; beisebol; *bicicross*; bilhar; biribol; *bobsleigh*; bocha; *body-boarding*; boliche; boxe; *bridge*; *bungee jump*; cabo de guerra; caça submarina; caminhada; canoagem; capoeira; ciclismo; corfebol; corrida aérea; corrida de aventura; críquete; culturismo; *curling*; dança esportiva; damas; dominó; equitação; esgrima; esportes eletrônicos; esqui alpino; esqui aquático; esqui de velocidade; esqui na neve; frescobol; futebol; futebol americano; futebol de areia; futebol de cinco; futebol de mesa; futebol de saco; futebol de salão; futetênis; futevôlei; gamão; ginástica acrobática; ginástica aeróbica esportiva; ginástica artística; ginástica de trampolim; ginástica rítmica; *goalball*; golfe; halterofilismo; handebol; handebol de areia; handebol de campo; hipismo; hóquei de campo; hóquei de grama; hóquei em patins; huka-huka; iatismo; idjassú; ioga desportiva; *jet-ski*; jiu-jitsu; judô; karatê; *kendo*; *kickboxing*; kitesurfe; *kobodu*; *kung fu*; *lacrosse*; levantamento de pesos; *luge*; luta de braço; luta greco-romana; luta livre olímpica; malha; maratona; maratona aquática; montanhismo; motociclismo; motonáutica; *muay thai*; nado sincronizado; natação; orientação; *paddle*; *paintball*; parapente; paraquedismo; *parasailing*; patinação; pebolim; pentatlo moderno; pesca esportiva; pesca oceânica; peteca; *poker*; polo; polo aquático; *powerlifting*; punhobol; queimada; remo; *rafting*; rodeio; rúgbi; rúgbi em cadeira de rodas; saltos ornamentais; *sandboard*; sinuca; *skate*; *skimboard*; *snowboard*; *snowskate*; *soccer society* (futebol sete); softbol; *squash*; *stand up paddle*; surfe; surfe de peito; surfe pororoca; tacobol; *taekwondo*; *tai chi chuan*; tamboréu; *tchoukbal*; tênis; tênis de mesa; tiro com arco; tiro esportivo; tiro prático; *tow-in*; trampolim acrobático; *triathlon*; vaquejada; voleibol; volêi de areia; voo a vela; *wakeboard*; *wakesurf*; *windsurf*; xadrez.

(111) BRASIL. *PL 8260/2017*. Disponível em: https://www.camara.leg.br/proposicoesWeb/fichadetramitacao?idProposicao=2147404. Acesso em: nov. 2021.

(112) BRASIL. *PL 2972/2019*. Disponível em: https://www.camara.leg.br/proposicoesWeb/fichadetramitacao?idProposicao=2203969. Acesso em: nov. 2021.

misto,[113] com a utilização do *round-robin tournament systems*,[114] o *knockout systems*,[115] ou outra tecnologia similar e com a mesma finalidade.[116]

O PLS 383/2017 ainda prevê que são fomentadores dos esportes eletrônicos: Confederação, Federação, Liga e entidades associativas que, dentro de suas competências, normatizam e difundem a prática. Ocorre, no entanto, como visto anteriormente, que o ecossistema dos *esports* é bastante amplo e diverso daquele encontrado nos esportes tradicionais, tendo em vista que as desenvolvedoras dos jogos acabam ocupando um papel importante no direcionamento do cenário competitivo e dos modelos de regramento a serem aplicados. Assim, para estabelecermos eventuais competências das Confederações, Federações, Ligas e entidades associativas, devemos considerar a abrangência de atuação das desenvolvedoras.

De forma muito semelhante ao PLS 383/2017, o PL 70/2022, buscando a regulação do exercício da atividade esportiva eletrônica no Brasil, estabelece que o esporte eletrônico é a atividade que faz uso de artefatos eletrônicos, de forma competitiva entre dois ou mais participantes ou equipes, no sistema de ascenso e descenso misto de competição, com utilização dos sistemas *round-robin tournament* e *knockout*.

Institui, ainda, que os praticantes de atividade esportiva eletrônica são atletas e a atividade é livre a todos os interessados, a fim de promover o desenvolvimento intelectual, cultural esportivo contemporâneo e propiciar a socialização, diversão e aprendizagem de crianças, adolescentes e adultos, tendo por base os princípios fundamentais do desporto brasileiro previstos na Lei n. 9.615/1998.[117]

O levantamento legislativo revela, portanto, que há um direcionamento no intuito de regular os *esports* como esportes, seja por meio de sua inclusão nas manifestações desportivas previstas na Lei n. 9.615/1998, seja pela sua regulação em uma lei à parte. Nenhuma das propostas, no entanto, tece considerações sobre as diferenças organizacionais existentes entre *esports* e esportes tradicionais.

---

(113) Mobilidade das equipes entre diferentes divisões.

(114) Estilo de competição em que cada jogador/equipe joga contra todos os outros jogadores/equipes.

(115) Torneios de eliminação única (mata-mata/morte súbita) nos quais o perdedor de cada partida é imediatamente eliminado da competição.

(116) BRASIL. *PLS 383/2017*. Disponível em: https://www.congressonacional.leg.br/materias/materias-bicamerais/-/ver/pls-383-2017. Acesso em: nov. 2021.

(117) BRASIL. *PL 70/2022*. Disponível em: https://www.camara.leg.br/propostas-legislativas/2313858. Acesso em: jan. 2023.

Por fim, é preciso citarmos que o PL 2796/2021 não trata especificamente dos *esports*, mas da criação de um marco para a indústria de jogos eletrônicos, versando sobre a fabricação, importação, comercialização e desenvolvimento dos jogos eletrônicos no país e, por isso, acabou não sendo considerado no levantamento de problemas para construção do mapa apresentado no capítulo 3.(118)

2.3. Definições substanciais do termo esporte

O termo "esporte" é utilizado para se referir a diversos tipos de atividades, como pescar, dançar, praticar xadrez, lutar. Academicamente, no entanto, é preciso definirmos o termo para que entendamos o contexto das atividades desportivas.

Jim Parry propõe uma definição de esporte pautada na conceituação de esporte olímpico. Para ele, o esporte é caracterizado por competições de habilidades físicas humanas governadas por regras institucionalizadas. Assim, a definição de Jim Parry fundamenta-se em seis eixos: ser humano, movimento físico, habilidade, competição, regramentos e institucionalização.(119)

Com a análise dos seis eixos, o autor conclui que os esportes eletrônicos não seriam considerados esportes por serem uma atividade que pouco envolve a conduta humana e a fisicalidade direta, bem como sua estrutura de funcionamento (principalmente no que se refere aos poderes das desenvolvedoras) impede o surgimento de instituições representativas.(120)

Apesar de considerarmos interessantes os critérios trazidos pelo autor, a propositura de uma definição de esporte com base nos esportes olímpicos acaba sendo problemática, tendo em mente que existem modalidades esportivas que estão fora das Olímpiadas, exemplo disso são as recentes inclusões do surfe, do skate, da escalada e do karatê nas Olimpíadas de 2020/2021(121) e do *break dancing* nas Olimpíadas de 2024.(122)

---

(118) BRASIL. *PL 2796/2021*. Disponível em: https://www.camara.leg.br/propostas-legislativas/2293861. Acesso em: jan. 2023.

(119) PARRY, Jim. E-sports are not sports. *Sport, Ethics and Philosophy*, vol. 13:1, 3-18, DOI: 10.1080/17511321.2018.1489419. p. 2. Disponível em: https://www.researchgate.net/publication/326372787_E-sports_are_Not_Sports. Acesso em: nov. 2021.

(120) *Ibidem*, p. 14.

(121) BBC. *Tóquio 2020:* quais são os novos esportes da Olímpiada. Disponível em: https://www.bbc.com/portuguese/geral-57889404. Acesso em: nov. 2021.

(122) COB. *COI anuncia o programa dos Jogos Olímpicos Paris de 2024*. Disponível em: https://www.cob.org.br/pt/galerias/noticias/coi-anuncia-o-programa-dos-jogos-olimpicos-paris-2024/. Acesso em: nov. 2021.

John T. Holden, Anastasios Kaburakis e Ryan Rodenberg, identificando que, nos Estados Unidos, também não se tem claro o caráter esportivo dos *esports*, destacam uma série de testes que poderiam ser utilizados pelas cortes, com o objetivo de identificar se o esporte eletrônico pode, ou não, ser classificado como atividade desportiva.(123)

O primeiro teste destacado pelos autores é o teste de Luschen e Nafziger, em que se destacam três elementos fundamentais para as competições esportivas: cooperação, associação e competição. Na visão dos autores, os *esports* seriam considerados atividade esportiva de acordo com esse teste, tendo em vista a existência de cooperação entre jogadores e equipes, compreensão mútua do jogo (associação) e disputa entre times.(124)

O segundo teste destacado é o teste de Slusher. O autor identifica três critérios para determinar quando uma atividade é esporte: i) quando existem regras para criação do jogo; ii) quando o jogo é atraente para um público; iii) quando a atividade satisfaz uma necessidade humana.(125) Para os autores, os *esports* também seriam considerados esporte sob esses critérios, tendo em vista que, mesmo nos cenários onde as desenvolvedoras não optam pela regulação, há regramentos mínimos para o desenvolvimento das competições, com grandes audiências e a atividade cumpre com a satisfação dos jogadores (ou de parte deles), conforme identificado em alguns estudos que serão mencionados em breve.

O terceiro teste é o que se baseia na teoria de Frank I. Michelman, segundo a qual são esportes as atividades em que o público tem a percepção do viés desportivo, ou seja, uma análise subjetiva da temática, de modo que, em alguns casos, os *esports* poderiam ser classificados como atividade desportiva e, em outros casos, não.(126)

Outro teste sugerido leva em conta a definição proposta por Howard Wasserman, que prevê que o esporte pressupõe a presença de quatro elementos: i) grandes habilidades motoras; ii) máquinas simples; iii) pontuação

(123) HOLDEN, John T.; RODENBERG, Ryan M.; KABURAKIS, Anastasios. The Future is Now: Esports Policy Considerations and Potential Litigation. In: *Journal of Legal Aspects of Sport*, ©SRLA vol. 27, pp. 46-78, 2017. Disponível em: https://journals.iupui.edu/index.php/jlas/article/view/22241. Acesso em: jan. 2023.

(124) *Ibidem*, p. 51.

(125) SLUSHER, Howard S. Sport: a philosophical perspective. In: *Law and Contemporary Problems*, vol. 38, no. 1, Athletics (Winter — Spring, 1973), pp. 129-132. Disponível em: https://www.jstor.org/stable/1190964#metadata_info_tab_contents. Acesso em: jan. 2023.

(126) MICHELMAN, Frank I. Adjudication as Sport: Rhetoric Astray? In: *Osgoode Hall Law Journal*. (2000), p. 585. Disponível em: https://digitalcommons.osgoode.yorku.ca/ohlj/vol38/iss4/4/. Acesso em: jan. 2023.

objetiva (diferente de julgamento subjetivo); iv) competição.(127) Para John T. Holden, Anastasios Kaburakis e Ryan Rodenberg, os dois primeiros critérios propostos por Wasserman não contemplariam os esportes eletrônicos, visto que a maioria das habilidades utilizadas pelos jogadores tende a ser do sistema motor fino e os computadores e dispositivos utilizados nas competições não poderiam ser classificados como simples.(128)

No contexto brasileiro, podemos citar a definição proposta por Valdir Barbanti, que defende que, para haver um esporte, devemos considerar três condições: 1) esporte se refere a tipos específicos de atividades; 2) esporte depende das condições sob as quais as atividades acontecem; 3) esporte depende da orientação subjetiva dos participantes envolvidos nas atividades.(129)

Considerando esses três pontos, ele propõe que "esporte é uma atividade competitiva institucionalizada que envolve esforço físico vigoroso ou o uso de habilidades motoras relativamente complexas, por indivíduos, cuja participação é motivada por uma combinação de fatores intrínsecos e extrínsecos".(130)

Levando em conta essa definição, três características destacam-se e precisam ser mais bem detalhadas: a) atividade competitiva institucionalizada; b) esforço físico vigoroso/habilidades motoras relativamente complexas; c) motivações intrínseca e extrínseca.

2.3.1. Atividade competitiva institucionalizada

Em relação ao processo competitivo, o autor ressalta que a comparação das realizações dos competidores só pode ser feita quando estamos considerando a mesma atividade física com regras e condições padronizadas. Para que haja uma institucionalização da competição, é preciso que alguns elementos sejam observados: i) regras padronizadas; ii) o cumprimento das regras é feito por entidades oficiais; iii) aspectos técnicos e organizacionais da atividade se tornam importantes; iv) a aprendizagem das habilidades esportivas torna-se mais formalizada.(131)

---

(127) WASSERMAN, Howard. *Defining sport:* Intrinsic and Instrumental (not utilitarian) Values. Disponível em: https://prawfsblawg.blogs.com/prawfsblawg/2012/08/defining-sport-intrinsic-and-utilitarian-values.html. Acesso em: jan. 2023.

(128) HOLDEN, John T.; RODENBERG, Ryan M.; KABURAKIS, Anastasios. The Future is Now: Esports Policy Considerations and Potential Litigation. In: *Journal of Legal Aspects of Sport*, ©SRLA, vol 27, p. 52. Disponível em: https://journals.iupui.edu/index.php/jlas/article/view/22241. Acesso em: jan. 2023.

(129) BARBANTI, Valdir. O que é esporte? *Rev. Bras. Ativ. Fís. Saúde* [Internet]. Disponível em: https://rbafs.org.br/RBAFS/article/view/833. p. 54. Acesso em: jan. 2023.

(130) *Ibidem*, p. 57.

(131) BARBANTI, Valdir. O que é esporte? *Rev. Bras. Ativ. Fís. Saúde* [Internet]. Disponível em: https://rbafs.org.br/RBAFS/article/view/833. p. 55-56. Acesso em: jan. 2023.

Como vimos anteriormente, existem, no cenário dos esportes eletrônicos, diferentes estratégias de regulação adotadas pelas desenvolvedoras de jogos que vão desde um cenário sem regulação até um cenário super-regulado.(132) Assim, os títulos que não possuem uma regulação mínima adotada pela desenvolvedora dificilmente estariam inseridos dentro desse conceito de institucionalização competitiva, tendo em vista a dificuldade de encontrar entidades oficiais responsáveis pelo cumprimento de regras instituídas por organizadores sem vínculo com a desenvolvedora.

Nos outros casos, contudo, é preciso uma análise específica, a fim de determinar se as regras são padronizadas, quem faz a padronização dessas regras e quais são as restrições impostas caso as regras não sejam cumpridas.

A título de exemplo, vamos considerar dois jogos em que as desenvolvedoras optaram por estratégias de regulação distintas, conforme visto anteriormente: o *Counter-Strike* (CS), em que a estratégia adotada pela desenvolvedora Valve foi a do *laissez-faire*, e o *League of Legends* (LoL), em que a estratégia adotada pela desenvolvedora Riot foi a de regulação. Ambos os títulos foram escolhidos considerando a importância no cenário tanto global quanto nacional dos esportes eletrônicos.

De acordo com o periódico holandês Newzoo, em outubro de 2021, o jogo *Counter-Strike: Global Offensive* (CS:GO) foi o jogo de computador mais popular do mundo(133). Em novembro de 2021, entre os jogos mais vistos na plataforma Twitch estavam o *League of Legends* (LoL) em segundo lugar e o *Counter-Strike: Global Offensive* (CS:GO) em terceiro lugar.(134)

No Brasil, esses dois títulos também são populares. O Campeonato Brasileiro de *League of Legends* (CBLoL) é o maior torneio de esportes eletrônicos no país, cuja primeira edição foi disputada em 2012.(135) Já no *Counter-Strike*, o Brasil foi campeão mundial na *Electronic Sports World Cup 2006*.(136) Atualmente, a equipe brasileira FURIA é a 10ª colocada no ranking mundial.(137)

(132) SCHOLZ, T. M. *Management in the world of competitive gaming*. Siegen: Palgrave Macmillan, 2019, p. 51.

(133) NEWZOO. *Most Popular PC Games*. Steam Global. Disponível em: https://newzoo.com/insights/rankings/top-20-pc-games/. Acesso em: nov. 2021.

(134) NEWZOO. *Most watched games on Twitch*. Disponível em: https://newzoo.com/insights/rankings/top-games-twitch/. Acesso em: dez. 2021.

(135) GE. *CBLoL:* confira a lista de todos os campeões do torneio. Disponível em: https://ge.globo.com/esports/noticia/cblol-confira-lista-de-todos-os-campeoes-do-torneio.ghtml. Acesso em: dez. 2021.

(136) ESPN. *Counter-Strike nos eSports:* do começo tímido à sua popularização global. Disponível em: http://www.espn.com.br/noticia/675074_coluna-do-bczz-counter-strike-nos-esports-do-comeco-timido-a-sua-popularizacao-global. Acesso em: dez. 2021.

(137) HLTV. *CS:GO World ranking on November*, 2021. Disponível em: https://www.hltv.org/ranking/teams/2021/november/22?__cf_chl_jschl_tk__=zVpJmkW8FH8zT.R3t2QCwXpxkMU_UwuBx3cMkfbE7KI-1638365782-0-gaNycGzNCL0. Acesso em: dez. 2021.

Além disso, o ranking de jogos mais vistos em 2020, divulgado pela *Esports Charts*, demonstrou que *League of Legends* foi o jogo mais visualizado no mundo, seguido de *Counter-Strike: Global Offensive*, além disso, o impacto do público brasileiro foi destacado nesses números, principalmente pelas transmissões do *streamer* Gaules, realizadas na Twitch.(138)

No cenário nacional de *League of Legends* (LoL), consideramos as regras do Campeonato Brasileiro de *League of Legends* (CBLoL) de 2022, organizado pela desenvolvedora do jogo.(139) No regulamento, a Riot destaca que as regras são estabelecidas com o objetivo de manter o equilíbrio competitivo entre os times e elenca uma série de critérios que devem ser respeitados tanto pelas equipes quanto pelos gerentes, técnicos, jogadores e funcionários da empresa.

O regulamento estabelece critérios de elegibilidade de jogadores: (i) idade de 16 anos completos no momento de inscrição para o campeonato; (ii) necessidade de contrato vinculando o jogador ao time, no entanto, não há especificação do tipo de contrato que deve ser firmado; (iii) proibição da participação de funcionários da Riot Games Inc.; (iv) necessidade de as equipes manterem no time, no mínimo, três jogadores nascidos ou residentes no Brasil; (v) obrigatoriedade de jogadores e técnicos possuírem passaporte.

Quanto aos critérios de elegibilidade das equipes, o regulamento estabelece que: (i) a organização representante da equipe deve possuir CNPJ; (ii) a obrigação da equipe participar de todas as fases da competição, estando sujeita à punição e/ou desclassificação em caso de descumprimento; (iii) a participação no campeonato condicionada à assinatura de contrato de participação, documento que estabelece as condições comerciais e o relacionamento das organizações com a Riot Games; (iv) o nome e logotipo das equipes devem ser previamente informados e aprovados pelos oficiais da temporada.

O regulamento estabelece ainda a dinâmica da temporada, a premiação das equipes, sistema de inscrição de técnicos, proibição de dono, gerente ou afiliado ter participação em múltiplas equipes, substituição de jogadores, mudanças societárias, fornecimento de equipamentos aos jogadores, uniformes, inspeção de saúde (Covid-19), responsabilidade dos juízes, proibição de apostas e código de conduta para jogadores.

---

(138) GE. *LoL e CS:GO passam Free Fire em esports mais vistos de 2020:* veja lista. Disponível em: https://ge.globo.com/esports/noticia/lol-e-csgo-passam-free-fire-em-esports-mais-vistos-de-2020-veja-lista.ghtml. Acesso em: dez. 2021.

(139) RIOT. *Regulamento temporada de 2022:* Campeonato Brasileiro & Campeonato Brasileiro Academy. Disponível em: https://assets.contentstack.io/v3/assets/bltad9188aa9a70543a/blt5f029dff8cb11e55/61d882778aabbf6426b751ba/CBLOL_-_Regulamento_Oficial_[1.1].pdf. Acesso em: jan. 2023.

Por fim, o regulamento estipula que, em caso de descumprimento, pode haver as seguintes penalidades: advertência verbal, perda da escolha de lado para o jogo atual e/ou futuro, perda de banimento para o jogo atual e/ ou futuro, multas e/ou perda de premiação, perda de jogos, perda de séries, suspensões e desclassificações.

Percebemos, no caso do Campeonato Brasileiro de *League of Legends* (CBLoL), que existe uma estrutura para padronização de regras, sendo esses dispositivos controlados pela empresa desenvolvedora do jogo.

No caso do *Counter-Strike: Global Offensive*, consideramos as regras do Campeonato Brasileiro de *Counter-Strike* (CBCS) de 2022,[(140)] um campeonato organizado pela Global Legends Esportes Eletrônicos Ltda., empresa privada independente, e não pela desenvolvedora do jogo, tendo em vista que a Valve adota o sistema de regulação *laissez-faire*.

Quanto aos critérios para participação de jogadores, estabelece: (i) idade mínima de 16 anos até a data da primeira partida do evento; (ii) assinatura de termo de licenciamento de uso de imagem; (iii) envio de foto em alta qualidade. Nesse caso, é possível perceber que não há exigência de existência de contrato vinculando time e jogadores.

Em relação às equipes, determina que: (i) devem ser compostas por, no mínimo, cinco jogadores e, no máximo, por cinco jogadores, um técnico e um substituto; (ii) precisam preencher corretamente o formulário de inscrição na competição; (iii) devem enviar guia e logotipo de alta qualidade; e (iv) assinar o termo de adesão ao regulamento.

O regulamento ainda trata sobre a transmissão das partidas, licença CBCS e formas de classificação para o torneio, proibição de uma mesma organização possuir múltiplas equipes, restrições de patrocinador, formato do campeonato, premiação, responsabilidade das equipes em fornecer assistência médica a seus membros, cessão de direitos de imagem, código de conduta, proibição dos membros em envolvimento em apostas, proibição de uso de drogas e psicoativos, proibição de manipulação de resultados, desclassificação de jogadores quando estes já tiverem sido banidos pela Valve, desenvolvedora do jogo.

Em caso de descumprimento das regras, o regulamento estipula as seguintes punições: advertência, multa monetária, banimento/proibição, desclassificação, anulação de partida e perda de pontos no ranking. Ainda estabelece que a administração do evento pode propor diferentes punições, além da possibilidade de as punições serem aplicadas conjuntamente.

No caso do Campeonato Brasileiro de *Counter-Strike* (CBCS), podemos concluir haver uma estrutura para padronizar regras, ainda que a desenvolvedora Valve adote o sistema de regulação *laissez-faire*, o que demonstra

---

(140) LIQUIPEDIA. *Circuito CBCS 2022*. Disponível em: https://liquipedia.net/commons/images/f/fd/CBCS_2022_Rulebook.pdf. Acesso em: jan. 2023.

que, mesmo em sistemas regulatórios menos rígidos, é possível haver essa estrutura de regulação; no entanto, é necessário que essa análise seja feita de forma específica em cada um dos campeonatos.

Outro ponto a ser destacado, que foi observado no sistema de regulação *laissez-faire* adotado no jogo de *Counter-Strike: Global Offensive*, é que as decisões tomadas pela desenvolvedora não podem ser ultrapassadas pela entidade organizadora do campeonato. Tal ponto fica claro no dispositivo que trata sobre o fato de os banimentos efetivados pela Valve resultarem em desclassificação dos competidores.

Em relação ao segundo pressuposto, para que haja a institucionalização da competição, o autor destaca que, quando os resultados alcançados por um atleta ou por uma equipe são comparados com outras marcas alcançadas em outros campeonatos, é preciso haver uma entidade que programe essas competições e assegure que as regras foram cumpridas.(141)

Nos esportes eletrônicos, essa característica também está vinculada à estratégia de regulação adotada pela desenvolvedora do jogo. Nos títulos em que não existe nenhum tipo de regulação, esse controle é inviabilizado. Nas demais estratégias de regulação, haverá maior ou menor controle por parte da desenvolvedora do jogo, o que não significa que não haverá outra entidade que faça esse trabalho.

No regulamento do Campeonato Brasileiro de *League of Legends* (CBLoL), esse controle é exercido pela própria desenvolvedora (Riot), que organiza todos os principais campeonatos do título, de modo que é possível fazer tal controle.

De outro lado, o Campeonato Brasileiro de *Counter-Strike* (CBCS) é organizado por uma empresa privada independente da desenvolvedora. Dessa forma, a única entidade capaz de controlar os resultados alcançados em vários torneios é a própria desenvolvedora, que concede licenças específicas para que os campeonatos sejam organizados. Algumas das regras para a concessão dos torneios estão disponibilizadas no site da Valve e incluem limitações quanto à duração, localização e número de participantes na competição.(142) A existência dessas licenças indica haver certo controle por parte da desenvolvedora, no entanto, para comparar os parâmetros de jogo instituídos por cada campeonato, é necessária a análise de cada um dos regulamentos em separado.

Outro aspecto importante da competição institucionalizada é a racionalização da atividade. A existência de regras padronizadas e o controle do

(141) BARBANTI, Valdir. O que é esporte? *Rev. Bras. Ativ. Fís. Saúde* [Internet]. Disponível em: https://rbafs.org.br/RBAFS/article/view/833. p. 56. Acesso em: jan. 2023.

(142) VALVE. *Limited Game Tournament Licenses.* Disponível em: https://store.steampowered.com/tourney/limited_license. Acesso em: jan. 2023.

cumprimento dessas regras, por parte de uma entidade oficial, fazem com que os atletas e treinadores tenham de desenvolver estratégias e treinamentos específicos para garantir o sucesso no esporte. Além das estratégias, materiais (uniformes e equipamentos esportivos) são desenvolvidos especialmente para a modalidade, a fim de aumentar o rendimento.[143]

Considerando o ecossistema dos esportes eletrônicos, dois atores relacionam-se diretamente com essa característica: os times profissionais e os fornecedores de *hardware*. É possível identificar times profissionais (ator primário) que contratam profissionais para auxiliar nas estratégias de competição na área técnica.[144] O esquema seguinte retrata a gama de profissões que se relacionam com a indústria dos *esports*:[145]

(143) VALVE. *Limited Game Tournament Licenses.* Disponível em: https://store.steampowered.com/tourney/limited_license. Acesso em: jan. 2023.

(144) SOMMADOSSI, Guilherme. *Carreiras nos eSports:* conheça 7 caminhos profissionais no setor. Disponível em: https://forbes.com.br/carreira/2019/10/carrreiras-nos-esports-conheca-7-caminhos-profissionais-no-setor/. Acesso em: nov. 2021.

(145) PLAYMATCH. *O caminho para você trabalhar no mercado de esports.* Disponível em: https://blog.playmatch.gg/o-caminho-para-voce-trabalhar-no-mercado-de-esports/. Acesso em: nov. 2021.

Figura 8: Profissões relacionadas aos *esports*.

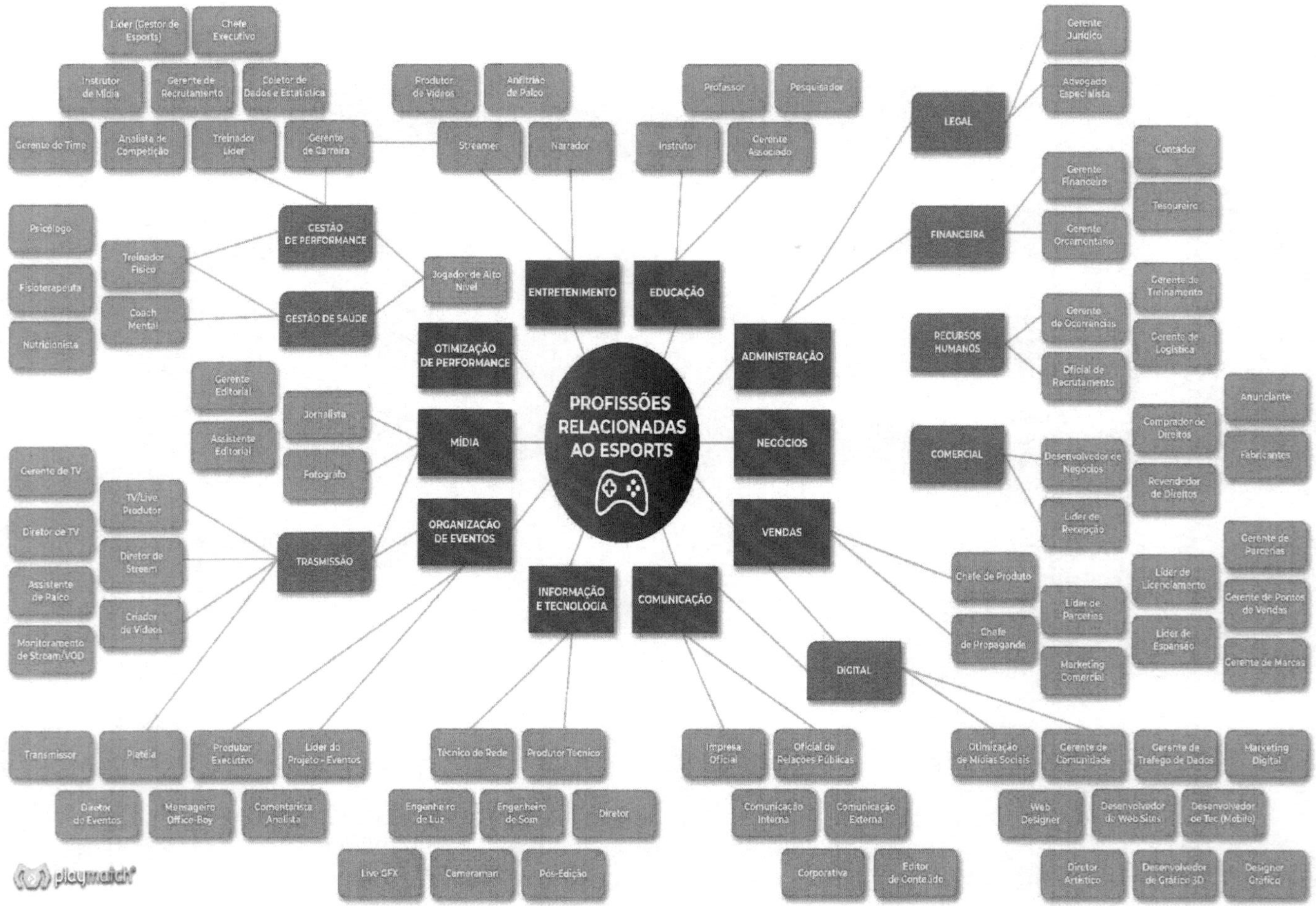

Fonte: Playmatch.

Considerando os jogadores de alto nível, que estão inseridos em times profissionais, as profissões abrangidas dentro da gestão de performance englobam mais que o treinador e envolvem também: analista de competições, gerente de carreira, gerente de time, coletor de dados e estatística, gerente de recrutamento, instrutor de mídia, gestor de *esport* e chefe executivo. Todos esses profissionais trabalham em conjunto, a fim de aumentar as chances de vitória do time.

Já o desenvolvimento de equipamentos especializados fica a cargo dos fornecedores de *hardware* (atores secundários) que possibilitam o maior rendimento dos jogadores. Entre os equipamentos que são desenvolvidos especificamente para a área, estão: placa de vídeo, mouse, teclado, monitor, controle, fones de ouvido e cadeira.

Por fim, o último elemento para que haja a institucionalização das competições relaciona-se com a aprendizagem de habilidades. Buscando a sistematização do conhecimento, outros profissionais passam a integrar o esporte. No caso do esquema apresentado acima, são os profissionais relacionados à gestão de saúde: psicólogo, fisioterapeuta. nutricionista, treinador físico e *coach* mental, profissionais que focam em elaborar programas visando a manutenção da saúde física e psicológica dos jogadores.[(146)]

Cabe-nos observar, no entanto, que nem todos os times possuem uma estrutura que inclui todos esses profissionais. Essa estrutura pode ser encontrada em times que disputam algumas das principais competições de determinados jogos. Tendo em vista que o cenário dos *esports* é bastante diversificado, inclusive em relação ao estabelecimento de regras, é possível encontrar casos que dialogam com esses requisitos de institucionalização competitiva e casos que não se ajustam.

2.3.2. Esforço físico vigoroso e habilidades motoras relativamente complexas

A relação de esporte com atividade física é bastante difundida. Para Valdir Barbanti, essa atividade física esportiva precisa envolver esforço físico vigoroso – uso de velocidade, força, resistência ou a combinação dos três – ou habilidades motoras relativamente complexas: coordenação, equilíbrio, rapidez ou precisão. O autor enfatiza, porém, que não há um conjunto de critérios que permitam a classificação consistente de atividades como esportes

(146) TOTH, Adam J. *et al*. Converging Evidence Supporting the Cognitive Link between Exercise and Esport Performance: A Dual Systematic Review. *Brain Sciences*, vol. 10, 11 859. 15 nov. 2020, DOI: 10.3390/brainsci10110859. Disponível em: https://pubmed.ncbi.nlm.nih.gov/33203067/. Acesso em: nov. 2021.

e não esportes, apenas considerando fatores físicos. Assim, estes devem ser analisados em conjunto com os outros requisitos.(147)

No campo da ciência dos jogos, já foram desenvolvidos modelos de competência que são utilizados para descrever habilidades relevantes para jogos digitais. O modelo desenvolvido por Josef Wiemeyer e Sandro Hardy identifica seis dimensões de competências que podem ser desenvolvidas por meio de jogos: controle sensório-motor, cognição, competências pessoais, emoção e volição, competências sociais e alfabetização midiática.(148) As quatro primeiras competências descrevem habilidades físicas e psicológicas que são necessárias para o jogo de videogame. Por outro lado, as competências sociais estão relacionadas à integração e comunicação humana, e a alfabetização midiática relaciona-se com a capacidade de lidar com os dispositivos eletrônicos necessários para instalar, personalizar, manter e jogar um jogo.(149)

---

(147) BARBANTI, Valdir. O que é esporte? *Rev. Bras. Ativ. Fís. Saúde* [Internet]. Disponível em: https://rbafs.org.br/RBAFS/article/view/833. pp. 54-55. Acesso em: jan. 2023.

(148) WIEMEYER, Josef; HARDY, Sandro. Serious Games and Motor Learning: Concepts, Evidence, Technology. g. In: Bredl K., Bösche W., editors. *Serious games and virtual worlds in education, professional development and healthcare.* Hershey, Pa: IGI Global. p. 198. Disponível em: https://www.igi-global.com/viewtitlesample.aspx?id=75816&ptid=72157&t=serious+games+and+motor+learning%3a+concepts%2c+evidence%2c+technology. Acesso em: nov. 2021.

(149) NAGORSKY, Eugen; WIEMEYER, Josef. The structure of performance and training in esports. *PLOS ONE*. vol. 16(4): e0250316. https://doi.org/10.1371/journal.pone.0250316. p. 2. Disponível em: https://journals.plos.org/plosone/article?id=10.1371/journal.pone.0237584. Acesso em: nov. 2021.

Os autores consideram que cada uma das seis dimensões é composta pelas seguintes habilidades:

Figura 9: Competências potencialmente aprimoradas por jogos digitais.

Controle sensório-motor:
- Mouse e teclado
- Coordenação
- Percepção espacial
- Flexibilidade, força e resistência
- Equilíbrio
- Reação e antecipação
- Ritmo
- Habilidades motoras e esportivas

Competências pessoais:
- Auto-observação
- Autocrítica
- Autoeficácia
- Identidade
- Autoconceito

Cognição:
- Percepção e atenção
- Compreensão de estruturas
- Pensamento estratégico
- Resolução de problemas
- Planejamento, gestão, memória e conhecimento

Competências sociais:
- Cooperação
- Interação e comunicação
- Suporte mútuo
- Empatia
- Julgamento ético e moral

Emoção, motivação e volição:
- Controle emocional
- Controle de estresse
- Atribuição casual

Alfabetização midiática:
- Conhecimento de mídia
- Autorregulação de uso
- Comunicação ativa
- Manutenção
- Solução de problemas
- Design de mídia

Fonte: Traduzido de WIEMEYER, Josef; HARDY, Sandro. Serious Games and Motor Learning: Concepts, Evidence, Technology. g. In: Bredl K., Bösche W., editors. Serious games and virtual worlds in education, professional development and healthcare. Hershey, Pa: IGI Global. Disponível em: https://www.igi-global.com/viewtitlesample.aspx?id=75816&ptid=72157&t=serious+games+and+motor+learning%3a+concepts%2c+evidence%2c+technology. Acesso em: nov. 2021, p. 198.

Paralelamente, nos esportes em geral, encontramos modelos de desempenho esportivo que buscam identificar pontos que podem ser influenciados, sistematicamente e de forma sustentável, por intervenções de treinamento.(150)

(150) NAGORSKY, Eugen; WIEMEYER, Josef. The structure of performance and training in esports. *PLOS ONE*. vol. 16(4): e0250316. https://doi.org/10.1371/journal.pone.0250316.

Assim, por meio desses modelos, podemos identificar características importantes para o desenvolvimento de determinadas modalidades esportivas.

Adiante está esquematizado um modelo genérico de desempenho esportivo:

Figura 10: Modelo genérico de desempenho esportivo.

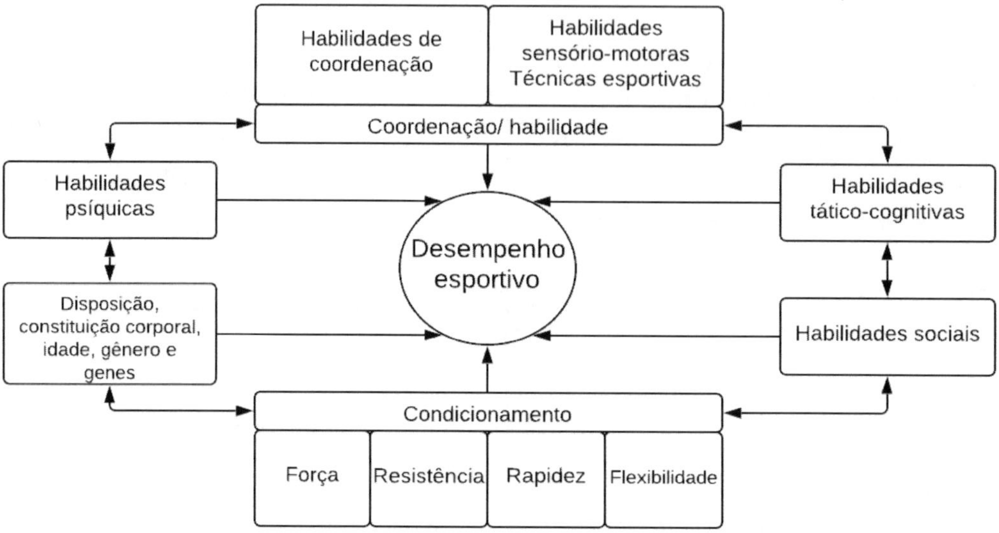

Fonte: Traduzido de NAGORSKY, Eugen; WIEMEYER, Josef. The structure of performance and training in *esports*. PLOS ONE. vol. 16(4): e0250316. https://doi.org/10.1371/journal.pone.0250316. Disponível em: https://journals.plos.org/plosone/article?id=10.1371/journal.pone.0237584. Acesso em: nov. 2021, p. 4.

Segundo os autores, o elemento de condicionamento associa-se com a energia relacionada aos movimentos humanos, que podem ocorrer de quatro formas distintas: força, resistência, rapidez e flexibilidade. Descreve-se como força a capacidade de produzir tanta força quanto possível para superar uma resistência ou manter uma posição de articulação. A resistência se relaciona com a capacidade de realizar atividades físicas por certo período sem que haja perda de performance. Rapidez denota a habilidade do sistema sensório-motor de reagir a certos estímulos da forma mais rápida possível. Por fim, a flexibilidade é descrita como a capacidade do sistema sensório-motor de realizar ações com amplitude de movimento.(151)

Disponível em: https://journals.plos.org/plosone/article?id=10.1371/journal.pone.0237584. Acesso em: nov. 2021, p. 3-4.

(151) NAGORSKY, Eugen; WIEMEYER, Josef. The structure of performance and training in esports. *PLOS ONE*. vol. 16(4): e0250316. https://doi.org/10.1371/journal.pone.0250316.

As habilidades sociais são descritas por Josef Wiemeyer e Sandro Hardy: cooperação, interação e comunicação, suporte mútuo, empatia e julgamento ético e moral.(152) Nos esportes eletrônicos, elas manifestam-se com maior ênfase nas modalidades que envolvem jogos em equipes.

As habilidades tático-cognitivas relacionam-se com capacidade de percepção, tomada de decisão, criatividade, memória, atenção e capacidade de fazer várias tarefas ao mesmo tempo.(153)

A coordenação relaciona-se com a capacidade de processamento de informação durante a execução de movimentos. É um conceito que abarca outros dois subcomponentes: habilidades sensório-motoras específicas (correr, saltar), que são típicas de determinadas modalidades esportivas; habilidades genéricas de coordenação (equilíbrio, orientação espacial).(154)

As habilidades psíquicas relacionam-se com controle emocional, volição e motivação. Por fim, o conjunto representado pela disposição, constituição corporal, gênero e genes relaciona-se com fatores que indiretamente podem influenciar o desempenho em determinadas modalidades esportivas.(155)

Alguns estudos publicados debruçam-se sobre alguns desses elementos de desempenho esportivo sob o aspecto dos esportes eletrônicos.

Em um estudo realizado em 2019, pesquisadores da Universidade de Seul fizeram uma análise das características psicológicas (psíquicas) e cognitivas (tático-cognitivas) de jogadores profissionais de videogame e jogadores profissionais de beisebol. Para isso, recrutaram 55 jogadores profissionais de *esports*, 57 jogadores profissionais de beisebol e 60 indivíduos da população geral. Os jogadores de *esports* foram divididos em um grupo de elite, composto por jogadores que disputaram mais de 80% dos jogos da temporada

---

p. 5. Disponível em: https://journals.plos.org/plosone/article?id=10.1371/journal.pone.0237584. Acesso em: nov. 2021.

(152) WIEMEYER, Josef; HARDY, Sandro. Serious Games and Motor Learning: Concepts, Evidence, Technology. g. In: Bredl K., Bösche W., editors. *Serious games and virtual worlds in education, professional development and healthcare*. Hershey, Pa: IGI Global. p. 198. Disponível em: https://www.igi-global.com/viewtitlesample.aspx?id=75816&ptid=72157&t=serious+games+and+motor+learning%3a+concepts%2c+evidence%2c+technology. Acesso em: nov. 2021.

(153) NAGORSKY, Eugen; WIEMEYER, Josef. The structure of performance and training in esports. *PLOS ONE*. vol. 16(4): e0250316. https://doi.org/10.1371/journal.pone.0250316. p. 6. Disponível em: https://journals.plos.org/plosone/article?id=10.1371/journal.pone.0237584. Acesso em: nov. 2021.

(154) *Ibidem*, p. 4.

(155) *Ibidem*, p. 6.

(12 profissionais), e em um grupo geral de jogadores (43 profissionais). Os jogadores de beisebol também foram divididos em dois grupos: o grupo de elite composto por jogadores que possuíam 446 rebatidas de volta completa (*plate appearances*) ou que participaram das 144 partidas da liga principal da temporada de 2018 (14 profissionais) e o grupo geral composto pelos demais jogadores (43 profissionais). Os indivíduos que compuseram a população geral eram homens com idade entre 19 e 23 anos sem histórico de jogar beisebol e que gastavam menos de 30 horas por semana jogando jogos online.(156)

É importante destacarmos que não havia uma diferença significativa de idade e anos de estudos entre os três grupos e, entre os grupos de jogadores profissionais (*esports* e beisebol), não havia uma diferença significativa em termos de anos de carreira.

Após a aplicação dos testes (torre de Londres,(157) percepção emocional(158) e rotação mental(159)), os pesquisadores identificaram que os jogadores de *esport* e beisebol alcançaram maiores índices de inovação, autodirecionamento e autotranscendência quando comparados aos índices da população geral. Além disso, os jogadores de *esports* tiveram maior índice de prevenção de danos que os jogadores de beisebol e a população em geral. Em escala de ansiedade, os jogadores profissionais (*esports* e beisebol) demonstraram índices menores que a população geral. Quando levados em conta os resultados de acordo com os grupos de elite e de demais jogadores, a pesquisa

---

(156) KANG, Jin Oh *et al.* Comparison of Psychological and Cognitive Characteristics between Professional Internet Game Players and Professional Baseball Players. *International journal of environmental research and public health*. vol. 17, 13 4797, 3 jul. 2020, p. 3. DOI: 10.3390/ijerph17134797. Disponível em: https://pubmed.ncbi.nlm.nih.gov/32635282/. Acesso em: nov. 2021.

(157) O teste modificado da torre de Londres foi aplicado para avaliar a memória de trabalho e detectar défices de planejamento. O teste é composto por dois tabuleiros com três linhas e várias cartas de cores diferentes. O computador usa os cartões e as linhas para apresentar a solução dos problemas apresentados no quadro de exposição de problemas. O participante move as cartas no tabuleiro de solução de problemas, a fim de pôr as cartas na mesma ordem apresentada no quadro de exposição de problemas (tradução livre). *Ibidem*, p. 4.

(158) O teste de percepção emocional consistia em um teste com 108 questões, das quais eram apresentadas de duas a oito faces de uma só vez na tela. Os participantes tinham de apertar os botões "igual" ou "diferente" para indicar se as faces possuíam, ou não, a mesma expressão emocional (tradução livre). *Idem*.

(159) No teste de rotação mental, o computador apresentava dois objetos tridimensionais rotacionados em ângulos específicos (0o, 60o, 90o, 120o ou 180o). Em algumas vezes, o objeto apresentado é o mesmo com rotação diferente e, em outras vezes, era diferente. Os participantes tinham de identificar se estavam diante do mesmo objeto ou não (tradução livre). *Idem*.

mostrou que os jogadores de elite tiveram maiores índices de inovação, autodirecionamento e autotranscendência e menores níveis de ansiedade.(160)

Para os pesquisadores, os maiores índices de inovação alcançados pelos jogadores profissionais (*esports* e beisebol) indicam que eles têm mais probabilidade de ser exploradores, curiosos e passionais. Essas características podem auxiliar no aprimoramento das habilidades para videogame ou beisebol, tendo em vista que são pessoas que têm entusiasmo por situações novas e desconhecidas.(161)

Além disso, os altos índices de autodirecionamento indicam grande autocontrole, autoeficácia, responsabilidade e senso de propósito, enquanto os altos índices de autotranscendência se relacionam com pessoas pacientes e criativas, capazes de lidar com ambiguidades, incertezas e fracasso. Essas duas características combinadas, segundo os pesquisadores, parecem ser necessárias para jogadores em nível profissional.(162)

Outro resultado encontrado no estudo foi o maior índice de prevenção de danos dos profissionais de *esports*. Essa característica relaciona-se com planejamento preliminar, e, segundo os pesquisadores, indivíduos com esse traço possuem maior personalidade de jogador de videogame.(163)

Em relação ao aspecto de ansiedade, os jogadores de *esports* apresentam traços semelhantes aos da população geral, mas, quando estão jogando, essa ansiedade diminui, demonstrando que podem controlar a ansiedade durante a competição, apresentando menos mal-estar e nervosismo que as pessoas em geral.(164)

Além disso, os jogadores de videogame apresentaram uma reação mais rápida que os demais no teste da torre de Londres e melhor performance no teste de rotação mental. O primeiro resultado demonstra que os jogadores

---

(160) KANG, Jin Oh *et al*. Comparison of Psychological and Cognitive Characteristics between Professional Internet Game Players and Professional Baseball Players. *International journal of environmental research and public health*. vol. 17,13 4797. 3 Jul. 2020, pp. 5-6. DOI: 10.3390/ijerph17134797. Disponível em: https://pubmed.ncbi.nlm.nih.gov/32635282/. Acesso em: nov. 2021.

(161) *Ibidem*, p. 8.

(162) KANG, Jin Oh et al. Comparison of Psychological and Cognitive Characteristics between Professional Internet Game Players and Professional Baseball Players. *International journal of environmental research and public health*. vol. 17,13 4797. 3 jul. 2020, p. 8. DOI: 10.3390/ijerph17134797. Disponível em: https://pubmed.ncbi.nlm.nih.gov/32635282/. Acesso em: nov. 2021.

(163) *Idem*.

(164) *Ibidem*, p. 9.

usam mais economicamente a memória de trabalho, ao planejarem e manipularem informações retidas temporariamente. O segundo resultado sugere melhores habilidades cognitivas espaço-temporais. Tanto a característica de uso econômico da memória de trabalho quanto a de espaço-temporal são identificadas pelos pesquisadores como habilidades importantes para pessoas que queiram dedicar-se à atividade profissional de videogame.(165)

Por fim, a pesquisa concluiu que os jogadores de *esport* parecem depender mais do sistema cognitivo, enquanto os jogadores de beisebol dependem mais do emocional (intuitivo). Entretanto, em termos de características psicológicas, eles possuem similaridade.

Outro estudo semelhante, realizado por pesquisadores da Universidade de Montreal em 2019, buscou analisar o perfil neuropsicológico dos jogadores profissionais de videogame. A pesquisa recrutou 14 jogadores da elite da liga de *Overwatch*, que se dedicavam a jogos FPS diariamente nos últimos seis meses. O grupo de comparação foi composto por jogadores habituais de videogame que necessariamente jogavam FPS mais de cinco horas por semana durante os últimos seis meses (sem ultrapassar 20 horas por semana) e nunca haviam participado de competições de videogame.(166)

Os pesquisadores aplicaram oito testes: teste de atenção,(167) visando analisar as habilidades de atenção e manutenção de atenção, bem como a velocidade de processamento das informações; teste de codificação,(168) buscando analisar a velocidade de processamento visual; teste de quebra-cabeça visual,(169) objetivando analisar o raciocínio visual e a habilidade de manipular informações visuais; teste dos dígitos,(170) pretendendo analisar a memória

---

(165) KANG, Jin Oh et al. Comparison of Psychological and Cognitive Characteristics between Professional Internet Game Players and Professional Baseball Players. *International journal of environmental research and public health*. vol. 17,13 4797. 3 jul. 2020, p. 8. DOI: 10.3390/ijerph17134797. Disponível em: https://pubmed.ncbi.nlm.nih.gov/32635282/. Acesso em: nov. 2021.

(166) BENOIT, Julie Justine *et al*. The neuropsychological profile of professional action video game players. *PeerJ*. vol. 8 e10211. 17 nov. 2020, pp. 4-5. DOI: 10.7717/peerj.10211. Disponível em: https://pubmed.ncbi.nlm.nih.gov/33240605/. Acesso em: nov. 2021.

(167) Os participantes recebiam uma folha com 14 linhas com 47 itens cada uma. Os itens eram compostos por "p" e "d" com um a quatro travessões. Os participantes tiveram 20 segundos por linha para riscar todos os itens que continham "d" com dois travessões.

(168) Os participantes deveriam codificar uma série de números usando os símbolos mostrados em uma chave no topo da página.

(169) Os participantes deveriam selecionar três das seis peças para completar um quebra-cabeça maior dentro do tempo estipulado.

(170) Participantes escutavam uma série de dígitos e deveriam recitá-los na mesma ordem, em ordem regressiva ou em ordem crescente.

auditiva e a memória de curto prazo; teste de memória,[171] visando analisar a memória visual e a memória visual de curto prazo; teste da torre,[172] objetivando analisar a capacidade de resolução de problemas e o planejamento; teste de interferência de cor,[173] pretendendo analisar a inibição e a flexibilidade cognitiva; e o teste das ranhuras,[174] visando analisar a coordenação mão-olho e destreza.[175]

O estudo demonstrou que os jogadores profissionais foram capazes de processar mais estímulos no teste de atenção (habilidade tático-cognitiva), mantendo um nível de concentração semelhante ao encontrado no grupo de comparação. Contudo, o nível de flutuação da concentração foi menor no grupo de jogadores profissionais, demonstrando maior consistência de desempenho ao longo da tarefa e melhor manutenção de atenção.[176]

Além disso, a pesquisa concluiu que os melhores resultados dos jogadores profissionais nos testes dos dígitos, da memória e de atenção indicavam que o alto desempenho em jogos FPS estava relacionado com habilidades de aprimoramento na memória visual e auditiva de curto prazo (habilidade tático-cognitiva), manutenção de atenção e atenção visual espacial.[177]

Por fim, os pesquisadores concluíram que as diferenças encontradas nos testes podem indicar que certas habilidades cognitivas são propícias para alcançar alto desempenho em jogos FPS ou que a maior experiência em jogos FPS leva ao melhoramento de performance em determinadas habilidades cognitivas.[178]

---

(171) Os participantes receberam nove cubos colocados de forma aleatória em um tabuleiro. O examinador bate em uma série de cubos e os participantes devem reproduzir a sequência na ordem apresentada ou de trás para a frente.

(172) Os participantes deveriam mover cinco discos em três estacas para construir uma torre com o menor número de movimentos possível.

(173) Primeiramente os participantes deveriam nomear a cor da tinta com uma série de palavras que formariam o nome de outra cor. Depois os participantes deveriam ler as palavras contornadas e nomear a cor da tinta das outras palavras não contornadas.

(174) Os participantes deveriam pegar pequenos pinos de metal que possuíam uma chave em uma das extremidades e inseri-los na placa, girando os pinos na posição correta.

(175) BENOIT, Julie Justine *et al*. The neuropsychological profile of professional action video game players. *PeerJ*. vol. 8 e10211. 17 nov. 2020, pp. 5-7. DOI: 10.7717/peerj.10211. Disponível em: https://pubmed.ncbi.nlm.nih.gov/33240605/. Acesso em: nov. 2021.

(176) BENOIT, Julie Justine et al. The neuropsychological profile of professional action video game players. *PeerJ*. vol. 8 e10211. 17 nov. 2020, p. 9. DOI: 10.7717/peerj.10211. Disponível em: https://pubmed.ncbi.nlm.nih.gov/33240605/. Acesso em: nov. 2021

(177) *Ibidem*, p. 14.

(178) *Idem*.

Ao focarem apenas a análise de tempo de reação dos jogadores de esportes eletrônicos (coordenação e condicionamento — rapidez), pesquisadores da Universidade Ohio Northern desenvolveram, em 2020, uma pesquisa sobre o tema. Os testes foram aplicados em três grupos (12 pessoas em cada um): o primeiro grupo era composto por jogadores de futebol americano da Universidade Ohio Northern com, no mínimo, dois anos de experiência; o segundo, por membros do time de esportes eletrônicos da mesma universidade com, no mínimo, dois anos de experiência; e o terceiro, por um grupo de estudantes que realizavam pouca ou nenhuma atividade física/atividades competitivas de videogame em seu dia a dia.[(179)]

Foram aplicados quatro testes: teste de cores[(180)] (teste visual), teste de queda da régua[(181)] (teste visual), teste de som[(182)] e teste da caneta.[(183)] Após a aplicação, os pesquisadores identificaram que o tempo de reação dos jogadores profissionais (*esport* e futebol americano) era menor que o tempo de reação do grupo de estudantes em todos os testes. O tempo de reação dos jogadores de *esports* apresentou-se menor que o dos outros dois grupos em três testes (cores, queda da régua e som). No teste da caneta, o tempo de reação dos jogadores de *esport* foi maior que o dos jogadores de futebol americano, mas manteve-se abaixo do tempo de reação do grupo de estudantes.[(184)]

As diferenças encontradas nos tempos de reação dos jogadores profissionais, no entanto, não foram significativamente diferentes. Os pesquisadores atribuíram essas pequenas diferenças às experiências de treinamento e às

---

(179) LUU, Anh *et al.* Reaction Times for Esport Competitors and Traditional Physical Athletes are Faster than Noncompetitive Peers. *The Ohio journal of science*. vol. 121(2): 15-20. p. 16. Disponível em: https://www.researchgate.net/publication/350852240_Reaction_Times_for_Esport_Competitors_and_Traditional_Physical_Athletes_are_Faster_than_Noncompetitive_Peers. Acesso em: nov. 2021.

(180) O participante deveria clicar com o mouse quando a tela do computador mudasse de vermelho para verde.

(181) O participante deveria ficar com o braço dominante apoiado em uma mesa e com a mão aberta. A régua foi posta no ponto médio entre o polegar e as pontas dos dedos. Assim que o pesquisador (sentado em frente ao participante) soltasse a régua, o participante deveria agarrá-la.

(182) Os participantes (com os olhos fechados) deveriam apertar a barra de espaço do computador assim que ouvissem o som.

(183) O pesquisador pairou uma caneta acima da mão dominante aberta do participante (com os olhos fechados). O participante deveria fechar a mão assim que sentisse a caneta tocá-la.

(184) LUU, Anh *et al.* Reaction Times for Esport Competitors and Traditional Physical Athletes are Faster than Noncompetitive Peers. *The Ohio journal of science*. vol. 121(2): 15-20. p. 17. Disponível em: https://www.researchgate.net/publication/350852240_Reaction_Times_for_Esport_Competitors_and_Traditional_Physical_Athletes_are_Faster_than_Noncompetitive_Peers. Acesso em: nov. 2021.

atividades específicas que podem influenciar o tempo de reação para determinados estímulos.(185)

Em relação a outros aspectos mecânicos, pesquisadores da Universidade Alemã do Esporte (SpoHo) analisaram a frequência cardíaca e o cortisol salivar de quatro atletas de uma equipe alemã de *Counter-Strike: Global Offensive* em dias de treinamento e em dias de competição, e identificaram que esses atletas são capazes de fazer até 400 movimentos por minuto no teclado e no mouse do computador (condicionamento), quatro vezes mais que uma pessoa comum. Além disso, esses jogadores apresentaram níveis de cortisol próximos aos encontrados em pilotos de corrida, com frequência cardíaca entre 160 e 180 batimentos por minuto (dias de competição), algo semelhante a uma maratona.(186)

Acerca de habilidades de coordenação e condicionamento, outra pesquisa realizada por pesquisadores da Universidade de Limerick envolveu 149 participantes que foram separados em três grupos distintos: o primeiro deles (grupo sem *expertise* em jogos) foi composto por pessoas que dedicavam menos de dez horas por semana em jogos de videogame (FPS, TPS e MOBA) e não possuíam nenhum ranking competitivo em *Counter-Strike: Global Offensive* (CS:GO); o segundo (grupo de baixas habilidades) foi composto por pessoas que jogavam mais de cinco horas por semana CS:GO e possuíam classificação competitiva entre Silver 1 e Gold Nova 3; o terceiro (grupo de altas habilidades) foi formado pelas pessoas que jogavam mais de cinco horas por semana CS:GO e possuíam classificação competitiva entre Gold Nova Master e Global Elite. As pessoas que possuíam classificação superior a Gold Nova Master, mas jogavam menos de cinco horas semanais, foram excluídas da pesquisa.(187)

Os pesquisadores aplicaram testes em um software de treinamento de CS:GO durante oito dias e identificaram que jogos de tiros demandam movimentos rápidos (condicionamento) e de controle preciso dos dedos, mão e braço dos jogadores (coordenação). Além disso, os números demonstraram que o grupo de altas habilidades possuía mais desenvolvimento motor de movimentos rápidos que o grupo de baixa habilidade que, consequentemente,

(185) LUU, Anh *et al*. Reaction Times for Esport Competitors and Traditional Physical Athletes are Faster than Noncompetitive Peers. *The Ohio journal of science*. vol. 121(2): 15-20. p. 18. Disponível em: https://www.researchgate.net/publication/350852240_Reaction_Times_for_Esport_Competitors_and_Traditional_Physical_Athletes_are_Faster_than_Noncompetitive_Peers. Acesso em: nov. 2021.

(186) SCHÜTZ, Martin. *Sportwissenschaftler:* eSports-profis sind wahre athleten. Disponível em: https://www.dw.com/de/sportwissenschaftler-esports-profis-sind-wahre-athleten/a-19011581. Acesso em: nov. 2021.

(187) TOTH, Adam J. *et al*. The effect of expertise, training and neurostimulation on sensory-motor skill in esports. *Computers in Human Behavior*. vol. 121, 2021. p. 3. Disponível em: https://www.sciencedirect.com/science/article/pii/S0747563221001059. Acesso em: nov. 2021.

teve um desempenho melhor que o grupo dos sem *expertise* em jogos. Segundo os pesquisadores, o resultado pode indicar que as habilidades motoras rápidas podem diferenciar a experiência em um jogo FPS.(188)

Essa pesquisa é interessante por demonstrar a possibilidade de que determinadas habilidades motoras são importantes para tipos específicos de jogos. Assim, somente a aplicação de testes específicos é capaz de determinar quais habilidades são mais importantes para quais tipos de jogos, ainda que algumas características possam ser mais gerais.

A diferença de comportamento dos jogadores de *esports* em situações competitivas e não competitivas (habilidade psíquica) foi analisada por pesquisadores dos Laboratórios de Ciência da Comunicação da NTT. A pesquisa analisou o comportamento de nove jogadores profissionais de *Street Fighter V Arcade Edition* em três condições: em repouso, em jogos contra o computador (PvC) e em jogos contra outros competidores (PvP), medindo a frequência cardíaca em cada uma delas.(189)

A pesquisa identificou que a frequência cardíaca dos competidores foi significativamente mais alta quando estavam jogando contra outros jogadores quando comparada com quando estavam jogando contra o computador. Além disso, identificaram que os batimentos cardíacos mudavam conforme o andamento da partida, sendo mais elevado ao final dos jogos, exceto na primeira partida, onde os batimentos se mostravam tão elevados quanto no final.(190)

A pesquisa também avaliou as atividades motoras dos jogadores e identificou pouco aumento da condição de jogo PvC para a PvP, fazendo com que concluíssem que o aumento na frequência cardíaca se relacionava ao aspecto emocional da existência de um oponente humano.(191) O resultado da pesquisa demonstra um dos aspectos mais importantes dos *esports*: o seu viés competitivo.

Por fim, é interessante mencionar a pesquisa realizada por pesquisadores da Universidade de Denver que entrevistou cinco jogadores profissionais de *League of Legends*, com o objetivo de identificar características que eles

---

(188) TOTH, Adam J. *et al*. The effect of expertise, training and neurostimulation on sensory-motor skill in esports. *Computers in Human Behavior*. vol. 121, 2021. p. 8. Disponível em: https://www.sciencedirect.com/science/article/pii/S0747563221001059. Acesso em: nov. 2021.

(189) WATANABE, Ken *et al*. The effects of competitive and interactive play on physiological state in professional esports players. *Heliyon*. vol. 7, 2021. p. 2. Disponível em: https://www.sciencedirect.com/science/article/pii/S2405844021009476#. Acesso em: nov. 2021.

(190) *Ibidem*, p. 5.

(191) WATANABE, Ken *et al*. The effects of competitive and interactive play on physiological state in professional esports players. *Heliyon*. vol. 7, 2021. p. 5. Disponível em: https://www.sciencedirect.com/science/article/pii/S2405844021009476#! Acesso em: nov. 2021.

consideravam essenciais em jogadores profissionais. Muitas das características identificadas por eles relacionam-se com os resultados das pesquisas anteriores, tais como: pensamento estratégico, rápida tomada de decisão, motivação de seguir em frente após as derrotas e foco. Além disso, os jogadores mencionaram que é importante manter uma boa comunicação com o time e construir dinâmicas para o trabalho em equipe.(192)

Esses estudos, em conjunto, demonstram aspectos físicos e psicológicos importantes dos jogadores de esportes eletrônicos e relacionam-se diretamente com o modelo de desenvolvimento esportivo desenvolvido por Eugen Nagorsky e Josef Iemeyer e com o modelo de competências de Josef Wiemeyer e Sandro Hardy.

No modelo de desenvolvimento esportivo, os estudos identificaram características que se enquadram em cinco de seus seis elementos: condicionamento, habilidades sociais, habilidades tático-cognitivas, coordenação e habilidades psíquicas.

No aspecto de condicionamento, predominou a característica de rapidez, com a identificação das habilidades motoras rápidas e de resistência, com centenas de movimentos por minuto no teclado e no mouse do computador. As habilidades sociais foram citadas como essenciais para a comunicação e dinâmica dos times. As habilidades tático-cognitivas incluem características de criatividade e inovação, prevenção de danos, tomada de decisão, memória e foco. Quanto à coordenação, foram mencionados o controle de movimentos e atenção visual espacial. Por fim, as habilidades psíquicas foram mencionadas em relação ao controle de ansiedade e de sabedoria dos jogadores ao lidarem com os fracassos.

Em relação ao modelo de aprimoramento de competências, cinco de seus seis elementos foram abarcados pelos estudos mencionados: controle sensório-motor, cognição, emoção, motivação e volição, competências pessoais e competências sociais.

Os modelos de desenvolvimento esportivo e aprimoramento de competências com os estudos analisados permitem identificar quais atividades de esportes eletrônicos (a depender das características do jogo) podem enquadrar-se dentro do conceito de atividade física esportiva de Valdir Barbanti, seja em relação ao aspecto de esforço físico vigoroso com os dados de rapidez nos movimentos e frequência cardíaca dos jogadores, seja pelo desenvolvimento de habilidades motoras complexas que incluem controle preciso de dedos, mão e braço, coordenação de movimentos, tempo de reação e resposta.

---

(192) HIMMELSTEIN, Daniel; LIU, Yitong; SHAPIRO, Jamie L. An Exploration of Mental Skills Among Competitive League of Legend Players. *International Journal of Gaming and Computer-Mediated Simulations*. vol. 9 (2), 1–21. p. 7-10. https://doi.org/10.4018/IJGCMS.2017040101. Disponível em: https://psycnet.apa.org/record/2017-35500-001. Acesso em: nov. 2021.

2.3.3. Motivações intrínseca e extrínseca

A terceira característica da definição de esporte proposta por Valdir Barbanti relaciona-se com as orientações subjetivas daqueles que estão envolvidos na atividade física. Assim, o esporte ocorre quando a satisfação intrínseca do indivíduo coexiste, em equilíbrio, com a motivação baseada nas recompensas externas. Se esse equilíbrio é quebrado, ou seja, se existe apenas a motivação intrínseca do indivíduo (prazer em praticar a atividade) sem a preocupação com as motivações extrínsecas, estaremos diante de uma brincadeira. Por outro lado, se houver apenas as motivações extrínsecas (dinheiro, fama, reconhecimento...) sem a satisfação intrínseca, estaremos diante de um espetáculo.(193)

Nessa visão, portanto, a conceituação de determinada modalidade como esporte depende de singularidades dos sujeitos que executam a atividade. No estudo já citado, em que se analisou a influência da competição no desempenho dos jogadores profissionais de videogame, identificou-se o aumento da frequência cardíaca dos jogadores em situações que envolviam competir com outros sujeitos, demonstrando que o aspecto emocional daqueles jogadores foi afetado pela presença do adversário.(194) Esse é um indício de existência de motivação intrínseca para o desempenho da atividade de forma profissional.

Outro estudo que se debruça sobre as motivações dos jogadores foi desenvolvido na Universidade St. John's e contou com 1.165 respostas de jogadores profissionais e amadores. A análise das respostas do grupo composto, em sua maioria, por jogadores profissionais demonstrou que esses jogadores possuem motivação competitiva e gostam de jogar e ganhar. Além disso, foi identificado que eles são pessoas que gostam de experimentar outros jogos, o que possibilita que encontrem mais maneiras de personalizar as experiências de jogo.(195) Nesse cenário, a existência da motivação intrínseca de gostar de jogar e da motivação extrínseca de competir profissionalmente (ganhando dinheiro) faz com que haja um equilíbrio entre motivações, requisito para que a terceira característica da definição de esporte proposta por Valdir Barbanti seja cumprida.

---

(193) BARBANTI, Valdir. O que é esporte? *Rev. Bras. Ativ. Fís. Saúde* [Internet]. Disponível em: https://rbafs.org.br/RBAFS/article/view/833. p. 57. Acesso em: jan. 2023.

(194) WATANABE, Ken *et al*. The effects of competitive and interactive play on physiological state in professional esports players. *Heliyon*. vol. 7, 2021, p. 5. Disponível em: https://www.sciencedirect.com/science/article/pii/S2405844021009476#. Acesso em: nov. 2021.

(195) HEDLUND, David P. A typology of Esports Players. *Journal of Global Sport Management*, DOI: 10.1080/24704067.2021.1871858. p. 11. Disponível em: https://www.tandfonline.com/doi/abs/10.1080/24704067.2021.1871858. Acesso em: nov. 2021.

A pesquisa ainda identificou outras motivações para jogar videogame (em jogadores ocasionais): socialização (conhecer novas pessoas e fazer amigos), diversão e distração (esquecer os problemas).(196) Essas características associam-se apenas com as motivações intrínsecas dos jogadores, de modo que a atividade passa a ter apenas um aspecto lúdico.

Nesse mesmo sentido, um estudo realizado na Universidade da Carolina do Sul identificou três fatores de motivação em entrevistas realizadas com 111 jogadores não profissionais de *League of Legends*: realização (competência/poder), socialização e imersão.(197) Entre os pontos identificados em cada um desses fatores, estavam elementos de motivação intrínseca e extrínseca.

Inclusos no fator de realização estavam: desejo de ter poder e de progredir rapidamente, interesse em analisar as regras a fim de otimizar o desempenho, desejo de desafio e de competir, prestígio de ser um bom jogador e vontade de entender coisas que outros jogadores não entendem. No fator de socialização, foram encontradas as seguintes respostas: ajudar outras pessoas e conversar com elas, formar relacionamentos significativos e duradouros e ser parte de um grupo; já no aspecto de imersão: usar o ambiente virtual para se esquecer dos problemas, descobrir a história do jogo e os fenômenos que ocorrem no jogo, criar uma persona e interagir com outros jogadores, a fim de improvisar uma história.(198)

As respostas desse estudo demonstram que as motivações extrínsecas e intrínsecas não estão ligadas ao fato do jogador ser, ou não, profissional, e sim às características pessoais. O fato de alguns jogadores não profissionais possuírem a motivação de jogar para ter prestígio (motivação extrínseca) e quererem otimizar o desempenho (motivação intrínseca) não faz com que estejam, de fato, praticando o esporte, tendo em vista que precisam cumprir com os outros dois requisitos: ter esforço físico vigoroso e/ou habilidades motoras relativamente complexas e jogar de forma competitiva e institucionalizada.

2.4. O que os *esports* tem de esporte: proposta de uma análise específica

Levando em conta os critérios mencionados por Marianne Faure-Abbad e Michel Boudot para a caracterização jurídica dos *esports* e a definição de

(196) HEDLUND, David P. A typology of Esports Players. *Journal of Global Sport Management*, DOI: 10.1080/24704067.2021.1871858. p. 11,12. Disponível em: https://www.tandfonline.com/doi/abs/10.1080/24704067.2021.1871858. Acesso em: nov. 2021.

(197) SUN, Yaoyao. *Motivation To Play Esports:* Case of League of Legends. p. 13. Disponível em: https://scholarcommons.sc.edu/cgi/viewcontent.cgi?article=5119&context=etd. Acesso em: nov. 2021.

(198) *Ibidem*, p. 20.

esporte elaborada por Valdir Barbanti, é possível concluir que, dependendo da modalidade e do jogo envolvido na análise, os *esports* podem ser considerados esportes.

Ademais, os projetos de lei em andamento no país têm por objetivo regular, de forma genérica, a atividade como esporte, seja por meio de inclusão de previsão na Lei n. 9.615/1998, seja por meio de legislação à parte.

No entanto, para verificar o enquadramento de cada um dos jogos e modalidades como esporte, é preciso haver uma análise específica, tendo em vista que é necessário compreender como ocorre a institucionalização das competições e quais são as estratégias de regulação aplicadas pelas desenvolvedoras de jogos, quais são as atividades físicas e habilidades motoras necessárias para que se possa jogar o jogo e, de forma mais individualizada, estabelecer quais são as motivações intrínsecas e extrínsecas dos jogadores.

Essa discussão acerca da definição dos esportes eletrônicos como esporte é apenas uma das problemáticas que precisam ser consideradas quando falamos em regulação trabalhista. Com o objetivo de delimitar outras questões que necessitam ser analisadas cuidadosamente, foi elaborado um mapa de problemas, apresentado no próximo capítulo.

Capítulo 3

O Mapa de Problemas Envolvendo os Esportes Eletrônicos: Consolidação de Dados Legislativos, Jurisprudenciais, Bibliográficos e das Entrevistas

3.1. A elaboração do mapa de problemas

Conforme já exposto nas considerações metodológicas, o mapa de problemas que envolvem os esportes eletrônicos foi elaborado considerando os resultados das pesquisas legislativa, jurisprudencial e bibliográfica. Além disso, foram consideradas as duas entrevistas realizadas com times que disputam o Campeonato Brasileiro de *League of Legends* (CBLoL).

Para a identificação dos problemas no âmbito legislativo, foram considerados os apontamentos realizados pelos parlamentares na "Justificativa" do documento apresentado como projeto de lei. Tais apontamentos foram lidos, organizados e tabulados em uma planilha do Excel. Foram considerados nesse mapeamento todos os oito projetos de lei encontrados, quais sejam: PL 3450/2015, PL 6210/2016, PL 7747/2017, PL 8260/2017, PLS 383/2017, PL 2972/2019, PL 70/2022 e PL 2891/2022.

No caso da pesquisa jurisprudencial, foram considerados todos os dez processos mapeados mediante a busca nas bases oficiais da Justiça do Trabalho e da Justiça Comum, sendo um deles no Tribunal Regional do Trabalho da 1ª Região[199], quatro no Tribunal Regional do Trabalho da 2ª Região,[200] um no Tribunal Regional do Trabalho da 6ª Região[201] e quatro no Tribunal de Justiça de São Paulo.[202]

(199) Processo n. 0101101-81.2019.5.01.0060.

(200) Processo n. 1000983-89.2020.5.02.0069, Processo n. 1001207-27.2020.5.02.0069, Processo n. 1001233-30.2021.5.02.0056 e Processo n. 1001082-27.2021.5.02.0715.

(201) Processo n. 0000291-28.2021.5.06.0145.

(202) Processo n. 1001412-86.2018.8.26.0011, Processo n. 1009071-39.2019.8.26.0100, Processo n. 2104096-03.2021.8.26.0000 e Processo n. 2080300-46.2022.8.26.0000.

Os processos foram lidos e tabulados em uma planilha do Excel, identificando-se o tribunal responsável pelo julgamento do processo, a palavra-chave que identificou o processo na base de dados, a modalidade de jogo praticada pelo jogador, o time em que estava inserido, o tipo de problema e o respectivo trecho em que o problema estava mencionado.

Já na pesquisa bibliográfica foram levados em conta os 54 textos que tratavam de aspectos jurídicos envolvendo esportes eletrônicos, desde que esses aspectos tivessem consequências trabalhistas, ainda que mínimas. Todos os textos foram lidos, tabulados em uma planilha do Excel com informações referentes ao título, autor, ano de publicação, problema mencionado no texto, trecho em que o problema é mencionado e página correspondente.

Por fim, em relação às entrevistas, levando em conta o roteiro proposto, foram consideradas as respostas que identificaram alguma problemática enfrentada pela equipe.

3.2. As problemáticas envolvendo os esportes eletrônicos

A consolidação de todos os dados descritos anteriormente gerou o seguinte diagrama:

Figura 11: Mapa de problemas dos esportes eletrônicos.

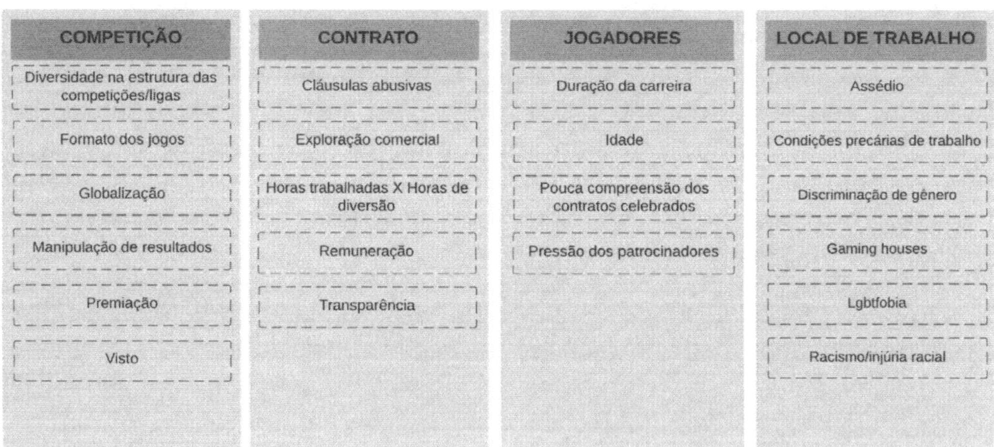

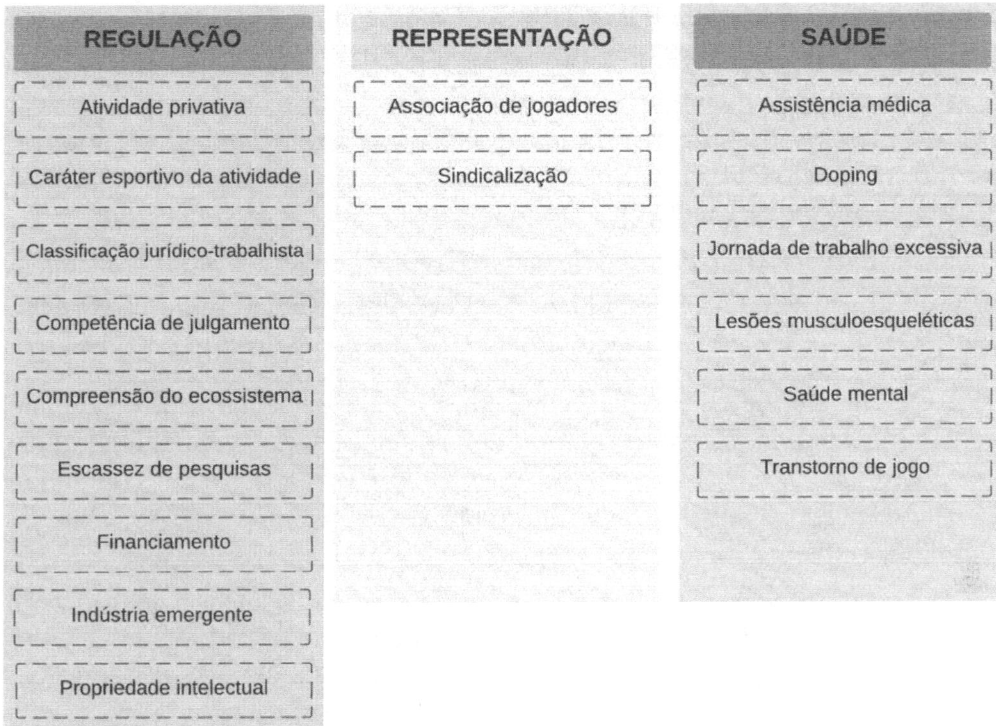

Fonte: Elaboração própria.

O mapa de problemas foi dividido em sete temáticas: (i) competição, (ii) contrato, (iii) jogadores, (iv) local de trabalho, (v) regulação, (vi) representação e (vii) saúde.

Devemos ter em mente que algumas problemáticas são transversais, ou seja, se encaixam em mais de uma temática. Assim, optou-se por aquela que possuía maior aproximação.

3.2.1. Problemas relacionados à competição

No eixo temático de competição, foram mapeados os seguintes problemas: diversidade no formato e na estrutura das competições e das ligas, diferenças nos formatos dos jogos, globalização das competições, questões envolvendo manipulação de resultados e premiações.

A **diversidade no formato e estrutura das competições/ligas** está muito atrelada ao descrito anteriormente quanto ao ecossistema e às estratégias regulatórias adotadas pelas desenvolvedoras de jogos. Para John Holden e Thomas A. Baker III, um dos principais pontos para entender a classificação jurídico-trabalhista do contrato de um jogador de esporte eletrônico é compreender que nem todos competem em ligas com a mesma estrutura. Para os autores, a diversidade de estrutura das ligas competitivas sugere que os jogadores não possuem as mesmas proteções em todas elas.(203)

Como forma de demonstrar essas diferenças estruturais, os autores analisaram três ligas norte-americanas de esportes eletrônicos: *League of Legends Championship*, *the ESL Pro League* e a *Overwatch League*. O critério utilizado para a seleção dessas ligas foi o sucesso comercial que elas possuem.

No caso da *League of Legends Championship*, que é uma das ligas mais maduras em termos de patrocínio, os autores identificaram que a liga exige contratos separados com as equipes e com os jogadores (de forma individual), devendo os jogadores pertencer a uma equipe para poder competir. A maioria dos termos do contrato fica a cargo dos times e jogadores, todavia, a liga estipula um piso salarial e restrições quanto a atividades profissionais externas à liga. Além disso, a Riot Games, desenvolvedora do jogo, é a proprietária e operadora da liga, o que garante uma relação e fiscalização direta sobre os jogadores e times.(204)

Quando analisamos anteriormente o regulamento do Campeonato Brasileiro de *League of Legends*, também foi possível observar parte dessas exigências, como a necessidade de contrato entre jogadores e times e exigência de determinadas condutas por parte dos competidores.(205)

Já a *the ESL Pro League*, liga mais importante de *Counter-Strike: Global Offensive* (CS:GO), diferentemente da anterior, não é organizada pela desenvolvedora do jogo (Valve), mas pela ESL, uma organização privada.

A ESL possui regramentos sobre as condutas de jogadores dentro e fora do jogo, contudo, a entidade não estabelece requisitos mínimos de contratação para as equipes, de modo que não é possível garantir que haja paridade entre os concorrentes. Além disso, ao contrário da *League of Legends Championship*, a ESL não limita que as equipes participem de outras competições.(206)

No caso do Campeonato Brasileiro de *Counter-Strike* (CBCS), conforme descrito anteriormente, essa estrutura também é parecida, a organização

---

(203) HOLDEN, John; BAKER III, Thomas A. The Econtractor: Defining the Esports Employment Relationship. In: *American Business Law Journal*, vol. 56, n. 2, Summer 2019, p. 400. Disponível em: https://heinonline.org/HOL/P?h=hein.journals/ambuslj56&i=392. Acesso em: jan. 2023.

(204) *Ibidem*, p. 403.

(205) RIOT GAMES. *Regulamento temporada de 2022:* Campeonato Brasileiro & Campeonato Brasileiro Academy. Disponível em: https://assets.contentstack.io/v3/assets/bltad9188aa9a70543a/blt5f029dff8cb11e55/61d882778aabbf6426b751ba/CBLOL_-_Regulamento_Oficial_[1.1].pdf. Acesso em: jan. 2023.

(206) HOLDEN, John; BAKER III, Thomas A. The Econtractor: Defining the Esports Employment Relationship. In: *American Business Law Journal*, vol. 56, n. 2, Summer 2019, p. 404. Disponível em: https://heinonline.org/HOL/P?h=hein.journals/ambuslj56&i=392. Acesso em: jan. 2023.

da competição é de responsabilidade de uma organização privada e não há obrigatoriedade de firmar contratos entre jogadores e equipes, embora haja previsão de uma idade mínima para competir.(207)

Por fim, a *Overwatch League* é um modelo de liga em que a desenvolvedora do jogo (Activision Blizzard) trabalha em conjunto com os times, sendo esses últimos os responsáveis pela contratação dos jogadores. É uma liga que possui uma estrutura semelhante às ligas dos esportes tradicionais, por exemplo, ao separar as equipes por divisões e incluir partidas dentro e fora de casa.(208)

A *Overwatch League* também adota um critério etário para os jogadores, sendo a idade mínima para competir a de 18 anos. Entretanto, jogadores com idade inferior podem assinar contrato e praticar com as equipes que não possuem um número fixo de integrantes, devendo ser compostas entre 6 e 12 jogadores. Outro requisito da liga é que as equipes devem fornecer alojamento aos jogadores e esses alojamentos precisam cumprir condições mínimas estabelecidas pela desenvolvedora do jogo.(209)

Outro ponto que difere a *Overwatch League* é que ela não restringe a contratação de jogadores de acordo com seu país/região de origem,(210) diferentemente do que acontece no *League of Legends*, por exemplo, em que a Riot divide suas competições por regiões geográficas: Brasil (CBLoL), América Latina Sul (CLS), Europa (LCS EU), Sudeste Asiático (GPL), Coreia (LCK), Comunidade dos Estados Independentes (LCL), Japão (LJL), América Latina Norte (LLN), Taiwan/Hong Kong/Macau (LMS), China (LPL), América do Norte (LCS NA), Oceania (OPL) e Turquia (TCL).(211)

No tocante à análise das três ligas feita pelos autores, percebemos que as exigências quanto à contratação de jogadores, idade mínima, possibilidade de competir em outras ligas, condições mínimas de alojamento mudam e esses requisitos nem sempre são previstos como obrigatórios. Dessa forma, é possível compreender que os jogadores profissionais podem enfrentar diferentes

(207) LIQUIPEDIA. *Circuito CBCS 2022*. Disponível em: https://liquipedia.net/commons/images/f/fd/CBCS_2022_Rulebook.pdf. Acesso em: jan. 2023.

(208) HOLDEN, John; BAKER III, Thomas A. The Econtractor: Defining the Esports Employment Relationship. In: *American Business Law Journal*, vol. 56, n. 2, Summer 2019, p. 405. Disponível em: https://heinonline.org/HOL/P?h=hein.journals/ambuslj56&i=392. Acesso em: jan. 2023.

(209) HOLDEN, John; BAKER III, Thomas A. The Econtractor: Defining the Esports Employment Relationship. In: *American Business Law Journal*, vol. 56, n. 2, 2019, p. 405. Disponível em: https://heinonline.org/HOL/P?h=hein.journals/ambuslj56&i=392. Acesso em: jan. 2023.

(210) *Idem*.

(211) RIOT GAMES. *Conheça as equipes*. Disponível em: https://br.leagueoflegends.com/pt/featured/worlds-2017-meet-the-teams/. Acesso em: jan. 2023.

problemas, a depender da estrutura da liga em que estão inseridos, já que o ecossistema não é uniforme.

A problemática envolvendo a **premiação** também identifica essa falta de uniformidade no ecossistema. Para Mark R. Johnson e Jamie Woodcock, os jogadores profissionais são simultaneamente parte integrante do jogo profissional e seus trabalhadores precarizados. Para eles, um dos motivos da precarização está na premiação dos campeonatos, que é uma das principais fontes de ganho dos jogadores. Os autores ressaltam que a premiação varia significantemente com o tempo, a escala e o escopo do campeonato, o que faz com que muitos times paguem salários modestos aos jogadores. De outro lado, para a maioria dos competidores, a vitória nos campeonatos acaba sendo a principal forma de conseguir ter segurança financeira, o que pode influenciar na saúde mental e na jogabilidade do profissional.[(212)]

Outro problema encontrado no mapeamento foi a diferença existente entre os **formatos dos jogos**. Essa diferença já foi descrita anteriormente quando falamos sobre gêneros de esportes eletrônicos e, conforme identificado por John T. Holden, Marc Edelman e Thomas A. Baker III, envolve cinco categorias: a) jogos de luta; b) jogos de tiro (em primeira e terceira pessoa); c) jogos de estratégia em tempo real; d) jogos esportivos; e) jogos de arena de batalha para múltiplos jogadores (*Multiplayer Online Battle Arena*), além daqueles jogos que não se enquadram em nenhuma dessas classificações.[(213)]

Compreender as diferenças nos formatos dos jogos eletrônicos é importante, porque, a depender da definição legal de *esport* adotada e também da definição de esporte considerada, alguns títulos podem se enquadrar como atividade desportiva e outros não, o que gera impacto na proteção jurídico-trabalhista dispensada aos jogadores profissionais.

Essas diferenças de formato nas competições, ligas e jogos se somam a mais uma problemática relacionada ao tema da competição: a **globalização**. Para Jacqueline Martinelli, todas essas diferenças fazem com que os esportes eletrônicos não sejam um ecossistema, mas vários, o que dificulta o processo de pensar em uma regulação. Além disso, é uma atividade que envolve diversos acionistas e proprietários de países diferentes, países estes que nem sempre reconhecem os *esports* como atividade desportiva.[(214)]

(212) JOHNSON, Mark R.; WOODCOCK, Jamie. Work, play, and precariousness: An overview of the labour ecosystem of esports. In: *Media, Culture & Society*, vol. 43, n. 8, 2021, p. 11. Disponível em: https://journals.sagepub.com/doi/10.1177/01634437211011555. Acesso em: fev. 2023.

(213) HOLDEN, John T.; EDELMAN, Marc; BAKER III, Thomas A. *A short treatise on eSports and the law:* how America regulates its next national pastime. Disponível em: https://papers.ssrn.com/sol3/papers.cfm?abstract_id=3441843. p. 524. Acesso em: jan. 2023.

(214) MARTINELLI, Jacqueline. The Challenges of Implementing a Governing Body for Regulating ESports. In: *University of Miami International and Comparative Law Review*,

A globalização impacta também outras questões, como a diversidade de regimes de propriedades intelectuais,(215) o tipo de visto a ser concedido aos jogadores profissionais (a depender do entendimento de que são ou não atletas),(216) a definição de quais legislações (trabalhista, comercial, penal, civil) são aplicadas em uma competição em que cada equipe está localizada em um país diferente e a reflexão acerca da necessidade de estabelecer regras de direito internacional privado para reger essas competições.(217)

Assim, embora a globalização seja um fenômeno que ocorre em outros esportes, o seu impacto nos esportes eletrônicos é diferente devido à possibilidade de disputas competitivas serem realizadas a distância, com os competidores em localizações geográficas diversas, regidos por legislações diversas. Compreender essa singularidade é essencial quando se pretende discutir aspectos internacionais dos *esports*.

A **manipulação de resultados** também foi apontada como uma problemática envolvendo os esportes eletrônicos. Ela está diretamente relacionada à questão das apostas em resultados dos jogos e pode envolver tanto jogadores quanto dirigentes que se utilizam de baixo desempenho deliberado, má aplicação deliberada das regras da competição e/ou uso de informações privilegiadas para ganhar mais dinheiro.(218)

Para Chui Ling Goh, os jogadores mais jovens estariam mais sujeitos a se envolverem em esquemas de manipulação de resultados devido a seu menor senso de responsabilidade e sua posição de vulnerabilidade.(219)

Um dos casos citados pelo autor foi o do jogador Lee "Life" Seung-hyun, apontado como um dos melhores jogadores de todos os tempos de *StarCraft II*, que foi banido permanentemente dos jogos profissionais por manipular resultados.

---

vol. 26, n. 2, 2019, p. 510. Disponível em: https://repository.law.miami.edu/umiclr/vol26/iss2/8/#:~:text=Currently%2C%20there%20are%20multiple%20organizations,the%20regulations%20that%20they%20propose. Acesso em: jan. 2023.

(215) HOLDEN, John T.; EDELMAN, Marc; BAKER III, Thomas A. *A short treatise on eSports and the law:* how America regulates its next national pastime. Disponível em: https://papers.ssrn.com/sol3/papers.cfm?abstract_id=3441843. p. 579. Acesso em: jan. 2023.

(216) *Ibid*., p. 580.

(217) PAPALOUKAS, Marios. E-Sports Explosion: The Birth of Esports Law or Merely a New Trend Driving Change in Traditional Sports Law? In: *24th IASL International Sports Law Congress*, 2018, p. 8. Disponível em: https://papers.ssrn.com/sol3/papers.cfm?abstract_id=3323593. Acesso em: jan. 2023.

(218) GOH, Chui Ling. *The Social Licence to Operate in Esports:* The Glorification of Violence, Discrimination, and Gaming Addiction in Esports, p. 14. Disponível em: https://papers.ssrn.com/sol3/papers.cfm?abstract_id=3814567. Acesso em: jan. 2023.

(219) *Idem*.

O jogador foi preso por manipular o resultado de dois jogos, tendo ganhado com isso 62 mil dólares, sete vezes a premiação do torneio Kespa Cup.(220)

Outro caso famoso de manipulação de resultados aconteceu no jogo de *Counter-Strike: Global Offensive* (CS:GO), em 2014, na CEVO Professional League, liga da América do Norte. A equipe iBUYPOWER, uma das favoritas do torneio, perdeu um jogo para a equipe NetcodeGuides.com. Em janeiro de 2015, no entanto, descobriu-se que o resultado foi manipulado e a maior parte dos jogadores da iBUYPOWER havia apostado na derrota do time. A Valve, desenvolvedora do jogo, optou por banir permanentemente sete pessoas envolvidas no caso.(221)

Como uma alternativa para investigar e prevenir a trapaça nos esportes eletrônicos (incluindo manipulação de resultados e *doping*, que será tratado mais adiante), foi criada, em 2016, a *Esports Integrity Coalition* (ESIC). A ESIC trabalha em conjunto com os atores envolvidos no ecossistema dos esportes eletrônicos, com o objetivo de manter a integridade das competições.

Tendo esse objetivo, a ESIC estabelece alguns princípios: i) integridade e respeito; ii) processo justo; iii) implementação, educação e aplicação de códigos padronizados; iv) reconhecimento de sanções; v) compartilhamento de informações e vi) confidencialidade.(222)

O princípio da integridade e respeito estabelece que os membros devem respeitar os árbitros, os adversários e os códigos, regras e regulamentos da modalidade. O segundo princípio, o processo justo, relaciona-se com o primeiro, visto que estabelece que qualquer processo de implementação de regramentos da modalidade será acompanhado pela ESIC, que garantirá que ocorra de forma justa e equilibrada para todas as partes envolvidas.

O terceiro princípio estabelece que todos os membros da ESIC reconhecem que a implementação de regramentos padronizados (não necessariamente idênticos) é importante para a integridade dos esportes eletrônicos. Além disso, reconhecem que a educação é o melhor método para dissuadir as atividades corruptas, bem como firmam compromisso por um programa educacional robusto e abrangente.

---

(220) ESPN. *The life of Life:* chronicling the rise and fall of Lee "Life" Seung Hyun. Disponível em: https://www.espn.com/esports/story/_/id/15356948/chronicling-rise-fall-lee-life-seung-hyun. Acesso em: jan. 2023.

(221) TECHTUDO. *LoL e CS:GO:* relembre escândalos de manipulação de resultados no esports. Disponível em: https://www.techtudo.com.br/listas/2020/03/lol-e-csgo-relembre-escandalos-de-manipulacao-de-resultados-no-esports.ghtml. Acesso em: jan. 2023.

(222) ESIC. *Who we are.* Disponível em: https://esic.gg/about/. Acesso em: jan. 2023.

O princípio do reconhecimento de sanções dispõe que os membros aceitam as punições impostas pela ESIC e seguem uma política padrão. Além disso, os membros também concordam com a investigação de inteligência da comissão e o compartilhamento de informações. Por fim, o princípio da confidencialidade designa que as investigações de integridade serão conduzidas de forma confidencial, até que seja estabelecida a culpa dos envolvidos.

Os membros da ESIC incluem apoiadores anticorrupção, órgãos governamentais, federações, parceiros e organizadoras de campeonatos. Atualmente, a ESIC possui 16 organizadoras membro, sendo a ESL, entidade privada que organiza o *the ESL Pro League*, liga mais importante de *Counter-Strike: Global Offensive* (CS:GO), uma delas.(223) No entanto, desenvolvedoras que possuem controle sobre a organização dos campeonatos, como a Riot e a Blizzard, não foram encontradas na lista de membros, uma possibilidade é que essas empresas optam também por controlar os processos investigatórios de possíveis manipulações de resultados em suas competições, o que demonstra, mais uma vez, a heterogeneidade do ecossistema.

O regulamento do Campeonato Brasileiro de *League of Legends* (CBLoL) corrobora essa possibilidade. No regramento, há a previsão de que é considerada como comportamento não profissional a ação de arranjar partidas (item 10.2.15), o que mostra que, apesar de desvinculada da *Esports Integrity Coalition* (ESIC), a Riot tem a preocupação com a problemática de manipulação de resultados.(224)

Por fim, outra problemática apontada relacionada com as competições internacionais presenciais foi a questão dos tipos de **vistos** concedidos aos jogadores. A depender do entendimento do país acerca da classificação dos esportes eletrônicos como esportes, o tipo e os procedimentos para emissão de visto podem mudar, envolvendo maior ou menor burocracia. Além disso, a problemática de emissão de visto aplica-se nos casos de contratação de jogadores profissionais estrangeiros. O tipo de visto concedido pode variar, dependendo do entendimento de que os profissionais se encaixam na categoria de atletas ou outro tipo de trabalhador.(225)

---

(223) ESIC. *Members & Supporters*. Disponível em: https://esic.gg/members/?member_type=tournament-operator-members&status=active. Acesso em: fev. 2023.

(224) RIOT. *Regulamento temporada de 2022:* Campeonato Brasileiro & Campeonato Brasileiro Academy. Disponível em: https://assets.contentstack.io/v3/assets/bltad9188aa9a70543a/blt5f029dff8cb11e55/61d882778aabbf6426b751ba/CBLOL_-_Regulamento_Oficial_[1.1].pdf. Acesso em: fev. 2023.

(225) WEBER, David P. Athletes in Transit: Why the Game Is Different in Sports and the Visas Should Be Too. In: *Tulane Law Review*, vol. 96, 2021-2022. Disponível em: https://papers.ssrn.com/sol3/papers.cfm?abstract_id=3796346. Acesso em: fev. 2023.

3.2.2. *Problemas relacionados ao contrato*

No eixo temático dedicado aos problemas relacionados à contratação de jogadores, foram identificadas as seguintes questões: cláusulas abusivas, exploração comercial, dificuldade de diferenciar horas trabalhadas e horas de diversão dos jogadores, remuneração e falta de transparência.

Para Matthew McCarthy, a falta de agentes no momento da negociação dos contratos dos jogadores pode resultar em **cláusulas abusivas**, tendo em vista que os competidores nem sempre conseguem entender as condições negociadas.[(226)] Um exemplo famoso foi o processo movido por Turner "Tfue" Tenney, jogador de *Fortnite*, contra o time FaZe Clan por contrato desleal, já que a organização tinha direito a 80% dos valores de contratos de marca negociados por ela, enquanto o jogador recebia 50% dos valores de contratos de marca negociados por ele[(227)]. Esse ficou conhecido como o primeiro grande litígio trabalhista nos esportes eletrônicos e foi encerrado com um acordo entre as partes.[(228)]

Para compreendermos essa questão envolvendo as cláusulas abusivas, segundo Eric Windholz, é preciso que tenhamos em mente o desequilíbrio entre as partes envolvidas na negociação: de um lado, em sua maioria, jogadores novos com pouca experiencia e, de outro, as organizações/times com mais poderes e dinheiro. Esse desequilíbrio pode gerar problemas de exploração dos jogadores como cláusulas que proíbem a competição em outra liga, o *stream* de outros jogos ou impõe condições de treinamento que podem gerar problemas de saúde.[(229)] Além disso, essas cláusulas podem ocasionar perda de oportunidade de negócios para os jogadores.[(230)]

---

(226) MCCARTHY, Matthew. Balancing Esports: Protecting the next Generation's Superstars. *The Free Library*, 2022, p. 467. Disponível em: https://www.thefreelibrary.com/BALANCING+ESPORTS%3A+PROTECTING+THE+NEXT+GENERATION%27S+SUPERSTARS.-a0706498434. Acesso em: fev. 2023.

(227) ESPN. *Tfue processa a FaZe Clan e quer ser liberado de seu contrato com a organização.* Disponível em: https://www.espn.com.br/esports/artigo/_/id/5654985/tfue-processa-a-faze-clan-e-quer-ser-liberado-de-seu-contrato-com-a-organiza%C3%A7%C3%A3o. Acesso em: fev. 2023.

(228) SWARTZ & SWARTZ. *Fortnite star Tfue settles dispute with FaZe Clan, ending Esports' first major employment lawsuit.* Disponível em: https://swartzlaw.com/fortnite-star-tfue-settles-dispute-with-faze-clan/. Acesso em: fev. 2023.

(229) WINDHOLZ, Eric. Governing Esports: Public Policy, Regulation and the Law. In: *Sports Law e Journal*, 2020. p. 26. Disponível em: https://papers.ssrn.com/sol3/papers.cfm?abstract_id=3622662. Acesso em: fev. 2023.

(230) JOHRI, Achint. Cashing in on the Esports Phenomenon: Increasing Awareness on Ethical Issues and Governance Challenges. *J. FOR SPORTS L. POL'Y & Gov*, vol. 41, 2020, p. 46. Disponível em: https://heinonline.org/HOL/LandingPage?handle=hein.journals/jslpg2&div=8&id=&page=. Acesso em: fev. 2023.

John Holden e Thomas A. Baker III destacam que esse desequilíbrio no poder de negociar pode gerar **exploração comercial** dos jogadores.(231) Exemplo dessa exploração aconteceu no caso "Tfue", em que o jogador recebia apenas 20% do valor das mercadorias com seu nome elaboradas pela FaZe.(232)

Também relacionada à questão de desequilíbrio de forças entre jogadores e times/organizações está a questão da **transparência** dos contratos. Chase Chipe, ao analisar o já citado caso "Tfue", destaca que nem todas as equipes são transparentes no momento da contratação, além disso, enfatiza que a maioria dos jogadores são jovens com o sonho de transformar seu *hobby* em uma carreira e nem sempre conseguem compreender os conteúdos das cláusulas.(233) Assim, a falta de transparência, somada à perspectiva de altos salários, fama e consagração como jogadores de esportes eletrônicos, pode levar os jogadores a assinar contratos desfavoráveis.

Outra preocupação contratual insere-se na questão das horas trabalhadas. Não é difícil compreender que os competidores buscam a carreira de jogadores profissionais por gostarem de passar várias horas jogando videogame. Para Habbine Estelle Kim, por conta de os esportes eletrônicos se localizarem nestes dois âmbitos (profissional e de diversão), é difícil **diferenciar as horas de trabalho das horas em que o competidor joga para fins de entretenimento.**(234) Uma rotina organizada de treinos e de tempo disponível para o *streaming*, difusão de informação em relação à saúde física e mental e acompanhamento médico e psicológico são medidas que, no caso concreto, podem contribuir tanto para a diferenciação entre horas trabalhadas e horas de lazer quanto na diminuição de riscos associados à exposição excessiva ao videogame/telas.

A problemática da **remuneração** também está associada à falta de uniformidade no ecossistema e refere-se à desigualdade de remuneração entre jogadores, ou seja, a existência de poucos jogadores que possuem

---

(231) HOLDEN, John; BAKER III, Thomas A. The Econtractor: Defining the Esports Employment Relationship. In: *American Business Law Journal*, vol. 56, n. 2, Summer 2019, p. 415-416. Disponível em: https://heinonline.org/HOL/P?h=hein.journals/ambuslj56&i=392. Acesso em: fev. 2023.

(232) ESPN. *Tfue processa a FaZe Clan e quer ser liberado de seu contrato com a organização*. Disponível em: https://www.espn.com.br/esports/artigo/_/id/5654985/tfue-processa-a-faze-clan-e-quer-ser-liberado-de-seu-contrato-com-a-organiza%C3%A7%C3%A3o. Acesso em: fev. 2023.

(233) CRIPE, Chase. TFUE v. FaZe Clan and Newly Created Players Associations: What Has Happened and How Will It Impact the Future of Esports? In: *Marquette Sports Law Review*, vol. 31, 2020, p. 160. Disponível em: https://scholarship.law.marquette.edu/cgi/viewcontent.cgi?article=1790&context=sportslaw. Acesso em: fev. 2023.

(234) KIM, Habbine Estelle. *A Rescue Project:* The French Esports Fixed-Term Employment Contract. p. 11. Disponível em: https://papers.ssrn.com/sol3/papers.cfm?abstract_id=4125169. Acesso em: fev. 2023.

alta remuneração e de muitos jogadores que possuem baixa remuneração. Essa desigualdade também se estende à questão de gênero, que é, segundo John T. Holden, Ryan M. Rodenberg e Anastasios Kaburakis, uma questão de potencial litigância.(235)

De acordo com Christopher M. Mcleod, Hanhan Xue e Joshua I. Newman, é provável que essa desigualdade de ganhos nos esportes eletrônicos aumente com o passar do tempo, tendo em vista que as premiações vão aumentando e atraindo cada vez mais jogadores. Para eles, essa desigualdade reproduz as estruturas de classe, em que há algumas possibilidades de mobilidade social que acabam por motivar os trabalhadores (no caso, os jogadores) a continuar em indústrias com baixos salários.(236)

3.2.3. Problemas relacionados aos jogadores

O eixo temático dos jogadores compreende problemas que impactam pessoalmente o indivíduo que exerce a atividade competitiva: como a questão da carreira de curta duração, a idade em que iniciam essa carreira, a dificuldade de compreender as cláusulas contratuais dos contratos celebrados e a pressão a que estão submetidos por conta dos patrocinadores.

No tocante à **duração da carreira**, Achint Johri destaca que, quando comparada com a média de tempo de carreira dos esportes tradicionais (média acima de oito anos), a carreira nos esportes eletrônicos tende a ser mais curta, de três a cinco anos. O motivo para a carreira ser mais curta estaria associado às demandas dos esportes eletrônicos. Enquanto, nos esportes tradicionais, as demandas tendem a ser físicas, nos *esports* elas envolvem tempo de reação e acuidade mental, que exigem um nível de prática diferente da dos esportes tradicionais, podendo, inclusive, levar o profissional ao esgotamento (*Burnout*).(237)

Essa questão de tempo de carreira limitada pelas demandas mentais dos *esports*, segundo Rebecca R. Rosenthal, é explicada morfologicamente, já que a capacidade cerebral de reagir rapidamente a estímulos (tempo de reação)

---

(235) HOLDEN, John T.; RODENBERG, Ryan M.; KABURAKIS, Anastasios. The Future is Now: Esports Policy Considerations and Potential Litigation. In: *Journal of Legal Aspects of Sport*, ©SRLA vol 27, p. 76, 2017. Disponível em: https://journals.iupui.edu/index.php/jlas/article/view/22241. Acesso em: jan. 2023.

(236) MCLEOD, Christopher M.; XUE, Hanhan; NEWMAN, Joshua I. Opportunity and inequality in the emerging esports labor market. In: *International Review for the Sociology of Sport*, vol. 57, n. 8, 2021, p. 1285. Disponível em: https://journals.sagepub.com/doi/abs/10.1177/10126902211064093. Acesso em: fev. 2023.

(237) JOHRI, Achint. Cashing in on the Esports Phenomenon: Increasing Awareness on Ethical Issues and Governance Challenges. *J. FOR SPORTS L. POL'Y & Gov*, vol. 41, 2020, p. 11. Disponível em: https://heinonline.org/HOL/LandingPage?handle=hein.journals/jslpg2&div=8&id=&page=. Acesso em: fev. 2023.

começa a diminuir após os 24 anos, o que explica a média etária nos esportes eletrônicos ser de 22 anos e, nos esportes tradicionais, ser de 27 anos.(238)

É importante entendermos, no entanto, que essa média varia de acordo com o jogo analisado. Na Liga de *Call of Duty*, a média etária dos competidores é de 22 anos, enquanto, na Liga de *Overwatch*, a média é de 20 anos. Em relação à média de idade de aposentadoria, na Liga de *Call of Duty*, é de 26 anos e, na Liga de *Overwatch*, é de 23 anos, o que comprova a curta duração da carreira.(239)

A questão da curta duração das carreiras talvez não seja explicada apenas pelo aspecto morfológico. Em entrevista concedida ao The Washington Post, quatro ex-jogadores profissionais revelaram que os principais motivos que levaram à aposentadoria foram o estresse, excesso de trabalho, instabilidade do trabalho e oportunidade de novos empreendimentos.(240)

Essa menor duração da carreira, segundo Mark R. Johnson e Jamie Woodcock, gera incertezas em relação ao futuro profissional dos jogadores, o que ocorre em outros esportes também. No entanto, nos *esports*, os ganhos ao longo da carreira tendem a ser menores (por conta do tempo de carreira menor). Ressaltam os autores que há uma movimentação no intuito de garantir que as carreiras dos jogadores profissionais continuem após a aposentadoria competitiva, por exemplo, em funções de mentoria de outros jogadores. Mesmo assim, para os autores, as opções de carreira pós-competição ainda são escassas.(241)

Outra dimensão relacionada às carreiras curtas é destacada por Roshan Patel, ao mencionar o fluxo constante de lançamento de novos jogos. Para o autor, esse fluxo contribui para a menor carreira dos jogadores, ao passo que novos jogos surgem e vão ganhando popularidade e jogos antigos deixam de ser tão rentáveis com seu cenário competitivo.(242)

---

(238) ROSENTHAL, Rebecca R. *A Tough Pill to Swallow*: Making the Case for Why eSports Leagues Must Adopt Strict Banned Substance Policies to Prevent Disability Discrimination. 2020, p. 11. Disponível em: https://papers.ssrn.com/sol3/papers.cfm?abstract_id=3589710. Acesso em: fev. 2023.

(239) LEE, Jonathan. *Esports stars have shorter careers than NFL players:* here's why. Disponível em: https://www.washingtonpost.com/video-games/esports/2022/04/19/esports-age-retirement/. Acesso em: fev. 2023.

(240) *Idem*.

(241) JOHNSON, Mark R.; WOODCOCK, Jamie. Work, play, and precariousness: An overview of the labour ecosystem of esports. In: *Media, Culture & Society*, vol. 43, n. 8, 2021, p. 11. Disponível em: https://journals.sagepub.com/doi/10.1177/01634437211011555. Acesso em: fev. 2023.

(242) PATEL, Roshan. Esports, Player Positions, and the Benefits of Unionization. In: *Duke Law & Technology Review*, 2020, p. 244-245. Disponível em: https://scholarship.law.duke.edu/dltr/vol18/iss1/18/. Acesso em: fev. 2023.

A grande maioria da bibliografia que destaca a **idade** como uma problemática no cenário dos esportes eletrônicos menciona que o fato de os jogadores serem novos os tornam mais vulneráveis na relação com os times e as desenvolvedoras,(243) relação que, por si só, já apresenta um desequilíbrio de forças.(244)

Ademais, o fator etário relaciona-se com outra problemática: segundo Jesus Cisneros, os jogadores, por terem pouca idade, muitas vezes assinam os contratos **sem compreenderem efetivamente todo o teor das cláusulas e das condições**, o que pode gerar contratos desfavoráveis.(245) Complementa Matthew McCarthy que, além de esses jovens não possuírem educação legal para compreender as cláusulas dos contratos, muitas vezes nem mesmo procuram uma assessoria jurídica, devido à ansiedade para poder competir profissionalmente.(246)

John Holden e Thomas A. Baker III enfatizam que, muitas vezes, os contratos envolvem jogadores menores de idade, o que torna a relação mais instável.(247) Esse é um ponto de atenção, segundo Marios Papaloukas, porque, em diversas legislações, os adolescentes possuem direitos especiais de proteção, além de restrições de autodeterminação.(248)

No caso brasileiro, as proteções especiais são orientadas pelos princípios constitucionais da proteção integral e da prioridade absoluta de crianças e adolescentes (art. 227, CF). Para pensar na contratação de adolescentes

---

(243) PATEL, Roshan. Esports, Player Positions, and the Benefits of Unionization. In: *Duke Law & Technology Review*, 2020, p. 240. Disponível em: https://scholarship.law.duke.edu/dltr/vol18/iss1/18/. Acesso em: fev. 2023.

(244) WINDHOLZ, Eric. Governing Esports: Public Policy, Regulation and the Law. WINDHOLZ, Eric. Governing Esports: Public Policy, Regulation and the Law. In: *Sports Law e Journal*, 2020, p. 26. Disponível em: https://papers.ssrn.com/sol3/papers.cfm?abstract_id=3622662. Acesso em: fev. 2023.

(245) CISNEROS, Jesus. Leveling the E-Sports Playing Field: An Argument in Favor of Government Regulation to Ensure Fair Player Contracts for Young Professional Gamers in E-Sports. In: *California Western Law Review*, vol. 58, 2022, p. 336. Disponível em: https://scholarlycommons.law.cwsl.edu/cgi/viewcontent.cgi?article=1744&context=cwlr. Acesso em: fev. 2023.

(246) MCCARTHY, Matthew. Balancing Esports: Protecting the next Generation's Superstars. *The Free Library*, 2022, p. 466-467. Disponível em: https://www.thefreelibrary.com/BALANCING+ESPORTS%3A+PROTECTING+THE+NEXT+GENERATION%27S+SUPERSTARS.--a0706498434. Acesso em: fev. 2023.

(247) HOLDEN, John; BAKER III, Thomas A. The Econtractor: Defining the Esports Employment Relationship. In: *American Business Law Journal*, vol. 56, n. 2, Summer 2019, p. 408. Disponível em: https://heinonline.org/HOL/P?h=hein.journals/ambuslj56&i=392. Acesso em: jan. 2023.

(248) PAPALOUKAS, Marios. E-Sports Explosion: The Birth of Esports Law or Merely a New Trend Driving Change in Traditional Sports Law? In: *24th IASL International Sports Law Congress*, 2018, p. 8. Disponível em: https://papers.ssrn.com/sol3/papers.cfm?abstract_id=3323593. Acesso em: jan. 2023.

para exercerem a função de jogadores de videogame, alguns questionamentos se impõem: a contratação poderia ser realizada nos termos de contrato de formação de atletas previsto na Lei n. 9.615/98 e na Lei n. 14.597/23; seria necessária a emissão de alvará de autorização para trabalho; de quem seria a competência para a emissão de eventual alvará; as atividades realizadas podem ser caracterizadas como suscetíveis de prejudicar a saúde, segurança ou moral das crianças e adolescentes, nos termos da Convenção n. 182 da Organização Internacional do Trabalho (OIT)? Esses pontos serão desenvolvidos no próximo capítulo, ao falarmos da necessidade ou não de uma legislação jurídico-trabalhista específica para tratar dos esportes eletrônicos.

Em uma das entrevistas realizadas com uma equipe de *League of Legends*, o questionamento acerca da idade em que os jogadores começaram a competir profissionalmente foi autorizado. A equipe repassou a pergunta aos jogadores e depois retornou as respostas de nove profissionais.

Cabe-nos destacar que não há como saber se a carreira profissional foi iniciada no time entrevistado ou em outra equipe. O panorama encontrado foi o seguinte:

Gráfico 1: Idade de início da carreira profissional

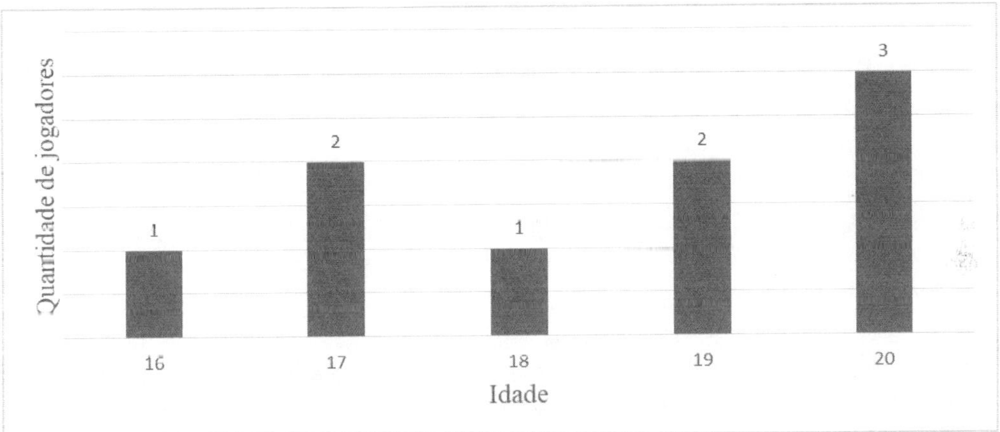

Fonte: Elaboração própria.

Mesmo que a composição de dados não seja suficiente para configurar uma amostra, ela é importante, tendo em vista que reforça os dados bibliográficos de que os jogadores de videogame iniciam a carreira profissional ainda muito novos.

Além disso, três jogadores (33,33%) iniciaram sua carreira antes dos 18 anos de idade e sob a proteção integral e prioritária conferida pela Constituição Federal, ou seja, eventual questionamento acerca da possibilidade de a atividade suscitar problemas relacionados à saúde desses profissionais, conforme dispõe a Convenção n. 182 da OIT, geraria impacto nesses contratos.

Ademais, todos os nove profissionais, quando do início da carreira, estariam alcançados pelo Estatuto da Juventude (Lei n. 12.852/2013), que abrange pessoas entre 15 e 29 anos e tem, como um de seus princípios elencados no art. 2º, V, a garantia de bem-estar, experimentação e do desenvolvimento integral do jovem. Alguns problemas levantados no mapeamento que podem comprometer esses princípios serão desenvolvidos nos eixos relacionados ao local de trabalho e à saúde dos jogadores.

Por fim, a problemática de **pressão imposta por patrocinadores** foi tratada por Chase Cripe, quando analisava a questão das *gaming houses*. O autor destaca que a maioria das *gaming houses* são compradas por patrocinadores, que são empresas relevantes no cenário da tecnologia. Como esses são ambientes em que os jogadores moram e treinam, a pressão pelo desempenho de alto nível pode ocorrer de modo constante.(249)

3.2.4. Problemas relacionados ao local de trabalho

No eixo temático relacionado ao local de trabalho, foram inseridas as problemáticas relacionadas ao assédio, à discriminação de gênero, à lgbtfobia, ao racismo, às condições precárias no ambiente de trabalho e nas *gaming houses*.

Para Brandon I. Weinreb, o **assédio** nos esportes eletrônicos pode ocorrer tanto presencial quanto virtualmente e envolver dirigentes do time, treinadores, jogadores e público em geral (comunidade). Além disso, já foram documentados diversos casos de assédio nos *esports*.(250)

Um exemplo envolvendo o público e um dirigente do time ocorreu com Maria "Remilia" Creveling, primeira mulher (única mulher transexual) a competir no *LoL Championship Series* (LCS), liga americana de *League of Legends*. Nas transmissões online das partidas de seu time, havia diversos comentários de teor transfóbico e sexista. Algumas semanas após o início da temporada, ela anunciou sua saída da equipe por conta de problemas de ansiedade e autoestima.(251) Dois anos após o fato, Remilia, que faleceu aos 24 anos, relatou que

---

(249) CRIPE, Chase. TFUE v. FaZe Clan and Newly Created Players Associations: What Has Happened and How Will It Impact the Future of Esports? In: *Marquette Sports Law Review*, vol. 31, 2020, p. 153. Disponível em: https://scholarship.law.marquette.edu/cgi/viewcontent.cgi?article=1790&context=sportslaw. Acesso em: fev. 2023.

(250) WEINREB, Brandon I. Esports and Harassment: Analyzing Player Protections in a Hostile Work Environment. In: *California Western Law Review*, vol. 57, 2021, pp. 488-489. Disponível em: https://scholarlycommons.law.cwsl.edu/cgi/viewcontent.cgi?article=1732&context=cwlr. Acesso em: fev. 2023.

(251) SEINER, Jake. *"You're a girl, you're being targeted":* Women in esports navigate toxicity, other barriers. Disponível em: https://www.denverpost.com/2019/01/03/esports-women-navigate-toxicity-barriers/. Acesso em: fev. 2023.

outro fator que a levou à decisão de sair da equipe foram as dores pélvicas irreversíveis causadas por uma cirurgia malsucedida de redesignação sexual, cirurgia que foi prometida por um dos sócios do time se a jogadora contribuísse para a classificação do time para o *LoL Championship Series* (LCS).(252)

No cenário brasileiro, não é diferente. Um dos casos envolvendo treinadores ocorreu em janeiro de 2021, quando Guilherme "Kake", treinador da equipe de *League of Legends* do Flamengo Academy (divisão de base), foi acusado de assediar os jogadores com pedidos de fotos sem roupa (nudes), um dos quais era menor de idade. Os "pedidos" eram acompanhados de ameaças de exclusão dos jogadores dos projetos liderados pelo treinador.(253)

A questão do assédio, no entanto, não abrange apenas os casos em que jogadores são vítimas, mas também autores. Em 2021, houve uma onda de denúncias no Brasil. As denúncias incluíam jogadores, técnicos, funcionários das desenvolvedoras e narradores de esportes eletrônicos que praticaram assédio.

O funcionário da Riot, Gabriel "MiT", foi acusado de agressão sexual, ao forçar sexo oral, o que resultou em sua demissão.(254) O jogador de *Counter--Strike: Global Offensive* (CS:GO), Filipe "pancc", foi acusado de assédio sexual por uma adolescente, ao pedir fotos sensuais e fazer proposta de sexo.(255) Depois de ter admitido o assédio, o jogador foi suspenso pela equipe, passou por tratamento médico e voltou a jogar em março.(256) O jogador de *Counter--Strike: Global Offensive* (CS:GO), Lincoln "fnx", foi acusado de filmar, sem consentimento, e divulgar vídeo de relação sexual.(257) O jogador de *Rainbow*

---

(252) RIGON, Daniela. *A história de Remilia:* ex-jogadora de League of Legends teve sua vida devastada pela Renegades. Disponível em: https://www.espn.com.br/esports/artigo/_/id/4135586/a-historia-de-remilia-ex-jogadora-de-league-of-legends-teve-sua-vida-devastada-pela-renegades. Acesso em: fev. 2023.

(253) GE. *LoL:* Kake, treinador do Flamengo, é demitido após acusações de assédio. Disponível em: https://ge.globo.com/esports/lol/noticia/lol-kake-treinador-do-flamengo-e-demitido-apos-acusacoes-de-assedio.ghtml. Acesso em: fev. 2023.

(254) GE. *LoL:* MiT é acusado de agressão sexual e não será caster do CBLoL 2021. Disponível em: https://ge.globo.com/esports/lol/noticia/caster-e-ex-tecnico-de-lol-gabriel-mit-e-acusado-de-agressao-sexual.ghtml. Acesso em: fev. 2023.

(255) GE. *CS:GO:* pancc é acusado de assédio sexual por menor de idade; jogador admite. Disponível em: https://ge.globo.com/esports/csgo/noticia/csgo-pancc-e-acusado-de-assedio-sexual-por-menor-de-idade-jogador-admite.ghtml. Acesso em: fev. 2023.

(256) GE. *Retrospectiva 2021:* ano teve denúncias de assédio nos esports. Disponível em: https://ge.globo.com/esports/noticia/retrospectiva-2021-ano-teve-denuncias-de-assedio-nos-esports.ghtml. Acesso em: fev. 2023.

(257) GE.*PATEL, Roshan. Esports, Player Positions, and the Benefits of Unionization. In: Duke Law & Technology Review, 2020, p. 244-245. Disponível em: https://scholarship.law.duke.edu/dltr/vol18/iss1/18/. Acesso em: fev. 2023.* ano teve denúncias de assédio nos esports. Disponível em: https://ge.globo.com/esports/noticia/retrospectiva-2021-ano-teve-denuncias-de-assedio-nos-esports.ghtml. Acesso em: fev. 2023.

Six Siegel contra a ex-namorada. A Team Liquid, equipe do jogador, suspendeu o acusado e, após a apuração interna, optou pelo desligamento.(258)

Percebemos, portanto, que a problemática relacionada ao assédio envolve os jogadores profissionais não só como vítimas, mas também como autores. Além disso, envolve outros atores do ecossistema dos esportes eletrônicos. Essa, portanto, é uma questão bastante ampla que pode gerar diversos impactos tanto nos *esports* quanto na sociedade em geral.

Além do assédio, já houve relatos de outros tipos de violência nos esportes eletrônicos: lgbtfobia, discriminação de gênero e racismo/injúria racial.(259) Essas também são questões mais amplas, que incluem a esfera dos *esports*, mas não são exclusivas a ela.

Entre os casos de **lgbtfobia**, além do caso de transfobia contra a jogadora Remilia citado anteriormente, podemos destacar o mencionado por Vicent "Biofrost", jogador de *League of Legends* (*LoL Championship Series* (LCS)). O jogador, ao assumir sua sexualidade, relatou ter sofrido com comentários homofóbicos em quase todos os times em que jogou. Os comentários eram dirigidos tanto por outros jogadores quanto pelo restante dos membros da equipe.(260)

A questão da lgtbfobia começou a ser discutida dentro da comunidade dos *esports*. O Projeto Fierce, por exemplo, é uma iniciativa que busca promover maior visibilidade a jogadores da comunidade LGBTQIA+.(261)

As situações que envolvem **discriminação de gênero** são discutidas há mais tempo nos esportes eletrônicos. As categorias de competição são, em tese, mistas, no entanto, o caso da jogadora Júlia "Mayumi", que foi contratada pela INTZ para a temporada de 2019 e não jogou nenhum jogo, mostra como nem sempre existem oportunidades iguais.(262)

---

(258) GE. *R6:* Liquid anuncia desligamento de Mav após apuração interna. Disponível em: https://ge.globo.com/esports/rainbow-6/noticia/r6-liquid-anuncia-desligamento-de-mav-apos-apuracao-interna.ghtml. Acesso em: fev. 2023.

(259) GOH, Chui Ling. *The Social Licence to Operate in Esports:* The Glorification of Violence, Discrimination, and Gaming Addiction in Esports, p. 10-11. Disponível em: https://papers.ssrn.com/sol3/papers.cfm?abstract_id=3814567. Acesso em: fev. 2023.

(260) GE. *LoL:* Biofrost assume ser gay e relata homofobia nos esports. Disponível em: https://ge.globo.com/esports/lol/noticia/2022/05/09/lol-biofrost-assume-ser-gay-e-relata-homofobia-nos-esports.ghtml. Acesso em: fev. 2023.

(261) GE. *Mulheres nos esports:* coletivos e ações que lutam por inclusão. Disponível em: https://ge.globo.com/esports/noticia/mulheres-nos-esports-coletivos-e-acoes-que-lutam-por-inclusao.ghtml. Acesso em: fev. 2023.

(262) GE. *LoL:* Mayumi e INTZ entram em acordo e encerram ações na justiça. Disponível em: https://globoesporte.globo.com/esports/lol/noticia/lol-mayumi-e-intz-entram-em-acordo-e-encerram-acoes-na-justica.ghtml. Acesso em: fev. 2023.

Por conta dessas dificuldades, já se discutiu se os campeonatos femininos seriam uma alternativa para dar maior visibilidade às mulheres que praticam *esports* ou se acabariam por resultar na exclusão delas de outros campeonatos (que são mistos). No entanto, do ponto de vista da comunidade feminina nos esportes eletrônicos, esses campeonatos são importantes, visto que promovem um ambiente mais seguro (sem ofensas pelo fato de as jogadoras serem mulheres) e possibilitam maior desenvolvimento de habilidades.[(263)]

Alternativas que também buscam dar visibilidade e gerar mais oportunidades e profissionalização das mulheres são os coletivos de inclusão e combate à desigualdade de gênero, como: Sakuras *Esports*, Projeto Valkirias, You Go Girls e Rexpeita Elas. Essas iniciativas, por meio de ações, como o impulsionamento digital de jogadoras, treinamento e divulgação de campeonatos femininos, buscam promover as mulheres no cenário dos jogos eletrônicos.[(264)]

O **racismo/injúria racial** é outro tipo de violência que também ocorre nos *esports*. Um episódio recente envolveu o jogador de *Free Fire* da equipe Los Grandes, Victor "El Mito", de apenas 13 anos. Durante suas transmissões no Youtube, o jogador foi vítima de diversos comentários (no chat) que configuram injúria racial.[(265)]

Visando trazer a discussão do racismo para os *esports*, foi fundada a iniciativa Wakanda Streamers. O coletivo, além de propor a discussão sobre o tema, busca a representatividade de diversas esferas da comunidade negra no cenário dos jogos eletrônicos e propõe o compartilhamento de experiências entre os membros.[(266)]

A problemática envolvendo **condições precárias de trabalho** foi associada por Jesus Cisneros à problemática envolvendo as ***gaming houses***. Segundo o autor, embora as *gaming houses* sejam uma configuração interessante para eventualmente aumentar o sucesso do time nas competições, a depender da

---

(263) MACKUS, Evelynn. *Por que as ligas femininas são necessárias nos esports?* Disponível em: https://www.espn.com.br/esports/artigo/_/id/7803037/coluna-da-evelynn-por-que-as-ligas-femininas-sao-necessarias-nos-esports. Acesso em: fev. 2023.

(264) GE. *Mulheres nos esports:* coletivos e ações que lutam por inclusão. Disponível em: https://ge.globo.com/esports/noticia/mulheres-nos-esports-coletivos-e-acoes-que-lutam-por-inclusao.ghtml. Acesso em: fev. 2023.

(265) GE. *Free Fire:* El Mito é alvo de racismo durante live. Disponível em: https://ge.globo.com/esports/blogs/call-do-gb12/post/2021/01/27/free-fire-el-mito-e-alvo-de-racismo-durante-live.ghtml. Acesso em: fev. 2023.

(266) RIGUEIRAS, Siouxsie. *Além dos games e streams:* conheça integrantes da Wakanda Streamers. Disponível em: https://www.uol.com.br/start/ultimas-noticias/2020/11/03/wakanda-streamers-alem-dos-games.htm. Acesso em: fev. 2023.

forma com que são configuradas, elas podem resultar em condições precárias de trabalho e moradia.(267)

O caso brasileiro mais famoso que envolve essa problemática foi o do jogador brasileiro de *Counter-Strike: Global Offensive* (CS:GO), Matheus Queiroz Coelho, conhecido como "brutt", que faleceu em 2019, aos 19 anos, em decorrência de uma infecção no sistema nervoso central.(268) A família ingressou com dois processos(269) no Tribunal Regional do Trabalho da 2ª Região contra a Imperial, time do jogador, para discutir o vínculo empregatício e a indenização por danos morais por conta de sua morte.

Em sua decisão, a juíza reconheceu a existência da relação de emprego, regida pela Lei n. 9.615/1998, e, a respeito da indenização de danos morais, observou que a discussão processual ocorria em torno de verificar o descumprimento do time, decorrente da obrigação do contrato de trabalho, que possa ter colaborado, direta ou indiretamente, para a morte do atleta.

Em relação às *gaming houses*, a juíza destacou que é um novo conceito de ambiente de trabalho que merece atenção, tendo em vista que pressupõe responsabilidades que não são ordinariamente exigidas do empregador. Em relação às normas de saúde, higiene e segurança do trabalho, foram analisadas no processo questões envolvendo alimentação, queda constante de energia no chuveiro e calor excessivo.

No que se refere à alimentação, os problemas mencionados eram devidos à falta de comida pronta, fresca ou para fazer, à dificuldade dos jogadores em preparem a comida (seja pela falta de conhecimento para cozinhar, seja pela rotina de treinos cansativa), ao consequente gasto excessivo com pedidos de comida (arcados pelos jogadores) e à qualidade da comida preparada pela cozinheira (que comparecia três vezes na semana).

Outro ponto mencionado à alimentação foi a questão da falta de cardápio das refeições que permitisse verificar se a comida fornecida era saudável.

No tocante ao banheiro, foi constatado que havia problema no disjuntor do chuveiro, que desarmava após poucos minutos, além de problemas no ralo, que, por estar entupido, causava alagamentos. A situação, portanto, violava o

(267) CISNEROS, Jesus. Leveling the E-Sports Playing Field: An Argument in Favor of Government Regulation to Ensure Fair Player Contracts for Young Professional Gamers in E-Sports. In: *California Western Law Review*, vol. 58, 2022, p. 344. Disponível em: https://scholarlycommons.law.cwsl.edu/cgi/viewcontent.cgi?article=1744&context=cwlr. Acesso em: fev. 2023.

(268) GIMENES, Erick. *Time de e-sports é condenado a indenizar família de gamer morto em R$ 400 mil.* Disponível em: https://www.jota.info/tributos-e-empresas/trabalho/time-de-e-sports-e-condenado-a-indenizar-familia-de-gamer-morto-em-r-400-mil-20072022. Acesso em: fev. 2023.

(269) Processo n. 1000983-89.2020.5.02.0069 e Processo n. 1001207-27.2020.5.02.0069.

previsto na NR-24[270] sobre a obrigatoriedade de os chuveiros serem mantidos em condições de conservação, higiene e limpeza e de disporem de água quente e fria.

O problema envolvendo a falta de ventilação foi reconhecido pelo time, ao mencionar no processo que tentaram instalar aparelhos de ar-condicionado, mas a estrutura da casa não permitia tal instalação por conta da quantidade de carga elétrica. Além disso, ressaltou a juíza que as conversas entre os jogadores, obtidas em um grupo de mensagens, mostravam que os ventiladores não eram efetivos, demonstrando a violação das NR-17[271] e NR-24.

Os três fatores em conjunto consubstanciaram a decisão da juíza de que o time não fornecia um ambiente de trabalho e de residência hígido, seguro e confortável aos jogadores.

Além desses três fatores, um ponto discutido no processo foi o descumprimento da empresa com a obrigação proveniente do art. 45 da Lei n. 9.615/1998 (art. 99, § 6º, III da Lei n. 14.597/23), que dispõe sobre a obrigatoriedade de contratação de seguro de vida e de acidentes pessoais vinculado à atividade desportiva do atleta profissional. Incluiu-se a discussão sobre o descumprimento em arcar com as despesas médico-hospitalares e de medicamentos necessários ao restabelecimento do atleta.

A juíza considerou esse descumprimento tendo em vista que as dores de cabeça apresentadas pelo atleta não poderiam ser descartadas como riscos da profissão de jogador profissional de videogame e, portanto, deveriam estar asseguradas pelo time.

Outro ponto relacionado à temática foi a comprovação de descumprimento da obrigação contratual de assistência médica e psicológica durante os horários em que o atleta estivesse à disposição do time.

Por fim, o time também não cumpriu com as obrigações de realização de exames admissionais e periódicos previstos nos arts. 34, III, e 82-A da Lei n. 9.615/1998.

Diante do cenário, a equipe foi condenada a declarar a existência do vínculo empregatício, mediante salário de R$ 2.000 (dois mil reais), pagar as verbas decorrentes do contrato de trabalho e pagar indenização por danos

(270) BRASIL. *NR-24 – Condições sanitárias e de conforto nos locais de trabalho.* Disponível em: https://www.gov.br/trabalho-e-previdencia/pt-br/composicao/orgaos-especificos/secretaria-de-trabalho/inspecao/seguranca-e-saude-no-trabalho/normas-regulamentadoras/nr-24-atualizada-2022.pdf. Acesso em: fev. 2023.

(271) BRASIL. *NR-17 – Ergonomia.* Disponível em: https://www.gov.br/trabalho-e-previdencia/pt-br/composicao/orgaos-especificos/secretaria-de-trabalho/inspecao/seguranca-e-saude-no-trabalho/normas-regulamentadoras/nr-17-atualizada-2022.pdf. Acesso em: fev. 2023.

morais aos pais e irmãos do jogador (montante de R$ 400.000 – quatrocentos mil reais). O time (Imperial) recorreu da sentença e espera nova decisão.

Ainda em relação às *gaming houses*, é importante destacar que, nas duas entrevistas realizadas com times de *League of Legends*, as equipes optavam por um modelo de organização em *gaming office*. Em uma das entrevistas, inclusive, foi citado que essa escolha ocorreu pela sensação de maior profissionalismo nas atividades realizadas e pela necessidade de separação dos ambientes pessoal e de trabalho.

3.2.5. Problemas relacionados à regulação

O eixo temático regulatório foi o que apresentou a maior quantidade de problemas, tais como: aspectos da privatividade da atividade, classificação jurídica como esporte, discussão sobre o tipo de vínculo jurídico trabalhista, competência para o julgamento de ações, falta de compreensão do ecossistema dos esportes eletrônicos, escassez de pesquisas sobre a temática, financiamento, emergência da indústria e aspectos relacionados à propriedade intelectual.

A problemática envolvendo a **privatividade da atividade** foi identificada no Projeto de Lei n. 2.972/2019,[272] que propõe modificar a Lei n. 9.696/1998, alterando a redação do art. 3º para substituir a frase "Compete ao Profissional de Educação Física" por "São atividades privativas do Profissional de Educação Física". Além disso, propõe inserir um rol de atividades privativas, entre as quais os esportes eletrônicos. A justificativa para a mudança, segundo o autor do projeto, é a necessidade de garantir que a prestação de serviços de treinamento desportivo esteja adstrita a profissionais formados em Educação Física.

Notamos, dentro dessa proposta de regulação, que o esporte eletrônico estaria previsto como prática desportiva. Essa discussão acerca da **classificação jurídica dos *esports* como esporte** foi mapeada na busca bibliográfica e nos projetos de lei e os resultados de ambas as buscas foram apresentados e desenvolvidos no capítulo anterior, que trata especificamente da problemática.

No que concerne ao mapeamento jurisprudencial, a análise realizada acaba abrangendo duas problemáticas em conjunto: a questão da classificação jurídica dos esportes eletrônicos e o tipo de **vínculo jurídico-trabalhista** existente. Dos seis processos analisados na Justiça do Trabalho, cinco discutiam o vínculo trabalhista entre jogadores e times. Em quatro delas, houve

---

(272) BRASIL. *PL 2972/2019*. Disponível em: https://www.camara.leg.br/proposicoesWeb/fichadetramitacao?idProposicao=2203969. Acesso em: fev. 2023.

a procedência do pedido de vínculo com a respectiva anotação em Carteira de Trabalho (CTPS) como atletas profissionais de esportes eletrônicos.[273]

Cabe-nos destacar que, nesses processos analisados, não houve discussões acerca de a atividade ser, ou não, considerada esporte. No entanto, a Justiça do Trabalho (considerando esses processos analisados) não parece rechaçar a possibilidade da caracterização do vínculo como atleta profissional (Lei n. 9.615/1998) para os jogadores profissionais de videogame.

A discussão sobre o vínculo jurídico-trabalhista, porém, é mais ampla. De acordo com Timothy Heggem, muitos jogadores de videogame são contratados como *independent contractors*[274] (autônomos). Cabe-nos ainda destacar que, em alguns estados norte-americanos, para um profissional ser caracterizado como *independent contractor*, é preciso que todos os requisitos do Teste ABC sejam cumpridos: A) o trabalhador é livre de controle pela empresa; B) o trabalho executado está fora do curso normal dos negócios da empresa; C) o trabalhador normalmente opera outro negócio separado da empresa.[275]

Essa discussão sobre a autonomia/subordinação também é encontrada no Brasil. No único processo em que o vínculo empregatício foi julgado improcedente,[276] a juíza considerou que havia autonomia por parte da jogadora profissional de *esport*, identificando que as provas apresentadas (depoimentos) não foram suficientes para comprovar a subordinação e o consequente vínculo empregatício.

Complementarmente a essa questão, também há a problemática relacionada à **competência para o julgamento** das ações envolvendo os jogadores profissionais de videogame, a depender da matéria judicializada.

O número de ações encontradas no mapeamento das bases de dados da Justiça do Trabalho e da Justiça Comum foi semelhante: sendo seis na Justiça do Trabalho e quatro na Justiça Comum. Tal panorama demonstra que, até o momento, nenhum Tribunal possui prevalência nas judicializações envolvendo jogadores de *esports*.

Entre os temas julgados na Justiça do Trabalho, estavam o reconhecimento de vínculo empregatício, a precariedade do local de trabalho, a falta

(273) Processo n. 0101101-81.2019.5.01.0060, Processo n. 1000983-89.2020.5.02.0069, Processo n. 1001082-27.2021.5.02.0715 e Processo n. 0000291-28.2021.5.06.0145.

(274) HEGGEM, Timothy. It's Complicated: Analyzing the Potential for Esports Players Unions. In: *Sports and entertainment law journal*, 2017, p. 447. Disponível em: http://asuselj.org/wp-content/uploads/2017/08/Timothy-Its-complicated.pdf. Acesso em: fev. 2023.

(275) LII. *ABC Test*. Disponível em: https://www.law.cornell.edu/wex/abc_test. Acesso em: fev. 2023.

(276) Processo n. 1001233-30.2021.5.02.0056.

de assistência médica e o pagamento de horas extras. Já na Justiça Comum, os casos envolviam discussão sobre cláusula de eleição de foro, direitos de imagem, inadimplemento contratual, transferência onerosa e trancamento de inquérito policial (caso envolvendo a morte do jogador Matheus Queiroz Coelho).

A questão referente ao pagamento pelo direito de imagem é interessante para ilustrar a questão da competência de julgamento. Conforme entendimento que tem prevalecido no Tribunal Superior do Trabalho (TST), apesar de a parcela não possuir natureza jurídica salarial, a temática pode ser discutida no âmbito trabalhista, caso seja demonstrado o desvirtuamento do contrato de natureza civil.[277]

No entanto, a legislação que confere natureza civil à cláusula de direito de imagem é a Lei Pelé/Lei Geral do Esporte (art. 87-A da Lei n. 9.615/98; art. 85, § 1º da Lei n. 14.597/23), e os esportes eletrônicos ainda não possuem regulação jurídica no Brasil (se são, ou não, um esporte), de modo que se pode discutir se a questão deveria ser analisada pela Justiça do Trabalho ou pela Justiça Comum.

É interessante observarmos que houve processos na Justiça do Trabalho com a discussão acerca de sua competência, onde se alegava que os contratos dos jogadores profissionais possuíam natureza civil e, portanto, não deveriam ser julgados pela justiça especializada. Em todos os casos, contudo, o posicionamento que se firmou foi que a relação existente entre times e jogadores de videogame era uma relação de trabalho.

Outras três problemáticas identificadas no mapeamento possuem conexão entre si, é o caso da questão envolvendo a emergência da indústria dos esportes eletrônicos, a falta de compreensão, por parte da sociedade e dos reguladores, do ecossistema que abrange essa indústria e a escassez de pesquisas sobre o tema.

Para Jackson Wong, a indústria dos esportes eletrônicos é uma **indústria emergente** que vem amadurecendo e evoluindo rapidamente. Como toda indústria nova, os esportes eletrônicos enfrentam discussões acerca de suas formas de organização e do trabalho realizado, discussões próprias de uma indústria que surge com leis que não foram escritas nem pensadas para ela. Para o autor, apesar dessas dificuldades, é possível inspirar-se em outras

(277) TST. *TST considera fraudulento contrato de jogador e reconhece natureza salarial do direito de imagem*. Disponível em: https://www.tst.jus.br/-/tst-considera-fraudulento-contrato-de-jogador-e-reconhece-natureza-salarial-do-direito-de-imagem. Acesso em: fev. 2023.

indústrias, como a dos esportes tradicionais, para pensar em regulações para o cenário dos *esports*.(278)

Mesmo em ordenamentos que possuem uma regulação voltada para os esportes eletrônicos, pode existir **desconhecimento sobre o ecossistema** que envolve essas competições. Segundo Habbine Estelle Kim, embora a França seja um dos primeiros países a desenvolver uma legislação específica para os *esports*, essa legislação ainda possui discrepâncias, não refletindo a realidade prática da atividade. Para a autora, por mais que a lei traga proteções importantes para os trabalhadores, ainda é preciso que pensemos em contratações de curto prazo para competições específicas e na mobilidade e transferência internacional, o que implicaria a necessidade de um regime mais simplificado.(279)

Considerando o contexto brasileiro, quando analisamos os projetos de lei voltados para a regulação dos esportes eletrônicos (PL 3.450/2015, PL 6.210/2016, PL 7.747/2017, PL 8.260/2017, PLS 383/2017, PL 2.972/2019, PL 70/2022 e PL 2.891/2022), conforme visto anteriormente, a maioria propõe o reconhecimento dos esportes eletrônicos como esporte, seja por meio da inclusão de dispositivo ante a Lei n. 9.615/98/Lei n. 14.597/23, seja pela proposição de lei específica.

Entretanto, analisando as justificativas desses projetos de lei, verificamos que, em nenhum deles, há uma contextualização do ecossistema que envolve os esportes eletrônicos, do papel das desenvolvedoras dos jogos nesse ecossistema ou das variadas estratégias regulatórias adotadas por essas desenvolvedoras no que diz respeito ao cenário competitivo. É possível que essa falta de contextualização do ecossistema nas justificativas dos projetos indique o desconhecimento dos legisladores, o que pode ocasionar na aprovação de legislações que estejam desconectadas da realidade.

Outra problemática que explica o desconhecimento desse ecossistema e decorre do fato de os esportes eletrônicos serem um fenômeno muito novo é a **pouca quantidade de pesquisas** sobre a temática. Segundo John Holden e Thomas A. Baker III, a pouca produção acadêmica acerca da governança e regulação dos *esports* é problemática, porque ainda não se construiu nenhuma orientação persuasiva da literatura em termos de condições de trabalho dos

---

(278) WONG, Jackson. More Than Just a Game: The Labor and Employment Issues Within Esports. In: *UNLV Gaming Law Journal*, vol. 11, 2020, p. 150. Disponível em: https://scholars.law.unlv.edu/glj/vol11/iss1/5/. Acesso em: fev. 2023.

(279) KIM, Habbine Estelle. *A Rescue Project:* The French Esports Fixed-Term Employment Contract. p. 5-7. Disponível em: https://papers.ssrn.com/sol3/papers.cfm?abstract_id=4125169. Acesso em: fev. 2023.

jogadores profissionais de videogame, por exemplo,[280] o que impacta as iniciativas regulatórias.

Quando analisamos o levantamento bibliográfico realizado para esta pesquisa, identificamos que apenas um dos textos tratava do contexto brasileiro dos esportes eletrônicos, o que demonstra que a temática ainda está pouco desenvolvida no país.[281]

A questão do **financiamento** do cenário dos esportes eletrônicos foi identificada no PL 2891/2022, que propõe o aprimoramento do financiamento público dos esportes brasileiros. Esse projeto de lei, como visto anteriormente, pretende criar a Confederação Brasileira de Desportos Eletrônicos (CBDEL), incluindo tal confederação no Sistema Nacional do Desporto. Além da criação da confederação, o projeto prevê a modificação da Lei n. 13.756/2018 para constar que 0,44% do produto da arrecadação da loteria de prognósticos numéricos será repassado para a CBDEL.[282]

Tal projeto, no entanto, não menciona as particularidades de organização dos esportes eletrônicos nem a maneira como seria estabelecida essa confederação, de forma a levar em conta a propriedade intelectual das desenvolvedoras dos jogos.

John Holden e Thomas A. Baker III destacam que a principal diferença lucrativa dos *esports*, quando comparado com os esportes tradicionais, é que eles têm dono. Os criadores dos jogos eletrônicos possuem um controle, proveniente de sua **propriedade intelectual**, que possibilita, por exemplo, que eles proíbam determinadas organizações de realizar competições envolvendo seu jogo.[283] Complementa Quinn A. Stigers que os esportes eletrônicos são regidos por direito de propriedade e direito contratual, enquanto, nos esportes tradicionais, se encontram estruturas regulamentadoras, como as federações e confederações.[284]

---

(280) HOLDEN, John; BAKER III, Thomas A. The Econtractor: Defining the Esports Employment Relationship. In: *American Business Law Journal*, vol. 56, n. 2, Summer 2019, p. 394-395. Disponível em: https://heinonline.org/HOL/P?h=hein.journals/ambuslj56&i=392. Acesso em: fev. 2023.

(281) Cabe-nos mencionar que é possível encontrar diversos textos brasileiros que trazem a perspectiva de profissionais jurídicos que atuam na área, no entanto, quando consideramos as bases científicas SSRN, Jstor, Lexis Nexis, HeinOnline, Scopus, Scielo, além do repositório da biblioteca da Universidade de São Paulo (USP), esses textos ficaram fora do escopo.

(282) BRASIL. *PL 2891/2022*. Disponível em: https://www.camara.leg.br/proposicoesWeb/fichadetramitacao?idProposicao=2340373. Acesso em: fev. 2023.

(283) HOLDEN, John; BAKER III, Thomas A. The Econtractor: Defining the Esports Employment Relationship. In: *American Business Law Journal*, vol. 56, n. 2, Summer 2019, p. 410. Disponível em: https://heinonline.org/HOL/P?h=hein.journals/ambuslj56&i=392. Acesso em: fev. 2023.

(284) STIGERS, Quinn A. Legal and Practical Barriers to the Viability of Traditional Esports Titles as Olympic Medaling Sports. In: *Marquette Sports Law Review*, 2021, p. 336 Disponível em: https://scholarship.law.marquette.edu/cgi/viewcontent.cgi?article=1819&context=sportslaw. Acesso em: fev. 2023.

As desenvolvedoras também possuem o poder, proveniente da propriedade industrial, de determinar regramentos para as equipes, estabelecendo requisitos mínimos sobre a idade mínima para os jogadores poderem competir, documentos obrigatórios, vinculação necessária entre o time e o jogador, conforme visto anteriormente, quando falamos dos regulamentos tanto do Campeonato Brasileiro de *League of Legends* (CBLoL) quanto do Campeonato Brasileiro de *Counter-Strike* (CBCS). Na liga americana de *League of Legends*, a Riot estabelece até mesmo um valor mínimo de remuneração a ser pago pelo time ao jogador profissional.(285)

Devemos lembrar, porém, que nem todas as desenvolvedoras optam por estabelecer regramentos aos times que participam das competições. O nível de regramento estabelecido pelas desenvolvedoras está relacionado à estratégia de regulação, visto no primeiro capítulo, de modo que existem desenvolvedoras que optam por não estabelecer nenhum regramento (estratégia de ignorar — modelo aberto) e outras que optam pela exclusividade de organização de competições e de estabelecimento de regramentos (estratégia de super-regular — modelo fechado).

Independentemente da estratégia regulatória adotada pelas desenvolvedoras, a propriedade intelectual é um fator que não pode ser deixado de fora, ao pensar em possíveis regulações sobre a temática. Tal ponto, entretanto, não apareceu em nenhuma das justificativas dos projetos de lei que estão em tramitação no Congresso Nacional.

3.2.6. Problemas relacionados à representação

Estão inscridas no bojo das problemáticas relacionadas à representação dos jogadores as questões referentes à organização de associações e dificuldades para a sindicalização.

Como exemplo de **associações de jogadores**, podemos mencionar a *North American League Championship Series (NALCS) Players' Association*, uma associação de jogadores norte-americanos de *League of Legends* que foi criada pela desenvolvedora do jogo, a Riot.(286) A ideia, segundo a desenvolvedora, é conferir à associação a possibilidade de participar das decisões

(285) HEGGEM, Timothy. It's Complicated: Analyzing the Potential for Esports Players Unions. In: *Sports and entertainment law journal*, 2017, p. 456. Disponível em: http://asuselj.org/wp-content/uploads/2017/08/Timothy-Its-complicated.pdf. Acesso em: fev. 2023.

(286) ESPN. *Riot's players' association lays groundwork for unionization*. Disponível em: https://www.espn.com/esports/story/_/id/19617991/riot-players-association-lays-groundwork-unionization. Acesso em: fev. 2023.

da liga, além de permitir que os jogadores profissionais tenham acesso a advogados, consultores financeiros e agentes.(287)

Outra associação bastante conhecida e fundada por jogadores profissionais é a *Counter-Strike Professional Players Association* (CSPPA). A associação global foi criada em 2018 e atua em negociações e representações coletivas, assistência contratual, aconselhamento jurídico, programas de saúde mental, conscientização sobre apostas/jogos de azar, discussões sobre intervalos entre torneios, padrões mínimos em eventos de *Counter-Strike: Global Offensive* (CS:GO) e padrões mínimos para a contratação de jogadores.(288)

Jehnytssa Zetino observa que, embora a criação dessas organizações pareça uma evolução, no intuito de conferir mais voz aos jogadores, elas não se caracterizam como um sindicato na legislação norte-americana; portanto, as desenvolvedoras não são obrigadas a negociar e conferir direitos aos jogadores profissionais. Além disso, complementa a autora, que, enquanto não houver um entendimento de que os jogadores profissionais de videogame são empregados e não *independent contractors*, essas associações não poderão ser consideradas como sindicatos, conforme disposto pela *National Labor Relations Act* (NLRA),(289) não podendo, por conseguinte, negociar coletivamente.(290)

No Brasil, o vínculo jurídico-trabalhista entre time e jogador (empregado/autônomo) não configura esse óbice identificado acima, já que, conforme disposto no art. 511 da CLT, os trabalhadores, por conta própria, podem constituir associações para fins de estudo, defesa e coordenação de interesses profissionais e, desde que respeitados os critérios da unicidade sindical (art. 8º, II, Constituição Federal), tais organizações podem ser reconhecidas como sindicatos.

Segundo Roshan Patel, o processo de **sindicalização** nos esportes eletrônicos seria diverso do que ocorre nos outros esportes, porque tais entidades

---

(287) ESPN. *Riot releases details on NA LCS franchising with $10m flat-fee buy-in.* Disponível em: https://www.espn.com/esports/story/_/id/19511222/riot-releases-details-na-lcs-franchising-10m-flat-fee-buy-in. Acesso em: fev. 2023.

(288) CSPPA. *CSPPA services.* Disponível em: https://www.csppa.gg/services. Acesso em: fev. 2023.

(289) ZETINO, Jehnytssa. Out of Their League: An Antitrust Analysis of Esports Players Associations and Attempts at Unionization. In: *Hous. L. Rev.*, vol. 58, 2021, p. 786-787. Disponível em: https://houstonlawreview.org/article/19367-out-of-their-league-an-antitrust-analysis-of-esports-players-associations-and-attempts-at-unionization. Acesso em: fev. 2023.

(290) CRIPE, Chase. TFUE v. FaZe Clan and Newly Created Players Associations: What Has Happened and How Will It Impact the Future of Esports? In: *Marquette Sports Law Review*, vol. 31, 2020, p. 152. Disponível em: https://scholarship.law.marquette.edu/cgi/viewcontent.cgi?article=1790&context=sportslaw. Acesso em: fev. 2023.

precisariam negociar tanto com os times quanto com as desenvolvedoras dos jogos. Além disso, o autor destaca duas dificuldades para a formação de sindicatos específicos para cada jogo: o fluxo intenso de surgimento de novos jogos e jogadores e o caráter mutável do jogo/título.[291]

A primeira dessas dificuldades relaciona-se ao fato de que os jogos que hoje estão em alta não necessariamente serão os mesmos daqui a dez anos, porque a indústria tem um fluxo intenso com o surgimento de novos jogos e atualizações. Por conta desse fluxo, muitas vezes, um jogador migra de um jogo para o outro, a depender da lucratividade e popularidade do título, além disso, novos jogadores vão surgindo no mercado. Com esse fluxo contínuo e o fato de as carreiras dos jogadores de videogame serem curtas, é difícil que esses profissionais optem por dedicar parte do tempo à formação e organização de uma entidade sindical.[292]

A segunda dificuldade, que se relaciona com a primeira, provém da falta de expectativa de continuidade do jogo. Como as desenvolvedoras possuem a propriedade intelectual, elas podem decidir, a qualquer momento, extinguir um jogo e, por consequência, esvaziar a atuação de entidade sindical, visto que não existirá negociação coletiva se não houver o jogo. Essa situação, segundo o autor, pode desestimular o processo de mobilização em torno da criação de sindicatos.[293]

Para Timothy Heggem, essa possibilidade de formação de sindicatos considerando os jogos traz ainda outro problema relacionado ao fato de as equipes possuírem times para várias modalidades competitivas. No caso de haver um sindicato para cada jogo, as equipes precisariam negociar com diversas entidades sindicais, o que geraria um custo muito alto e talvez proibitivo.[294]

Roshan Patel, considerando essas dificuldades, cita a possibilidade de pensar na formação de um sindicato amplo que envolvesse diversos tipos de jogos. No entanto, conforme apresenta o próprio autor, esse cenário também traria dificuldades, tendo em vista que as realidades dos cenários competitivos

---

(291) PATEL, Roshan. Esports, Player Positions, and the Benefits of Unionization. In: *Duke Law & Technology Review*, 2020, p. 244. Disponível em: https://scholarship.law.duke.edu/dltr/vol18/iss1/18/. Acesso em: fev. 2023.

(292) PATEL, Roshan. Esports, Player Positions, and the Benefits of Unionization. In: *Duke Law & Technology Review*, 2020, p. 244-245. Disponível em: https://scholarship.law.duke.edu/dltr/vol18/iss1/18/. Acesso em: fev. 2023.

(293) *Ibidem*, p. 245-246.

(294) HEGGEM, Timothy. It's Complicated: Analyzing the Potential for Esports Players Unions. In: *Sports and entertainment law journal*, 2017, p. 454. Disponível em: http://asuselj.org/wp-content/uploads/2017/08/Timothy-Its-complicated.pdf. Acesso em: fev. 2023.

são muito distintas entre si.[295] Para Timothy Heggem, embora tal organização sindical seja, em teoria, mais poderosa, essas diferenças podem inviabilizar a constituição de um interesse comum para negociar coletivamente.[296]

As discussões, portanto, acerca da sindicalização no Brasil devem considerar essa questão de organização sindical, se ampla ou restrita aos jogos, observando as dificuldades que decorrem de cada uma dessas estratégias de constituição.

3.2.7. Problemas relacionados à saúde

Por fim, no eixo temático relacionado à saúde dos jogadores profissionais de videogame, foram encontradas as seguintes problemáticas: assistência médica, *doping*, jornada de trabalho excessiva, lesões musculoesqueléticas, saúde mental e transtorno de jogo (dependência).

A discussão envolvendo falta de fornecimento de **assistência relacionada a questões de saúde** foi identificada nos processos trabalhistas,[297] já descritos acima, envolvendo a morte do jogador brasileiro de *Counter-Strike: Global Offensive* (CS:GO), Matheus Queiroz Coelho ("brutt"). No processo, a juíza condenou o time pelo descumprimento na contratação de seguro de vida e de acidentes pessoais (art. 45 da Lei n. 9.615/1998), por não ter arcado com as despesas médico-hospitalares e de medicamentos do jogador e por deixar faltar assistência médica e psicológica durante a jornada de trabalho do jogador, considerando que Matheus havia reclamado de fortes dores de cabeça e o time se eximiu de prestar socorro adequado.

Assim como nos esportes tradicionais, o ***doping*** também é uma preocupação nos esportes eletrônicos. Segundo Jamie Hwang, diferentemente dos esportes tradicionais, o *doping* nos *esports* divide-se em duas categorias: *doping* tradicional e *e-doping* (ou *doping* digital/*doping* mecânico).[298]

O *doping* tradicional ocorre quando os jogadores consomem drogas para aumentar o desempenho. As substâncias mais usadas nos esportes eletrônicos são nootrópicos (ou *smart drugs*), drogas que aumentam a função cognitiva,

---

(295) PATEL, Roshan. Esports, Player Positions, and the Benefits of Unionization. In: *Duke Law & Technology Review*, 2020, p. 246. Disponível em: https://scholarship.law.duke.edu/dltr/vol18/iss1/18/. Acesso em: fev. 2023.

(296) HEGGEM, Timothy. It's Complicated: Analyzing the Potential for Esports Players Unions. In: *Sports and entertainment law journal*, 2017, p. 454. Disponível em: http://asuselj.org/wp-content/uploads/2017/08/Timothy-Its-complicated.pdf. Acesso em: fev. 2023.

(297) Processo n. 1000983-89.2020.5.02.0069 e Processo n. 1001207-27.2020.5.02.0069.

(298) HWANG, Jamie. Cheating in E-Sports: A Proposal to Regulate the Growing Problem of E-Doping. In: *Northwestern University Law Review*, vol. 116, n. 5, 2022, p. 1.296. Disponível em: https://scholarlycommons.law.northwestern.edu/nulr/vol116/iss5/3/. Acesso em: fev. 2023.

melhorando o foco, a atenção e a memória: como o Adderall e a Ritalina. Oluwatamilore Fashina destaca que é comum pensar no *doping* como uso de substâncias para melhorar o desempenho físico, mas que, nos *esports*, estamos falando de drogas para o aumento do desempenho mental.(299)

Essa difusão no uso de nootrópicos, que não ocorre somente no cenário dos esportes eletrônicos, gera preocupação, tendo em vista que são substâncias que podem gerar dependência e, em uso contínuo, causar problemas cardiovasculares e transtornos mentais.(300)

Em 2015, aconteceu um caso famoso no cenário dos esportes eletrônicos envolvendo *doping*. O jogador profissional de *Counter-Strike: Global Offensive* (CS:GO), Kory "SEMPHIS" Friesen, revelou que era comum o uso de medicamentos para aumentar a concentração (Adderall) na equipe em que jogava (Cloud9).(301) Após esse acontecimento, a *Electronic Sports League* (ESL), organizadora de campeonatos de CS:GO, *Defense of the Ancients 2* (DOTA 2) e *StarCraft 2*, em conjunto com a *Esports Integrity Coalition* (ESIC), começou a realizar testes de drogas em todos os seus campeonatos.(302)

Assim, desde fevereiro de 2016, os campeonatos organizados pela ESL seguem a política de *antidoping* da ESIC, que estipula medidas quanto a: (a) meios eficazes para dissuadir a prática de *doping*; (b) lista com as substâncias proibidas; (c) mecanismo de aprovação de uso de substâncias proibidas, em caso de tratamento terapêutico comprovado; (d) processo disciplinar em caso de verificação de *doping*.(303) Entre as substâncias proibidas, estão dextroanfetamina (Adderall), metilfenidato (Ritalina) e sertralina.(304)

---

(299) FASHINA, Oluwatamilore. Doping in Esports: How and to What Extent can we Look to WADA for Guidance. In: *Sports Law J.*, vol. 28, 2021, p. 30. Disponível em: https://papers.ssrn.com/sol3/papers.cfm?abstract_id=4097001. Acesso em: fev. 2023.

(300) CASTRO, Bruno; BRANDÃO, Elaine Reis. Aprimoramento cognitivo e uso de substâncias: um estudo em torno da divulgação midiática brasileira sobre "smart drugs" e nootrópicos. In: *Teoria e Cultura – Revista de Pós-graduação em Ciências Sociais da UFJF*, vol. 15, n. 2, 2020, p. 68. Disponível em: https://periodicos.ufjf.br/index.php/TeoriaeCultura/article/view/29336. Acesso em: fev. 2023.

(301) JOVEM NERD. *Jogador revela doping nos e-Sports*. Disponível em: https://jovemnerd.com.br/nerdbunker/jogador-revela-doping-nos-e-sports/. Acesso em: fev. 2023.

(302) HAMSTEAD, Coleman. *'Nobody talks about it because everyone is on it':* Adderall presents esports with an enigma. Disponível em: https://www.washingtonpost.com/video-games/esports/2020/02/13/esports-adderall-drugs/. Acesso em: fev. 2023.

(303) ESIC. *Anti-doping code*. Disponível em: https://esic.gg/codes/anti-doping-code/. Acesso em: fev. 2023.

(304) ESIC. *ESIC prohibit list*. Disponível em: https://esic.gg/codes/esic-prohibited-list/. Acesso em: fev. 2023.

No que diz respeito ao contexto brasileiro, algumas notícias já chegaram a veicular que a Riot, desenvolvedora do *League of Legends*, chegou a estudar a viabilidade de implementação de testes *antidoping* no campeonato brasileiro; no entanto, até o momento, não houve nenhuma informação sobre essa implementação. No regulamento do Campeonato Brasileiro de *League of Legends* (CBLoL), não há nenhuma previsão explícita sobre *doping* entre as atitudes consideradas como comportamento não profissional (item 10.2), contudo, a depender do entendimento da organização da competição, tal atitude poderia enquadrar-se nas condutas tidas como torpeza moral.(305)

Já no regulamento do Campeonato Brasileiro de *Counter-Strike* Elite (CBCS), é expressa a proibição de consumo de álcool ou outras drogas lícitas ou ilícitas no âmbito do evento (item 4.4.1), cabendo ao Comitê Executivo do Evento aplicar as devidas punições. No entanto, assim como no Campeonato Brasileiro de *League of Legends* (CBLoL), não há nenhuma previsão acerca de realização de testes *antidoping*.(306)

Outro tipo de *doping* encontrado nos esportes eletrônicos é o *e-doping* (ou *doping* digital/*doping* mecânico), que consiste no uso de *softwares* que permitem o jogador hackear o jogo e, assim, possuir vantagem sobre os adversários (auxílio na mira, enxergar através da fumaça...).(307) Como os *esports* não possuem uma entidade centralizada como nos esportes tradicionais, as desenvolvedoras e as organizadoras de torneios têm buscado implementar regras para prevenir e punir o *e-doping*.(308)

No caso do Campeonato Brasileiro de *League of Legends* (CBLoL), o regulamento prevê a proibição de uso de programas de computadores que possam prover assistência durante uma partida (item 5.7), além de incluir, entre as condutas consideradas desonestas, o *hacking*(309) e o uso de programas de trapaça (itens 10.1.1.3 e 10.1.17, respectivamente). As punições para as

(305) RIOT. *Regulamento temporada de 2022:* Campeonato Brasileiro & Campeonato Brasileiro Academy. Disponível em: https://assets.contentstack.io/v3/assets/bltad9188aa9a70543a/blt5f029dff8cb11e55/61d882778aabbf6426b751ba/CBLOL_-_Regulamento_Oficial_[1.1].pdf. Acesso em: fev. 2023.

(306) LIQUIPEDIA. *Circuito CBCS 2022.* Disponível em: https://liquipedia.net/commons/images/f/fd/CBCS_2022_Rulebook.pdf. Acesso em: fev. 2023.

(307) HWANG, Jamie. Cheating in E-Sports: A Proposal to Regulate the Growing Problem of E-Doping. In: *Northwestern University Law Review*, vol. 116, n. 5, 2022, p. 1296. Disponível em: https://scholarlycommons.law.northwestern.edu/nulr/vol116/iss5/3/. Acesso em: fev. 2023.

(308) *Ibid.*, p. 1299.

(309) Definido pelo regulamento como "qualquer alteração ou modificação feita no cliente do *League of Legends* por jogador, time, ou qualquer pessoa que tenha agido em nome de um jogador ou time".

condutas são estabelecidas pelos Oficiais da Temporada e podem ir desde advertências verbais até a desclassificação da equipe.(310)

Já o Campeonato Brasileiro de *Counter-Strike* Elite (CBCS) prevê, em seu regulamento, um item específico (item 4.6) para tratar de trapaças (*cheating*) onde enumera alguns programas proibidos (*multihacks*, *wallhack*, *aimbot*, modelos coloridos, alterações sem recuo, sem flash e de som) e estipula que o abuso de informação também se insere na categoria de trapaça. O regulamento também prevê que a punição para o *cheating* é a anulação do resultado das partidas, a desclassificação da equipe, a perda da premiação e o banimento do jogador de todas as competições organizadas pela Global Legends Esportes Eletrônicos Ltda. por um período de 9.999 dias (condição que pode ser atenuada ou agravada, a depender da situação).(311)

Da análise das disposições desses dois regulamentos, percebemos que há maior preocupação das organizações nas especificações acerca de práticas de *e-doping* e de sua consequente punição. As disposições acerca do *doping* tradicional, que pode gerar consequências à saúde dos jogadores, foram mais vagas, e em nenhum dos regulamentos o termo "*doping*" é efetivamente citado. No caso do Campeonato Brasileiro de *Counter-Strike* Elite (CBCS), ainda há a previsão de proibição de consumo de drogas lícitas e ilícitas, enquanto, no Campeonato Brasileiro de *League of Legends* (CBLoL), não há nenhuma menção, ficando restrito ao entendimento da organização da competição eventual enquadramento como conduta de torpeza moral.

Outra problemática muito citada pela bibliografia envolve a questão da **jornada de trabalho excessiva** dos jogadores profissionais de videogame. Matthew McCarthy,(312) Brandon I. Weinreb,(313) Achint Johri,(314)

---

(310) RIOT. *Regulamento temporada de 2022:* Campeonato Brasileiro & Campeonato Brasileiro Academy. Disponível em: https://assets.contentstack.io/v3/assets/bltad9188aa9a70543a/blt5f029dff8cb11e55/61d882778aabbf6426b751ba/CBLOL_-_Regulamento_Oficial_[1.1].pdf. Acesso em: fev. 2023.

(311) LIQUIPEDIA. *Circuito CBCS 2022*. Disponível em: https://liquipedia.net/commons/images/f/fd/CBCS_2022_Rulebook.pdf. Acesso em: fev. 2023.

(312) MCCARTHY, Matthew. Balancing Esports: Protecting the next Generation's Superstars. *The Free Library*, 2022, p. 469. Disponível em: https://www.thefreelibrary.com/BALANCING+ESPORTS%3A+PROTECTING+THE+NEXT+GENERATION%27S+SUPERSTARS.-a0706498434. Acesso em: fev. 2023.

(313) WEINREB, Brandon I. Esports and Harassment: Analyzing Player Protections in a Hostile Work Environment. In: *California Western Law Review*, vol. 57, 2021, p. 488. Disponível em: https://scholarlycommons.law.cwsl.edu/cgi/viewcontent.cgi?article=1732&context=cwlr. Acesso em: fev. 2023.

(314) JOHRI, Achint. Cashing in on the Esports Phenomenon: Increasing Awareness on Ethical Issues and Governance Challenges. *J. FOR SPORTS L. POL'Y & Gov*, vol. 41, 2020, p. 46. Disponível em: https://heinonline.org/HOL/LandingPage?handle=hein.journals/jslpg2&div=8&id=&page=. Acesso em: fev. 2023.

Roshan Patel,(315) Eric Windholz,(316) John Holden e Thomas A. Baker III(317) identificaram que as horas excessivas de treinamento é uma realidade bastante presente no cenário de *esports*. De acordo com Katherine E. Hollist, alguns jogadores podem chegar a treinar 14 horas por dia, incluindo as partidas contra outras equipes que disputam as mesmas competições (cerca de oito horas por dia), o tempo de exercícios/estratégias e o tempo de *streaming*. A autora ainda observa que jogadores que buscam ingressar no cenário profissional podem ter uma jornada ainda mais longa.(318)

Em um dos processos trabalhistas mapeados, houve a discussão acerca de pagamento de horas extras, com a condenação do time, tendo em vista a configuração de revelia.(319) O jogador profissional trabalhava de segunda a sexta-feira, das 9 horas às 18 horas (com uma hora de intervalo), no entanto, cumpria três horas extras durante quatro vezes na semana e, por duas vezes, aos domingos. Assim, por quatro vezes na semana, o jogador tinha uma jornada de trabalho de 11 horas, o que exemplifica a jornada excessiva mencionada pela bibliografia.

Nas duas entrevistas realizadas com times de *League of Legends*, foi perguntado acerca da rotina de trabalho dos jogadores profissionais. Um dos entrevistados relatou que os jogadores iniciam a jornada de trabalho por volta das 13 horas, realizando amistosos com times do Brasil e da América Latina, treinamento solo e, após esses treinamentos, têm um momento destinado a revisões dos pontos positivos e negativos do treino (tais momentos de revisão são sempre acompanhados pelo psicólogo do time). O time ainda relatou que os treinamentos tendem a finalizar por volta da meia-noite ou 1 hora da manhã, ou seja, se se considerar um intervalo de uma hora ou duas horas (não houve menção do tempo de intervalo), está-se falando de uma jornada de trabalho entre 9 e 11 horas.

---

(315) PATEL, Roshan. Esports, Player Positions, and the Benefits of Unionization. In: *Duke Law & Technology Review*, 2020, p. 241. Disponível em: https://scholarship.law.duke.edu/dltr/vol18/iss1/18/. Acesso em: fev. 2023.

(316) WINDHOLZ, Eric. Governing Esports: Public Policy, Regulation and the Law. In: *Sports Law e Journal*, 2020, p. 26. Disponível em: https://papers.ssrn.com/sol3/papers.cfm?abstract_id=3622662. Acesso em: fev. 2023.

(317) HOLDEN, John; BAKER III, Thomas A. The Econtractor: Defining the Esports Employment Relationship. In: *American Business Law Journal*, vol. 56, no. 2, Summer 2019, p. 414-415. Disponível em: https://heinonline.org/HOL/P?h=hein.journals/ambuslj56&i=392. Acesso em: jan. 2023.

(318) HOLLIST, Katherine E. Time to be grown-ups about video gaming: the rising esports industry and the need for regulation. In: *Arizona Law Review*, vol. 57, n. 3, 2015, p. 833. Disponível em: https://arizonalawreview.org/time-to-be-grown-ups-about-video-gaming-the-rising-esports-industry-and-the-need-for-regulation/. Acesso em: fev. 2023.

(319) Processo n. 1001082-27.2021.5.02.0715 (TRT-2).

O time ainda relatou que os jogadores atuam em dois jogos por semana, ou seja, treinam em quatro dias e jogam em outros dois dias, possuindo um dia livre.

Da mesma forma, os jogadores do outro time entrevistado também treinam quatro dias por semana, jogam outros dois dias e tem uma folga semanal. Sobre a rotina de treinos, o time respondeu que os atletas se apresentam no escritório (*gaming office*) às 12 horas, iniciam o treinamento às 14 horas e encerram a jornada entre 19 horas e 20 horas. No entanto, o time ressaltou que os jogadores também treinam por conta própria, de modo que não foi possível estipular, nesse caso, qual seria o tempo de jornada.

Podemos destacar nas situações relatadas acima que ambos os times afirmaram firmar contrato com seus jogadores aos moldes da Lei n. 9.615/1998 – Lei Pelé. Acerca da duração semanal do trabalho, a Lei Pelé estipula, em seu art. 28, § 4º, VI, que tal duração deve ser de 44 horas semanais. A lei, no entanto, silencia sobre a jornada de trabalho.

Como se aplicam aos contratos firmados sob a regência da Lei n. 9.615/1998 as disposições gerais trabalhistas que não interferem na especificidade da atividade, o limite constitucional previsto no art. 7º, XIII, deve ser aplicado de modo que a jornada de trabalho dos jogadores não deve ser superior a oito horas, facultada a compensação de horários.(320)

Com isso, duas questões importantes surgem: pagamento de horas extras e adicional noturno. Acerca das horas extras, preleciona Domingos Sávio Zainaghi, ao analisar as particularidades do contrato de trabalho do jogador de futebol, que deve ser aplicado o disposto no art. 59 da CLT. Assim, a jornada de trabalho do atleta profissional pode ser acrescida por, no máximo, duas horas extras, desde que, por acordo individual, convenção coletiva ou acordo coletivo de trabalho, a remuneração da hora extra deva ser, pelo menos, 50% superior à hora normal, exceto se houver compensação de jornada, desde que não seja ultrapassado o limite máximo de dez horas diárias.(321)

No caso dos jogadores profissionais de videogame, há a possibilidade de acréscimo de, no máximo, duas horas extras, já que a Consolidação das Leis do Trabalho (CLT) autoriza que esse acréscimo seja feito por meio de acordo individual. Quanto à compensação de jornada, a única possibilidade é que esta ocorra no prazo máximo de seis meses (art. 59, § 5º, CLT), tendo em vista que não existe sindicato no cenário de *esports*.

---

(320) ZAINAGHI, Domingos Sávio. *Os atletas profissionais de futebol no direito do trabalho*. 4. ed. São Paulo: LTr, 2020. p. 81-82.

(321) *Ibidem*, p. 93.

Em relação ao adicional noturno, a questão é controvertida. Como o Tribunal Superior do Trabalho (TST) ainda não se manifestou sobre a temática,(322) podemos encontrar entendimentos nos dois sentidos. A título de exemplo, separamos as duas decisões abaixo:

> ATLETA PROFISSIONAL DE FUTEBOL. ADICIONAL NOTURNO. Em razão das peculiaridades do contrato de trabalho de atleta profissional de futebol, penso que não lhe são aplicáveis as regras celetistas relativas ao adicional noturno, em face da especificidade da atividade desportiva. Recurso a que se nega provimento, no particular. (TRT – 6 – RO: 00156005020095060003, Data de Julgamento: 10.05.2011, Segunda Turma)

> ATLETA PROFISSIONAL. CONTRATO POSTERIOR À LEI N. 12.395/11. DIREITO AO ADICIONAL NOTURNO. Apesar da previsão da Lei n. 9.615/98 de que devem ser respeitadas as peculiaridades da atividade do atleta profissional, isso não inclui a exclusão da remuneração superior para trabalho noturno, pois trata de direito constitucionalmente protegido a todo trabalhador urbano, nos termos do artigo 7°, IX, da CRFB/88. (TRT – 1 RO: 01013884520175010050 RJ, relator: Claudio Jose Montesso, Data do Julgamento: 02.06.2021, Segunda Turma, Data de Publicação: 1º.07.2021)

Os autores que entendem que o adicional noturno não deve ser aplicado aos atletas profissionais (geralmente as análises focam os jogadores de futebol) argumentam que o pagamento do adicional não é previsto na Lei n. 9.615/1998 e a atividade realizada é *sui generis*.(323) Também argumentam que os horários dos jogos (futebol) são estabelecidos para que outros trabalhadores possam acompanhar, sendo uma atividade pouco realizada após as 22 horas (trabalho noturno). Outro ponto mencionado é que a Lei n. 9.615/1998 prevê figuras de acréscimos remuneratórios (art. 28, § 4º, III) e o adicional noturno, portanto, já estaria abarcado, desde que previsto contratualmente.(324)

Apesar de a atividade do atleta ser *sui generis*, a própria Lei n. 9.615/1998 dispôs sobre a aplicação das normas gerais trabalhistas que não interfiram na

---

(322) UOL. *Adicional noturno para atletas precisa de mais casos para gerar jurisprudência.* Disponível em: https://www.uol.com.br/esporte/colunas/lei-em-campo/2020/05/08/adicional-noturno-a-atletas-precisa-de-mais-casos-para-gerar-jurisprudencia.htm. Acesso em: fev. 2023.

(323) ZAINAGHI, Domingos Sávio. *Os atletas profissionais de futebol no direito do trabalho.* 4. ed. São Paulo: LTr, 2020. p. 93.

(324) UOL. *Justiça de SP garante adicional noturno para jogador:* Ele tem direito? Disponível em: https://www.uol.com.br/esporte/colunas/lei-em-campo/2021/10/18/justica-reconhece-direito-a-adicional-noturno-para-jogador-ele-tem-direito.htm. Acesso em: fev. 2023.

especificidade da atividade (art. 28, § 4º). O adicional noturno possui previsão constitucional (art. 7º, IX), não parecendo que a inerência do trabalho noturno do atleta profissional seja suficiente para afastar a incidência do disposto constitucional, ainda que tal trabalho seja realizado por pouco tempo no período noturno (após as 22 horas).

Além disso, quando transplantamos a discussão do campo futebolístico para os esportes eletrônicos, percebemos que, neste último campo, a discussão sobre o pagamento de adicional noturno não ocorre considerando apenas eventuais competições/partidas, mas treinamentos frequentes em horário noturno, conforme identificado nas entrevistas.

Assim, o entendimento de deixar a cargo de previsão contratual o pagamento de adicional noturno (art. 28, § 4º, III, Lei n. 9.615/1998) parece pôr em risco não só a efetivação do direito de remuneração do trabalho noturno superior ao diurno (art. 7º, IX, CF), senão o mandamento constitucional acerca da redução dos riscos inerentes ao trabalho (art. 7º, XXII, CF).

Cabe destacar que a Lei Geral do Esporte prevê o recebimento de adicional noturno para os atletas de futebol que competirem em horário noturno. No entanto, a lei estabelece que se considera atividade noturna a realizada entre as 23h59 de um dia e as 6h59 do dia seguinte, trazendo parâmetros distintos daqueles estabelecidos pelo art. 73 da CLT. Ademais, a lei apenas dispõe sobre adicional noturno para competições e não para treinos em horário noturno. Não nos parece razoável, no entanto, compreender que apenas as competições estariam abarcadas por tal direito, na medida que o que se pretende garantir com o pagamento de tal adicional é a efetivação do art. 7º, IX da Constituição Federal.

Acerca dos riscos inerentes ao trabalho dos jogadores de videogame, pontua Marios Papaloukas que o excesso de treinamento pode gerar sérios problemas no que diz respeito à dependência psicológica.(325) Considerando essa problemática, em 2018, a Organização Mundial da Saúde (OMS) inseriu como transtorno mental na Classificação Internacional de Doenças (CID-11), que não era atualizada desde 1990, o **transtorno de jogo** (videogame).(326)

Identificado pelo Código 6C51, o transtorno de jogo (*online* e *offline*) é descrito como um padrão de comportamento persistente ou recorrente manifestado por: a) falta de controle sobre o jogo (frequência, intensidade, duração,

(325) PAPALOUKAS, Marios. E-Sports Explosion: The Birth of Esports Law or Merely a New Trend Driving Change in Traditional Sports Law? In: *24th IASL International Sports Law Congress*, 2018, p. 9. Disponível em: https://papers.ssrn.com/sol3/papers.cfm?abstract_id=3323593. Acesso em: jan. 2023.

(326) WHO. *ICD-11 for mortality and morbidity statistics.* Disponível em: https://icd.who.int/browse11/l-m/en#/http://id.who.int/icd/entity/1448597234. Acesso em: fev. 2023.

término, contexto); b) aumento de prioridade outorgada ao jogo em relação a outros interesses vitais e atividades diárias; c) manutenção do ritmo de jogo ou aumento, mesmo diante de consequências negativas nas mais diversas áreas — pessoal, familiar, social, educacional, ocupacional.

A Organização Mundial da Saúde (OMS) ainda dispõe que o transtorno de jogo pode ser contínuo ou episódico e recorrente e geralmente pode ser diagnosticado quando os comportamentos citados acima são percebidos pelo período de pelo menos 12 meses. No entanto, a organização ressalta que o diagnóstico do transtorno pode ser realizado, considerando, em um período menor, se todos os comportamentos forem apresentados e se os sintomas forem graves.(327)

A OMS enfatiza que o transtorno de jogo não pode ser diagnosticado levando em conta apenas o comportamento de jogar muito, devendo as outras características estar presentes. Além disso, menciona que tal transtorno parece ser mais comum entre adolescentes e jovens adultos do sexo masculino entre 12 e 20 anos, e, nos adolescentes, vem associado a problemas de internalização e externalização de sentimentos e, entre os jovens adultos, associado a sintomas depressivos e de ansiedade.

Entre as condições clínicas adicionais do transtorno de jogo, estão: i) comportamentos agressivos verbais ou físicos após a redução de tempo de jogo (tal redução geralmente é imposta por outras pessoas); ii) interrupções na alimentação, no sono e em exercícios, podendo ocasionar problemas na saúde física e mental do indivíduo; e iii) comumente ocorre em conjunto com outros transtornos tais como transtornos derivados de uso de substâncias, transtornos de humor, transtornos relacionados à ansiedade ou medo, Transtorno de Déficit de Atenção e Hiperatividade, Transtorno Obsessivo-Compulsivo e transtornos de sono.(328)

Acerca desses transtornos mentais comumente ocorridos em conjunto com o transtorno de jogo, é importante mencionar que, em uma das entrevistas realizadas para a pesquisa, o time mencionou, ao ser perguntado sobre lesões dos jogadores, que nunca teve problemas com lesões ocasionadas por movimentos repetitivos. No entanto, ressaltou que uma de suas preocupações estava no âmbito da **saúde mental** dos jogadores, tendo em vista que já tiveram de lidar com alguns casos de transtorno de ansiedade.

Acerca do uso de telas e suas consequências para a saúde física e mental de crianças e adolescentes, a Sociedade Brasileira de Pediatria (SBP)

---

(327) WHO. *ICD-11 for mortality and morbidity statistics.* Disponível em: https://icd.who.int/browse11/l-m/en#/http://id.who.int/icd/entity/1448597234. Acesso em: fev. 2023.

(328) *Idem.*

lançou, em 2019, o Manual de Orientação #Menos Telas #Mais Saúde, no qual identifica os principais problemas médicos ocasionados pelo uso excessivo de telas na infância e na adolescência. Entre os problemas identificados, estão dependência digital, irritabilidade, ansiedade, depressão, Transtorno de Déficit de Atenção e Hiperatividade, transtornos de sono, comportamentos autolesivos, uso de nicotina, *vaping*, bebidas alcoólicas, maconha, anabolizantes e outras drogas.(329)

Sobre o tempo de uso de tela considerado saudável, a Sociedade Brasileira de Pediatria (SBP) recomenda que se evite exposição de crianças com menos de 2 anos, que a exposição máxima diária de crianças entre 2 e 5 anos seja de 1 hora, para crianças entre 6 e 10 anos que a exposição diária máxima seja de 1-2 horas e, para crianças e adolescentes de 11 a 18 anos, que o tempo de tela e de jogos de videogame seja de 2-3 horas.(330)

Considerando, como visto mais acima, que tanto a bibliografia quanto a entrevista realizada identificaram que, nos esportes eletrônicos, a carreira profissional tende a começar muito cedo, o tempo excessivo de exposição às telas desses profissionais pode estar associado a eventuais problemas relacionados à saúde mental, como o caso do transtorno de ansiedade relatado pelo time entrevistado.

Já em relação aos impactos físicos da atividade, foi identificado no mapeamento que os problemas relacionados a **lesões musculoesqueléticas** são muito comuns. Estima-se que os jogadores profissionais de videogame realizem cerca de 300 a 400 movimentos por minuto, movimentos que são realizados ao longo de toda a partida e também nos treinamentos.(331) Nesse sentido, lesões relacionadas a esses movimentos acabam sendo comuns e envolvem tendinite nos cotovelos e nos pulsos, dores nos dedos e lesões no pulso.(332)

Uma pesquisa a respeito de uma revisão sistemática de estudos que se debruçaram sobre os distúrbios musculoesqueléticos dos jogadores de esportes eletrônicos concluiu que as principais partes do corpo afetadas pela

---

(329) SBP. *Manual de orientação #Menos telas #Mais saúde*. p. 5. Disponível em: https://www.sbp.com.br/fileadmin/user_upload/_22246c-ManOrient_-__MenosTelas__MaisSaude.pdf. Acesso em: fev. 2023.

(330) *Ibidem*, p. 7.

(331) JOHNSON, Mark R.; WOODCOCK, Jamie. Work, play, and precariousness: An overview of the labour ecosystem of esports. In: *Media, Culture & Society*, vol. 43, n. 8, 2021, p. 10. Disponível em: https://journals.sagepub.com/doi/10.1177/01634437211011555. Acesso em: fev. 2023.

(332) SUPER INTERESSANTE. *O lado sombrio dos eSports*. Disponível em: https://super.abril.com.br/comportamento/o-lado-sombrio-dos-esports/. Acesso em: fev. 2023.

atividade são o pescoço, o ombro e as costas. Além disso, a pesquisa identificou que o tempo despendido jogando é um fator importante (mais de três horas por dia) para a ocorrência das lesões musculoesqueléticas, que podem ser explicadas pelo tempo excessivo que os jogadores passam sentados, pela inatividade física e pelos movimentos repetitivos dos membros superiores.[(333)]

Em outra entrevista realizada com um time de *League of Legends*, houve o relato de que os problemas de saúde enfrentados pelos jogadores da equipe correspondiam justamente a lesões nos membros superiores.

3.3. O que há de novo no cenário dos esportes eletrônicos?

Percebemos, após a análise das problemáticas, que o cenário dos *esports* possui diversos tipos de problemas que precisam ser considerados, ao tratar da regulação do tema. Alguns desses problemas, como assédio, condições precárias de trabalho, discriminação de gênero, racismo, lgbtfobia e falta de assistência médica, são antigos, não dizem respeito às singularidades do cenário dos esportes eletrônicos e já encontram respaldo na legislação brasileira.

Outros problemas, apesar de não se restringirem ao cenário dos *esports*, ganham novos contornos devido às características próprias do setor, por isso as regulações sobre essas temáticas acabam não sendo suficientes para lidar com todas as nuances encontradas no ecossistema dos esportes eletrônicos. É o caso de questões como a da sindicalização, da propriedade intelectual, da proteção integral e prioritária de adolescentes trabalhadores e do *doping*.

Por fim, existem ainda os problemas que são próprios dos esportes eletrônicos e surgem essencialmente por conta desse cenário competitivo. É o caso da diversidade da estrutura dos campeonatos e do transtorno de jogo.

Assim sendo, tanto as problemáticas com novos contornos quanto as relacionadas essencialmente ao cenário dos esportes eletrônicos precisam ser incluídas em eventuais discussões de regulação do setor. No entanto, conforme visto anteriormente, as propostas de regulação brasileira não têm considerado essas especificidades do setor, visto que tem se restringido basicamente à discussão da inserção da atividade como modalidade desportiva.

No capítulo a seguir, destacamos o que consideramos os principais pontos que devem ser levados em conta pelos legisladores para a regulação jurídico-trabalhista dos esportes eletrônicos, tendo em conta tanto as problemáticas decorrentes de novos contornos dos *esports* quanto as que surgem essencialmente por conta das características do setor.

---

(333) THOLL, Chuck *et al*. Musculoskeletal disorders in video gamers – a systematic review. In: *BMC Musculoskelet Disord*, vol. 23, 2022, p. 7 e 13. Disponível em: https://pubmed.ncbi.nlm.nih.gov/35842605/. Acesso em: fev. 2023.

Capítulo 4

Os Desafios Impostos aos Legisladores pelos Esportes Eletrônicos

4.1. A heterogeneidade do ecossistema dos esportes eletrônicos como pré-requisito para pensar a regulação jurídico-trabalhista

Um dos principais desafios, ao pensarmos na regulação jurídico-trabalhista dos esportes eletrônicos (e também na regulação em outros âmbitos), é o fato de que o ecossistema não é homogêneo. Na verdade, quando analisamos as diversas estruturas das ligas competitivas, as várias estratégias de regulação que podem ser adotadas pelas desenvolvedoras dos jogos e os diferentes formatos dos títulos (jogos), compreendemos que não estamos diante de um ecossistema, mas de vários.

Nesses diferentes ecossistemas, os jogadores profissionais de videogame possuem maior ou menor proteção, a depender dos regramentos instituídos pelas desenvolvedoras ou pelas ligas. Desse modo, existem cenários em que os jogadores possuem um piso salarial e outros em que não há nem mesmo certeza dos campeonatos a serem realizados durante a temporada.

Sendo assim, qualquer regulação a ser proposta deve necessariamente ter em mente essas diferenças e precisa, a partir disso, verificar a viabilidade e a efetividade de fazer uma proposta mais específica, abrangendo, por exemplo, cenários em que as desenvolvedoras dos jogos optem pela mesma estratégia de regulação ou por uma proposta mais ampla que abranja todas as modalidades de esportes eletrônicos.

4.2. Discussão acerca da classificação jurídica dos esportes eletrônicos como atividade desportiva: Obstáculo para se pensar em uma regulação?

Como vimos no segundo capítulo, existem diversos conceitos literários de esporte, de modo que, a depender do conceito adotado, os esportes eletrônicos podem, ou não, ser considerados uma atividade desportiva.

A nosso ver, analisando o conceito proposto por Valdir Barbanti, determinados tipos de esportes eletrônicos podem ser considerados como esporte. Em termos legislativos, no entanto, não há necessidade de entrarmos nessa discussão, visto que é possível o legislador optar por regular a atividade sem mencionar se é um esporte ou não. Essa, inclusive, foi a estratégia regulatória adotada pela França,[(334)] ao estabelecer os requisitos para o desenvolvimento de competições de videogame, sem dispor acerca da caracterização da atividade como esporte.

Ao analisarmos os projetos de lei que tramitam no Congresso Nacional, percebemos que este não é o caminho escolhido até o momento pelo legislador brasileiro, já que a maioria dos projetos prevê a classificação dos *esports* como atividade desportiva, seja pela proposição de uma lei à parte, seja pela inserção dos esportes eletrônicos na Lei n. 9.615/1998.

Ocorre, no entanto, que as propostas em tramitação não consideram as especificidades do setor, porque não identificam as situações em que a Lei n. 9.615/1998/Lei n. 14.597/23 não alcança ou não inserem nas leis específicas as questões próprias dos esportes eletrônicos.

A seguir, destacamos algumas das especificidades do ecossistema dos esportes eletrônicos que devem ser consideradas pelos legisladores em eventuais propostas de regulação jurídico-trabalhista.

4.3. As possibilidades de sindicalização nos esportes eletrônicos

Conforme vimos no capítulo anterior, a constituição de sindicatos é um desafio no cenário dos esportes eletrônicos. Embora tenhamos legislações sobre a matéria, nos esportes eletrônicos a questão ganha um novo contorno, tendo em vista que, para garantir negociações efetivas, seria preciso incluir tanto os times quanto as desenvolvedoras dos jogos,[(335)] uma vez que estas possuem um papel importante nos regramentos competitivos (principalmente aquelas que se inserem no modelo fechado).

Assim, as questões atinentes ao contrato de trabalho poderiam ser negociadas com os times ou o sindicato correspondente, enquanto as questões relacionadas aos aspectos competitivos precisariam envolver necessariamente as desenvolvedoras dos jogos. Podemos observar que as tratativas com as desenvolvedoras serão de maior ou menor relevância, a depender da estratégia regulatória adotada pela entidade.

---

(334) FRANÇA. *LOI n. 2016-1321 du 7 octobre 2016 pour une République numérique*. Disponível em: https://www.legifrance.gouv.fr/jorf/id/JORFTEXT000033202746. Acesso em: fev. 2023.

(335) PATEL, Roshan. Esports, Player Positions, and the Benefits of Unionization. In: *Duke Law & Technology Review*, 2020, p. 244. Disponível em: https://scholarship.law.duke.edu/dltr/vol18/iss1/18/. Acesso em: mar. 2023.

Nos casos das estratégias regulatórias de *laissez-faire* (deixar), pautar o nicho e regular, as desenvolvedoras, ainda que muito sutilmente, estabelecem requisitos mínimos para que os interessados em organizar os campeonatos consigam a autorização. Assim, essas desenvolvedoras estariam aptas a negociar com os jogadores e os times (e respectivos sindicatos) as condições relativas às competições, visto que os parâmetros negociais poderiam ser inseridos entre os requisitos exigidos para a concessão da autorização para organização do torneio.

As desenvolvedoras que estabelecem um modelo super-regulado também estariam aptas a negociar com os jogadores e os times e, nesse caso, não precisariam estabelecer requisitos prévios de concessão de autorização de torneio, tendo em vista que são as detentoras integrais dos direitos de organização de todos os campeonatos envolvendo o jogo.

A questão fica mais complexa quando consideramos aquelas desenvolvedoras que não estabelecem parâmetros para a organização de torneios (estratégia de ignorar). Nesses casos, uma possibilidade para a negociação de questões que envolvam os aspectos competitivos seria incluir nas negociações as organizadoras de torneio; no entanto, essas tratativas seriam mais difusas que as realizadas nos outros modelos (com as desenvolvedoras).

De toda forma, cabe-nos lembrar que, como as desenvolvedoras possuem a propriedade intelectual do jogo, elas podem mudar, a qualquer momento, a estratégia regulatória adotada, de modo que a relevância da negociação em conjunto com a desenvolvera pode ser alterada com o passar do tempo.

É importante compreendermos também que essas negociações envolvendo os times ou a sua entidade sindical, os jogadores ou os seus sindicatos e as desenvolvedoras de jogos/organizadoras de torneio considerariam a legislação atual, ou seja, fora do âmbito da negociação coletiva, pois envolveriam três partes, uma das quais (desenvolvedoras/organizadoras) não possui relação direta com os jogadores. Para pensar em eventual enquadramento dessas tratativas como negociações coletivas, seria preciso alterar a organização sindical brasileira.

Outro aspecto importante da sindicalização nos esportes eletrônicos diz respeito à amplitude das entidades sindicais profissionais. Na visão de Roshan Patel, podemos pensar em duas possibilidades de constituição de sindicatos: específicos para cada jogo ou um sindicato amplo, abrangendo todos os jogos.(336)

---

(336) PATEL, Roshan. Esports, Player Positions, and the Benefits of Unionization. In: *Duke Law & Technology Review*, 2020, p. 246. Disponível em: https://scholarship.law.duke.edu/dltr/vol18/iss1/18/. Acesso em: mar. 2023.

Se, por um lado, a constituição de sindicatos específicos para cada jogo pode garantir maior proximidade com a desenvolvedora e com os times, as entidades sindicais de alguns títulos podem ser pequenas e com pouca força negocial. Além disso, conforme já vimos, o fluxo intenso do mercado de jogos pode fazer com que algumas entidades tenham pouco tempo de vida, porque muitos jogos são descontinuados ou perdem a relevância no cenário competitivo.

Outro ponto a ser considerado nessa proposta de constituição de sindicatos específicos para cada jogo é a viabilidade econômica e negocial para os times, tendo em vista que essas organizações normalmente possuem equipes para diversos jogos e teriam de negociar com muitas entidades sindicais.(337)

De outro lado, a constituição de uma entidade sindical abrangente pode ser capaz de garantir maior força negocial para o sindicato, mas, por envolver diversas desenvolvedoras de jogos e times, pode encontrar diversos empecilhos por conta da heterogeneidade do cenário.

Além dessas duas possibilidades destacadas por Roshan Patel, podemos pensar ainda em dois modelos intermediários que levem em conta ou a estratégia regulatória adotada pelas desenvolvedoras ou os gêneros dos jogos.

A primeira opção seria a constituição de sindicatos de acordo com o modelo regulatório adotado pelas desenvolvedoras de jogos: ignorar, *laissez-faire* (deixar), pautar o nicho, regular ou super-regular. Tal opção possibilitaria maior similaridade no cenário competitivo ao mesmo tempo que garantiria menor quantidade de entidades sindicais para os times negociarem. Outro ponto positivo, apesar do fluxo intenso do mercado de jogos, seria que as entidades sindicais tenderiam a sofrer menos impacto, tendo em vista que alguns jogos acabam sendo mais consistentes comercialmente. Cabe-nos relembrar, conforme já mencionamos acima, que a desenvolvedora do jogo pode, a qualquer momento, optar por mudar o modelo regulatório adotado, de modo que poderia haver certa rotatividade nos processos negociais.

A segunda opção seria constituir entidades sindicais de acordo com o gênero dos jogos: jogos de luta, jogos de tiro em primeira pessoa, jogos de estratégia em tempo real, jogos esportivos ou jogos de arena de batalha para múltiplos jogadores (*Multiplayer Online Battle Arena*).(338) Essa opção também garantiria menor número de entidades sindicais para os times negociarem e garantiria a não rotatividade das desenvolvedoras que negociam com a

---

(337) HEGGEM, Timothy. It's Complicated: Analyzing the Potential for Esports Players Unions. In: *Sports and entertainment law journal*, 2017, p. 454. Disponível em:http://asuselj.org/wp-content/uploads/2017/08/Timothy-Its-complicated.pdf. Acesso em: mar. 2023.

(338) HOLDEN, John T.; EDELMAN, Marc; BAKER III, Thomas A. *A short treatise on eSports and the law:* how America regulates its next national pastime. Disponível em: https://papers.ssrn.com/sol3/papers.cfm?abstract_id=3441843. p. 524. Acesso em: mar. 2023.

entidade sindical. Ao mesmo tempo, por serem organizações mais amplas, o fluxo intenso do mercado de jogos também tende a ter menor impacto na atuação do sindicato. Por outro lado, tal alternativa não garante a similaridade entre os modelos regulatórios e competitivos, o que pode causar dificuldades nas negociações.

As possibilidades de amplitude de atuação das entidades sindicais profissionais estão representadas na figura a seguir:

Figura 12: Amplitude de atuação das entidades sindicais profissionais

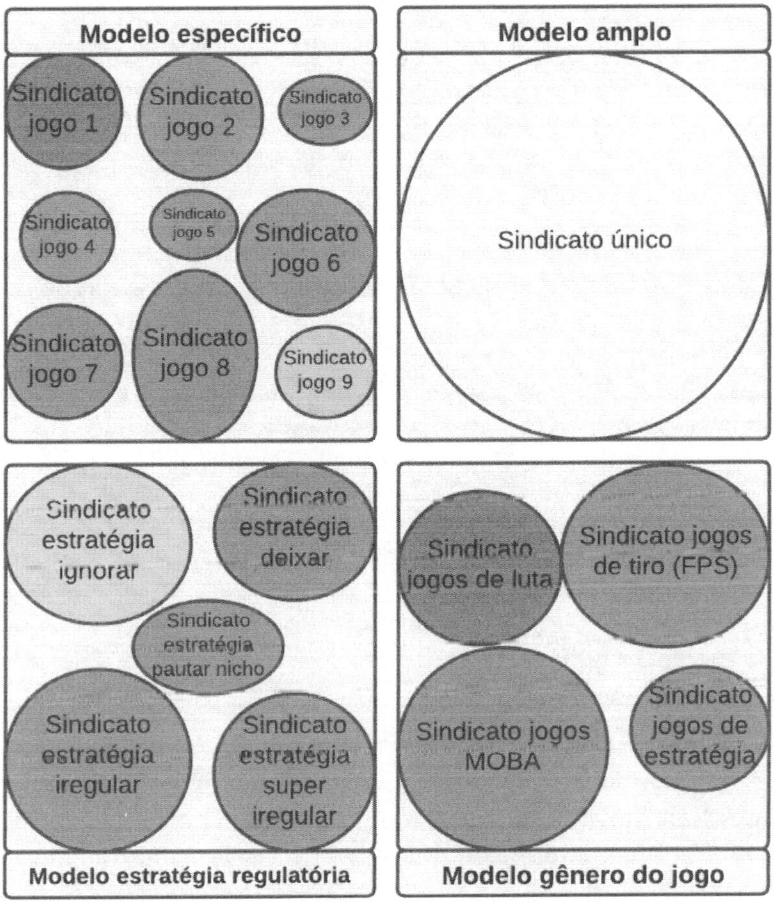

Fonte: Elaboração própria.

Outra questão essencial para essa discussão acerca da amplitude das entidades sindicais diz respeito ao enquadramento sindical. O Brasil ainda não possui liberdade sindical plena, tendo em vista que a unicidade está prevista no art. 8º, II, da Constituição Federal, que proíbe a criação de mais de um sindicato representativo de mesma categoria profissional ou econômica na mesma base territorial (não inferior à área do município).

O art. 570 da Consolidação das Leis do Trabalho (CLT) estipula que o enquadramento sindical brasileiro é realizado normalmente, levando em conta a categoria econômica (empresas) e a categoria profissional (trabalhadores). O requisito para se caracterizar uma categoria econômica é a solidariedade de interesses econômicos dos que empreendem atividades idênticas, similares ou conexas (art. 511, § 1º, CLT), enquanto, para se configurar uma categoria profissional, o requisito é a similitude das condições de vida oriunda da profissão ou trabalho em comum, seja essa similitude decorrente de situação de emprego na mesma atividade econômica ou em atividades similares ou conexas (art. 511, § 2º, CLT).

No entanto, na disposição contida no parágrafo único do art. 570, a CLT menciona que, nos casos em que os exercentes das atividades ou profissões, pela natureza das atividades realizadas, não puderem se sindicalizar de maneira eficiente pelo critério das categorias, é possível fazer a sindicalização pelo critério de categorias similares ou conexas.

A Consolidação das Leis do Trabalho (CLT) menciona, ainda, que as categorias similares ou conexas são as categorias compreendidas nos limites de cada grupo constante no Quadro de Atividades e Profissões (anexo da CLT) e as atividades ou profissões que se enquadrem nessa situação podem dissociar-se do sindicato principal, formando um sindicato específico, desde que haja possibilidade de vida associativa e ação sindical eficiente (art. 571, CLT).

Precisamos observar, no entanto, que, com a Constituição Federal de 1988 e a vedação da interferência do Poder Público na organização sindical (art. 8º, I, CF), o Quadro de Atividades e Profissões passou a ser um instrumento meramente consultivo e o Ministério do Trabalho restou responsável apenas pelo registro e observância do princípio da unicidade sindical (Súmula n. 677, STF).

Assim, considerando as possibilidades de constituição sindical mais restritas mencionadas acima (por jogo, por estratégia regulatória ou por gênero de jogo), eventual movimento para a organização sindical no setor poderia conseguir o reconhecimento da personalidade sindical no Ministério do Trabalho, caso o órgão considere que os jogadores de esportes eletrônicos não podem se sindicalizar de maneira eficiente pelo critério de categorias (art. 570, parágrafo único, CLT), sendo possível o desmembramento do sindicato principal (art. 571, CLT). Caso esse, no entanto, não seja o entendimento do Ministério do Trabalho, ainda é possível pensar na possibilidade de questionamento da decisão perante o Poder Judiciário.

Além disso, eventual iniciativa legislativa que aprove uma mudança no sistema sindical brasileiro, abolindo a unicidade sindical, acabaria com a discussão acerca da possibilidade de constituição dessas entidades sindicais de menor amplitude. Complementarmente, tal mudança efetivaria, na integralidade, um dos princípios fundamentais da Organização Internacional do Trabalho (OIT) contido na Declaração da OIT sobre os Princípios e Direitos Fundamentais no Trabalho:[339] liberdade sindical e o reconhecimento efetivo do direito de negociação coletiva, além de viabilizar a ratificação, pelo Brasil, da Convenção n. 87 da Organização Internacional do Trabalho (OIT).

4.4. A propriedade intelectual das desenvolvedoras de jogos eletrônicos

Outra questão que não é nova, mas possui impacto diverso na esfera dos esportes eletrônicos, é a propriedade intelectual das desenvolvedoras dos jogos eletrônicos. Como vimos anteriormente, o legislador brasileiro, nos projetos de lei em andamento no Congresso Nacional, tem caminhado no intuito de reconhecer os esportes eletrônicos como prática desportiva.

Para buscar esse reconhecimento, o legislador tem optado por dois caminhos: ou a inclusão dos esportes eletrônicos à Lei n. 9.615/1998 (Lei Pelé)[340] ou a elaboração de uma lei à parte. Independentemente do caminho escolhido, a problemática envolvendo a propriedade intelectual não é abordada.

No caso específico das propostas de inclusão dos esportes eletrônicos à Lei n. 9.615/1998 (Lei Pelé) ou à Lei n. 14.597/23 (Lei Geral do Esporte), devemos identificar se tal regramento é compatível com o direito de propriedade intelectual das desenvolvedoras, tendo em vista que tais legislações foram elaboradas considerando atividades desportivas que não possuem proprietários.

Um ponto que demonstra a incompatibilidade das práticas dos esportes eletrônicos com a Lei n. 9.615/1998 (Lei Pelé) encontra-se na organização do Sistema Nacional do Desporto, encarregado pela coordenação, administração, normatização, apoio e prática do desporto. Entre as pessoas físicas e jurídicas de direito privado que compõem esse sistema estão o Comitê Olímpico Brasileiro (COB), Comitê Paralímpico Brasileiro, entidades nacionais de administração do desporto, entidades regionais de administração do desporto, ligas regionais e nacionais, entidades de prática desportiva, Comitê Brasileiro de Clubes (CBC) e Comitê Brasileiro de Clubes Paralímpicos (CBCP), conforme previsto pelo art. 13, parágrafo único.

---

(339) OIT. *Declaração da OIT sobre os princípios e direitos fundamentais no trabalho*. p. 2. Disponível em: http://www.ilo.org/public/english/standards/declaration/declaration_portuguese.pdf. Acesso em: mar. 2023.

(340) Nesse mesmo sentido o caminho adotado na formulação na Lei Geral do Esporte (PL n. 1.825/2022).

Uma das funções do Sistema Nacional do Desporto é propor normatizações para a modalidade desportiva. No cenário dos esportes eletrônicos, as desenvolvedoras dos jogos detêm importante papel na normatização e, a depender da estratégia regulatória adotada pela empresa, o ecossistema pode possuir regulamentações extensas.

Essa atuação de normatização das desenvolvedoras decorre de seus direitos de propriedade intelectual e, apesar de a Lei n. 9.615/1998 mencionar diversos atores aptos a tratar da normatização das modalidades, nenhuma dessas categorias de atores engloba as desenvolvedoras de jogos eletrônicos, que são pessoas jurídicas de direito privado e, em sua maioria, estrangeiras.

Quando analisamos a Lei Geral do Esporte esse problema se mantém. Ao tratar sobre o Sistema Nacional do Esporte (Sinesp), a lei dispõe sobre a responsabilidade de regulação da atividade, regulação esta que esbarra na propriedade intelectual das desenvolvedoras.

Cabe-nos mencionar, ainda, que a presença das ligas regionais e nacionais no Sistema Nacional do Desporto pode abarcar algumas modalidades de esportes eletrônicos que não possuem regulação por parte da desenvolvedora. No entanto, a maioria dos cenários possui ligas competitivas que devem respeitar as regulações estabelecidas pelas desenvolvedoras, conforme vimos anteriormente na análise dos regulamentos do Campeonato Brasileiro de *League of Legends* (CBLoL) e no Campeonato Brasileiro de *Counter-Strike* Elite (CBCS).

Outro ponto em que a lei é incompatível com a estrutura dos esportes eletrônicos ocorre quando trata das entidades nacionais de administração do desporto, que são as responsáveis por aceitar as regras de prática desportiva de cada modalidade (art. 1º, § 1º da Lei n. 9.615/1998; art. 26, § 2º da Lei n. 14.597/23) e por organizar os calendários anuais de eventos oficiais da modalidade (art. 20, § 7º da Lei n. 9.615/1998). No entanto, conforme já vimos, nos esportes eletrônicos, principalmente quando o cenário é regulado ou super-regulado, o calendário competitivo é todo ou em grande parte controlado pelas empresas, as quais são também responsáveis por estabelecer as regras da competição.

Dessa forma, a criação de entidades como a Confederação Brasileira de Desportos Eletrônicos (CBDEL), Confederação Brasileira de eSports (CBeS), Confederação Brasileira de Games e eSports (CBGE) e Confederação Brasileira de Esportes Eletrônicos (CBEE) não causa o mesmo impacto regulatório encontrado em outras modalidades desportivas, porque, no caso dos esportes eletrônicos, a grande responsável pela tomada das decisões é a empresa desenvolvedora do jogo.

Percebemos, assim, que a estrutura de organização criada pela Lei n. 9.615/1998 e pela Lei n. 14.597/23 não é aderente ao ecossistema dos esportes eletrônicos, tendo em vista o papel protagonista das desenvolvedoras. Desse modo, a inclusão dos *esports* na Lei Pelé/Lei Geral do Esporte não parece ser a melhor opção legislativa para a regulação do cenário.

O caminho mais eficiente, a nosso ver, seria a regulação por lei específica. É importante termos em mente que as diversas previsões contidas na Lei n. 9.615/1998 ou na Lei n. 14.597/23 podem ser tomadas como inspiração para a elaboração da lei específica; no entanto, é fator essencial que a proposta considere os aspectos de propriedade intelectual das desenvolvedoras dos jogos, tendo em vista que esta é uma característica central do ecossistema.

4.5. A proteção integral e a prioridade absoluta dos jogadores de videogame em formação

A legislação brasileira relacionada ao combate do trabalho infantil e à proteção do trabalhador adolescente é bastante avançada. A Constituição Federal estipula, em seu art. 7º, XXXIII, que a idade mínima para o trabalho no país é de 16 anos, a qual é elevada para 18 anos quando se está diante de trabalho noturno, perigoso ou insalubre, ou minorada para 14 anos quando se está diante de um contrato de aprendizagem.

O contrato de aprendizagem, previsto na Lei n. 10.097/2000 e consolidado no Decreto n. 9.579/2018, que trata de diversas questões envolvendo crianças e adolescentes, é um contrato especial de trabalho ajustado por escrito e por prazo determinado em que o empregador se compromete a oferecer uma formação técnico-profissional metódica e compatível com o desenvolvimento físico, moral e psicológico do aprendiz (art. 45, Decreto n. 9.579/2018).

O contrato de aprendizagem pode envolver pessoas entre 14 e 24 anos, cujo limite etário não se aplica às pessoas com deficiência e aos aprendizes inscritos em programas de aprendizagem profissional que envolvam atividades vedadas a pessoas com idade inferior a 21 anos, caso em que o limite etário para o contrato de aprendizagem será de 29 anos (art. 44, § 2º, Decreto n. 9.579/2018).

A Constituição ainda introduz no ordenamento brasileiro, por meio do art. 227, dois princípios centrais para as matérias que se relacionam a crianças e adolescentes: o princípio da proteção integral e o princípio da prioridade absoluta. O mandamento constitucional estipula também que é dever da família, do Estado e da sociedade efetivar esses princípios.

O princípio da proteção integral envolve a efetivação da totalidade de direitos dessas pessoas em desenvolvimento, qual seja: saúde, alimentação, educação, lazer, profissionalização, cultura, dignidade, respeito, liberdade, convivência familiar e comunitária e amparo contra toda forma de negligência, discriminação, exploração, violência, crueldade e opressão.

Já o princípio da prioridade absoluta estipula que as questões envolvendo crianças e adolescentes estão no centro da preocupação constitucional, devendo ser prioridade do gestor público ante outras questões. Conforme previsto no art. 4º, parágrafo único do Estatuto da Criança e do Adolescente (Lei n. 8.069/1990), tal prioridade engloba a primazia em receber proteção e socorro em quaisquer circunstâncias, precedência de atendimento nos serviços públicos ou de relevância pública, preferência na formulação e na execução das políticas sociais públicas e destinação privilegiada de recursos públicos nas áreas relacionadas com a proteção à infância e juventude.

É importante termos em mente que, nos termos da legislação nacional, conforme prevê o art. 2º do Estatuto da Criança e do Adolescente, é considerada criança toda pessoa com até 12 anos de idade incompletos e adolescente toda pessoa entre 12 e 18 anos de idade. Em termos internacionais, como nas convenções internacionais citadas adiante, criança é a pessoa com idade inferior a 18 anos.

No âmbito internacional, a Declaração da Organização Internacional do Trabalho (OIT) sobre os Princípios e Direitos Fundamentais no Trabalho[(341)] estabelece, em seu item 2, que todos os países-membros da organização têm o compromisso, derivado do fato de pertencer à OIT, de respeitar, promover e tornar realidade alguns princípios, independentemente de terem ratificado, ou não, as convenções específicas sobre as temáticas. Entre esses princípios, está o compromisso pela abolição efetiva do trabalho infantil.

A Organização Internacional do Trabalho (OIT) possui duas convenções específicas sobre o tema: a Convenção n. 138 e a Convenção n. 182, ambas ratificadas pelo Brasil. A Convenção n. 138 trata sobre a idade mínima para o trabalho e estabelece, em seu art. 1º, que todo país que tenha ratificado a convenção se compromete a seguir uma política nacional de abolição efetiva do trabalho infantil e elevar progressivamente a idade mínima para a admissão em trabalho ou emprego.[(342)]

Essa disposição da convenção estabelece o princípio do não retrocesso, ou seja, o país, ao estabelecer uma idade mínima para o trabalho, só pode alterar essa idade mínima se for para aumentá-la, estabelecendo, assim, um parâmetro mais protetivo para as crianças e os adolescentes.

---

(341) OIT. *Declaração da OIT sobre os princípios e direitos fundamentais no trabalho*. p. 2. Disponível em: http://www.ilo.org/public/english/standards/declaration/declaration_portuguese.pdf. Acesso em: mar. 2023.

(342) OIT. *Convenção n. 138*. Disponível em: https://www.ilo.org/brasilia/convencoes/WCMS_235872/lang--pt/index.htm. Acesso em: mar. 2023.

A Convenção n. 138 ainda prevê que a idade mínima para o trabalho não deve ser inferior à idade em que cessa a obrigação escolar ou, em todo caso, não pode ser inferior a 15 anos. Como vimos anteriormente, a Constituição Federal estabelece que a idade mínima para o trabalho no país é de 16 anos.

Outro ponto tratado na norma é que os trabalhos/empregos que, por natureza ou pelas condições em que se realizem, sejam perigosos para a saúde, segurança ou moralidade das crianças e adolescentes, não podem ser realizados antes dos 18 anos (art. 3º). Esse mandamento também se encontra efetivado no art. 7º, XXXIII, da Constituição Federal.

A convenção deixa claro, ainda, que os trabalhos realizados nas escolas de ensino geral, profissional, técnico, em outras instituições de formação profissional ou ainda o trabalho em empresas, desde que sob condições prescritas pela autoridade competente, podem ser realizados por indivíduos com no mínimo 14 anos (art. 6º). Por essa disposição da Convenção n. 138 se pauta a idade mínima do contrato de aprendizagem.

Outra ressalva trazida pela convenção é a possibilidade de a autoridade competente, mediante prévia consulta a organizações interessadas de empregadores e trabalhadores, autorizar, por meio de permissões individuais, o trabalho de crianças e adolescentes abaixo da idade mínima estabelecida pelo país em algumas atividades, tais como as de representações artísticas (art. 8º). Essa ressalva trazida pela Convenção n. 138 da OIT é relevante para as discussões envolvendo os esportes eletrônicos.

Já a Convenção n. 182 da Organização Internacional do Trabalho (OIT) trata sobre as piores formas de trabalho infantil e é a única das entidades a alcançar a ratificação universal, ou seja, foi ratificada pelos 187 países-membros.(343) Tal convenção estabelece que os países se comprometem a adotar medidas imediatas e eficazes que garantam a proibição e a eliminação das piores formas de trabalho infantil em caráter de urgência.(344)

Estabelece, ainda, que as piores formas de trabalho infantil compreendem: a) todas as formas de escravidão ou práticas análogas; b) a utilização, demanda ou oferta de crianças para fins de prostituição ou pornografia; c) a utilização, recrutamento e oferta de crianças para atividades ilícitas, particularmente o tráfico de drogas; d) os trabalhos que, por sua natureza ou pelas circunstâncias em que são realizados, são suscetíveis de prejudicar a saúde, a segurança e a moral da pessoa em desenvolvimento.

---

(343) OIT. *Convenção da OIT sobre trabalho infantil conquista a ratificação universal.* Disponível em: https://www.ilo.org/brasilia/noticias/WCMS_752499/lang--pt/index.htm. Acesso em: mar. 2023.

(344) OIT. *Convenção n. 182.* Disponível em: https://www.ilo.org/brasilia/convencoes/WCMS_236696/lang--pt/index.htm. Acesso em: mar. 2023.

Sobre a categoria listada no item "d", a Convenção n. 182 estipula que as atividades devem ser definidas por legislação nacional, após consulta com as organizações de empregadores e trabalhadores, e que essa relação de atividades deve ser periodicamente examinada.

Seguindo a previsão da Convenção, o Brasil, por meio do Decreto n. 6.481/2008, estabeleceu a Lista das Piores Formas de Trabalho Infantil (Lista TIP), que é organizada para apresentar a descrição do trabalho proibido, os prováveis riscos ocupacionais da atividade e as prováveis repercussões à saúde. A lista apresenta 89 atividades consideradas prejudiciais à saúde e à segurança, além de quatro atividades prejudiciais à moralidade.

Como vimos anteriormente, os jogadores de videogame iniciam suas carreiras muito cedo, no entanto, nenhuma das 89 atividades da Lista TIP faz menção direta à atividade relacionada ao videogame. A única das atividades mencionadas na lista que poderia de alguma forma impactar os jogadores se refere à descrição de trabalhos que tenham exposição a ruído contínuo ou intermitente acima do nível previsto na legislação, que pode ocasionar alterações temporárias do limiar auditivo, perda auditiva, ruptura traumática do tímpano, alterações emocionais, alterações mentais e estresse. No entanto, para verificar se, na atividade dos jogadores de videogame, existem esses riscos provenientes do uso contínuo de fones de ouvido, é preciso que estudos específicos sejam desenvolvidos.

Além disso, o aspecto que precisa ser considerado pelo Ministério do Trabalho no processo de análise para verificar a necessidade de atualização da Lista TIP (art. 5º, Decreto n. 6.481/2008) diz respeito aos problemas já descritos no capítulo anterior relacionados à saúde mental e física dos jogadores de videogame (transtorno de jogo, ansiedade, depressão, lesões musculo-esqueléticas...). Assim, caberá ao Ministério do Trabalho, tendo por base os estudos já realizados e eventuais futuros estudos, verificar se a atividade de jogador de videogame se configura como uma atividade suscetível de prejudicar a saúde e segurança de adolescentes, que deve ser incluída na lista de piores formas de trabalho infantil.

Caso o Ministério do Trabalho não entenda que a atividade deve ser inserida na Lista TIP, outro aspecto relacionado à idade dos jogadores de videogame precisa ser considerado, no caso de os *esports* serem considerados como atividade desportiva: a viabilidade de aplicação do contrato de formação (Lei n. 9.615/1998/Lei n. 14.597/23) ao cenário dos esportes eletrônicos.

Conforme vimos acima, a idade mínima para o trabalho no país é de 16 anos, salvo na condição de aprendiz em que a idade é de 14 anos. A Lei Pelé (Lei n. 9.615/1998), seguindo os parâmetros constitucionais, estabelece que o contrato de formação desportiva pode ser firmado com atletas entre 14 e 20 anos (art. 29, § 4º da Lei n. 9.615/1998), cujo auxílio financeiro auferido pelos atletas em formação se caracteriza como bolsa de aprendizagem e não gera vínculo empregatício entre as partes. Importante destacar que a Lei Geral do Esporte (Lei n. 14.597/23) incluiu a possibilidade de se estabelecer vínculo meramente esportivo entre pessoa com idade inferior a 12 anos e a organização esportiva, estabelecendo que os adolescentes entre 12 e 14 anos não podem ficar alojados nas dependências dos clubes ou em domicílio estranho a seus familiares (art. 5º, §§ 1º e 2º).

Além disso, a lei (Lei n. 9.615/1998/Lei n. 14.597/23) prevê que o contrato de formação desportiva deve incluir identificação das partes e de seus representantes legais, duração do contrato, direitos e deveres das partes contratantes, inclusive seguro de vida e de acidentes pessoais relacionado à atividade do atleta, e especificação dos itens de gasto para fins da indenização com a formação desportiva (art. 29, § 6º da Lei n. 9.615/1998; art. 99, § 6º da Lei n. 14.597/23).

A Lei Pelé estabelece ainda (art. 29, § 2º da Lei n. 9.615/1998) que, para uma entidade ser considerada formadora de atletas, é preciso que ela cumpra com os seguintes requisitos: (i) fornecimento de programas de treinamento nas categorias de base e complementação educacional; (ii) realização de inscrição do atleta em formação na respectiva entidade regional de administração do desporto (pelo menos um ano); (iii) comprovação de inscrição do atleta em formação em competições oficiais; (iv) garantia de assistência educacional, psicológica, médica, odontológica, alimentícia, de transporte e de convivência familiar; (v) adequação dos alojamentos e instalações desportivas, sobretudo em matéria de alimentação, higiene, segurança e salubridade; (vi) manutenção de profissionais especializados em formação tecnicodesportiva; (vii) compatibilização do tempo destinado ao treinamento (não superior a quatro horas por dia) aos horários do currículo escolar ou do curso profissionalizante, com a obrigatoriedade de exigência de frequência e aproveitamento satisfatório; (viii) gratuidade da formação; (ix) comprovação de participação anual em competições organizadas pela entidade de administração do desporto em, pelo menos, duas categorias da modalidade desportiva; (x) garantia de que o período de seleção não coincide com os horários escolares.

Além dos requisitos acima, a Lei n. 14.597/23 (art. 99, § 1º) ainda estipula os seguintes requisitos para a caracterização de entidade formadora de atleta: (xi) realização de exames médicos admissionais e periódicos, com resultados arquivados em prontuário médico; (xii) viabilização de convivência familiar aos atletas em formação; (xiii) oferecimento de programa contínuo de orientação e suporte contra o abuso e a exploração sexual; (xiv) qualificação dos profissionais que atuam no treinamento esportivo para que saibam atuar de forma preventiva na proteção aos direitos da criança e do adolescente;

(xv) instituição de ouvidoria para receber denúncia de maus-tratos e de exploração sexual a crianças e adolescentes; (xvi) viabilização, nos horários livres, de participação dos atletas em formação em atividades culturais e de lazer; e (xvii) apresentação ao Ministério Público dos Estados e do Distrito Federal, anualmente, de laudos técnicos expedidos pelos órgãos e pelas autoridades competentes pela vistoria das condições de segurança dos alojamentos dos atletas em formação.

Percebemos, pelos aspectos mencionados acima, a preocupação legal em garantir não só o direito à formação desportiva como a sua compatibilização com outros direitos: educação, segurança, saúde e alimentação, ou seja, a preocupação em efetivar o princípio da proteção integral dos atletas em formação desportiva.

No entanto, nem todos os requisitos previstos na Lei n. 9.615/1998/Lei n. 14.597/23 seriam aplicáveis ao cenário dos esportes eletrônicos. O primeiro ponto de incompatibilidade que destacamos diz respeito à obrigatoriedade de inscrição do atleta em formação na respectiva entidade regional de administração do desporto. Tal entidade é inexistente nos esportes eletrônicos, tendo em vista o papel central das desenvolvedoras dos jogos.

Outro ponto de eventual incompatibilidade é o tempo de treino estabelecido pela lei, que não deve ser superior a quatro horas. Como vimos anteriormente, de acordo com a recomendação da Sociedade Brasileira de Pediatria (SBP), o tempo de exposição às telas de crianças e adolescentes entre 11 e 18 anos não deve ser superior a três horas diárias.

Portanto, embora a Lei n. 9.615/1998/Lei n. 14.597/23 traga diversos requisitos protetivos aos atletas em formação, tais requisitos não são suficientes para garantir a proteção integral dos jogadores de videogame adolescentes, tendo em vista que o cenário dos esportes eletrônicos apresenta especificidades que não são encontradas em outros esportes.

Cabe-nos frisar que alguns dos requisitos para a contratação de atletas em formação previstos na Lei Pelé/Lei Geral do Esporte podem servir de inspiração para uma eventual regulação dos contratos de jogadores de videogame (em formação); no entanto, é preciso que a nova regulação considere as características do ecossistema dos esportes eletrônicos, sobretudo a presença das desenvolvedoras dos jogos.

Ainda em relação ao aspecto etário, devemos considerar uma das exceções trazidas pela Convenção n. 138 da OIT: a possibilidade de concessão de autorização individual para trabalho abaixo da idade mínima legal em atividades, tais como as de representações artísticas. A convenção ainda estabelece que as autorizações devem limitar o número de horas de duração do trabalho e estabelecer as condições em que este é permitido.

No âmbito nacional, o art. 149, II, do Estatuto da Criança e do Adolescente (ECA) também dispõe sobre essa exceção, estabelecendo que compete à autoridade judiciária autorizar, por meio de portaria ou alvará, a participação de crianças e adolescentes em espetáculos públicos e seus ensaios. Essa autorização deve considerar caso a caso e não pode ter caráter genérico. O ECA também estabelece que a autoridade judiciária deve levar em conta, no momento da autorização, os princípios que norteiam o estatuto, as peculiaridades do local em que será realizada a participação artística, a existência de instalações adequadas, o tipo de frequência habitual no local, a adequação do ambiente e a natureza do espetáculo.

Assim, é possível que, considerando a grandiosidade de muitas competições de esportes eletrônicos, algumas solicitações para a autorização de trabalho artístico relacionado aos *esports* sejam encaminhadas à Justiça. Entretanto, algo que não pode ser perdido de vista é que a legislação brasileira se pauta pelos princípios constitucionais da proteção integral e prioridade absoluta e, conforme vimos anteriormente, o tempo excessivo de exposição às telas pode causar problemas relacionados à dependência digital, irritabilidade, ansiedade, depressão, Transtorno de Déficit de Atenção e Hiperatividade, transtornos de sono, comportamentos autolesivos.(345)

Caberá, portanto, à autoridade judiciária considerar os possíveis impactos à saúde da criança ou do adolescente no desenvolvimento da atividade de jogador/a de videogame, verificando, por exemplo, se a limitação de tempo de treino (exposição às telas) seria medida suficiente para garantir a integridade física e mental do indivíduo ou se seriam necessárias outras limitações. Contudo, destacamos que a análise deve considerar as especificidades de cada caso, de modo que talvez existam situações em que o trabalho seja autorizado e outras em que seja negado.

Ressaltamos, por fim, a questão relativa à autoridade competente para analisar os pedidos de autorização para o trabalho infantil artístico. Em 2015, a Associação Brasileira de Emissoras de Rádio e Televisão (ABERT) ajuizou, perante o Supremo Tribunal Federal (STF), a Ação Direta de Inconstitucionalidade (ADI) n. 5.326/DF para questionar a competência para a emissão de autorizações para o trabalho infantil artístico.

A ação foi ajuizada porque o Tribunal Regional do Trabalho da 2ª Região havia criado um juizado específico para cuidar da análise dos pedidos de autorização para o trabalho abaixo da idade mínima legal: o Juízo Auxiliar da

---

(345) SBP. *Manual de orientação #Menos telas #Mais saúde*. p. 5. Disponível em: https://www.sbp.com.br/fileadmin/user_upload/_22246c-ManOrient_-__MenosTelas__MaisSaude.pdf. Acesso em: mar. 2023.

Infância e Juventude (JAIJ).[346] Tal juizado possuía parâmetros de instrução dos processos, instituídos pelo Provimento GP/CR n. 07/2014,[347] tendo em vista a necessidade de assegurar todas as proteções necessárias para as crianças e adolescentes.

O provimento definia que os pedidos para autorização para o trabalho deveriam apresentar documentos referentes aos pais/responsáveis, às crianças ou adolescentes e à empresa contratante. Os pais/responsáveis precisavam apresentar autorização por escrito e termo de compromisso, com firma reconhecida, de efetivo acompanhamento das atividades realizadas pela criança ou adolescente. Em relação às crianças ou adolescentes, era solicitada uma cópia da certidão de nascimento ou RG e comprovante escolar de matrícula, frequência e rendimento. Já a empresa contratante precisava apresentar uma cópia do alvará de funcionamento municipal e autorização dos bombeiros, uma cópia do plano de assistência médica, odontológica e psicológica, bem como da apólice de seguro em nome da criança ou do adolescente (se houvesse) e a minuta do contrato de trabalho a ser pactuado com a criança ou o adolescente, especificando o horário de trabalho (início e fim da jornada), todas as pausas (intervalos intrajornada), duração do contrato, grau de exposição da criança ou do adolescente, detalhamento do vestuário, forma de remuneração, especificando valores a serem efetivamente destinados à criança ou ao adolescente, e local/locais de realização das atividades laborais.

A Associação Brasileira de Emissoras de Rádio e Televisão (ABERT) alegou, na Ação Direta de Inconstitucionalidade (ADI) n. 5.326/DF, que a competência para a análise dos pedidos de autorização para o trabalho infantil artístico é da Justiça Estadual e, portanto, o Juízo Auxiliar da Infância e Juventude (JAIJ) não seria o órgão competente para a análise dessas questões e, consequentemente, os procedimentos adotados pelo juizado não deveriam ser aplicados nos casos envolvendo trabalho infantil artístico.

Em 14 de agosto de 2015, o ministro relator Marco Aurélio Mello concedeu uma liminar, posteriormente confirmada pelo plenário do Supremo Tribunal Federal (STF), afastando da Justiça do Trabalho a competência para analisar a participação de crianças e adolescentes em representações artísticas, além de suspender a atuação do Juízo Auxiliar da Infância e Juventude (JAIJ).

Com isso, em 28 de fevereiro de 2018, o Tribunal Regional do Trabalho da 2ª Região revogou o ato de instituição do juizado e o provimento que

(346) TRT 2. *Ato GP n. 19/2013*. Disponível em: http://www.trtsp.jus.br/geral/tribunal2/Normas_Presid/Atos/2013/GP_19_13.html. Acesso em: mar. 2023.

(347) TRT 2. *Provimento GP/CR n. 07/2014*. Disponível em: http://www.trtsp.jus.br/geral/tribunal2/Normas_Presid/Provimentos/2014/GPCR_7_14.html. Acesso em: mar. 2023.

estabelecia os procedimentos a serem respeitados para instrução do pedido de autorização para o trabalho e extinguiu o Juízo Auxiliar da Infância e Juventude (JAIJ).

À vista disso, discordamos da decisão liminar do Supremo Tribunal Federal (STF) no bojo da ADI 5.326/DF, por considerar que o Estatuto da Criança e do Adolescente (art. 149, II), ao prever a competência da Justiça da Infância e Juventude para autorizar a participação de crianças e adolescentes em espetáculos, se referia a participações de mero entretenimento, diversão e expressão pessoal, já que o ECA aborda questões relativas ao trabalho somente em seu capítulo V (arts. 60 a 69).(348) Assim, a nosso ver, caberia à Justiça do Trabalho, considerando que a Emenda Constitucional n. 45/04 ampliou sua competência, analisar os pedidos referentes a situações de trabalho.

Assim sendo, com a decisão do Supremo Tribunal Federal (STF), os juízes da Infância e Juventude são os responsáveis por analisar os pedidos de autorização para o trabalho infantil artístico, cabendo a esses juízes, caso não haja mudança no entendimento do STF, verificar a viabilidade de concessão de autorizações relativas ao cenário dos esportes eletrônicos.

Cabe-nos lembrar, ainda, que a Convenção n. 138 da OIT, ao prever a possibilidade de concessão de autorizações individuais para práticas, tais como as de representações artísticas, ressaltou a necessidade de as autorizações limitarem o número de horas de duração do trabalho e estabelecerem as condições em que a atividade é permitida.

Assim, observamos que os procedimentos adotados pelo Juízo Auxiliar da Infância e Juventude (JAIJ) no Provimento GP/CR n. 07/2014 estavam em consonância com o estabelecido pela Organização Internacional do Trabalho (OIT) e, assim sendo, podem servir de inspiração para eventuais regulamentações no âmbito da Justiça Comum.

4.6. O controle antidopagem no cenário esportivo brasileiro e suas limitações

Conforme vimos anteriormente, no cenário dos esportes eletrônicos, são identificadas duas categorias de *doping*: o *doping* tradicional e o *e-doping* (ou *doping* digital/*doping* mecânico).(349)

---

(348) MARQUES, Rafael Dias; SANTOS, Elisiane. Proteção integral de crianças e adolescentes no trabalho artístico e o sistema de Justiça do Trabalho. In: CÉSAR, João Batista Martins; MELO, Guilherme Aparecido Bassi de. *Trabalho infantil:* mitos, realidades e perspectivas – estudos realizados em homenagem ao Professor Oris de Oliveira. São Paulo: LTr, 2016, p. 75.

(349) HWANG, Jamie. Cheating in E-Sports: A Proposal to Regulate the Growing Problem of E-Doping. In: *Northwestern University Law Review*, vol. 116, n. 5, 2022, p. 1.296. Disponível em: https://scholarlycommons.law.northwestern.edu/nulr/vol116/iss5/3/. Acesso em: mar. 2023.

Acerca do *doping* tradicional, o Brasil possui uma estrutura bastante desenvolvida de regulação, tendo a Lei n. 13.322/2016 alterado a Lei Pelé para dispor acerca do controle de dopagem, considerando que, naquele ano, seriam realizadas duas grandes competições esportivas no país: os Jogos Olímpicos e os Jogos Paralímpicos.

De acordo com a Lei Pelé e a Lei Geral do Esporte (Lei n. 9.615/1998; Lei n. 14.597/23), a dopagem caracteriza-se pela violação de regra antidopagem, podendo ser cometida por atleta, terceiro ou entidade. A lei ressalta que o objetivo do controle de dopagem é garantir que os atletas e as entidades participem de competições livres de dopagem, garantindo o respeito aos direitos relacionados à saúde, justiça e igualdade entre os competidores. A lei ainda estabelece que o controle de dopagem deve ser realizado por meio de programas harmonizados e coordenados em nível nacional e internacional, envolvendo os âmbitos de detecção, punição e prevenção de dopagem (art. 48-A da Lei n. 9.615/1998; art. 174 da Lei n. 14.597/23).

A política nacional de prevenção e de combate à dopagem é de competência da Autoridade Brasileira de Controle de Dopagem (ABCD), órgão vinculado ao Ministério do Esporte (art. 48-B da Lei n. 9.615/1998; art. 175 da Lei n. 14.597/23). Para estabelecer as diretrizes em relação a substâncias e métodos proibidos na prática desportiva, a Autoridade Brasileira de Controle de Dopagem leva em conta as regras estabelecidas pela Agência Mundial Antidopagem (AMA-WADA).[(350)]

Além da competência de estabelecer uma política nacional de prevenção e de combate à dopagem, há outras atribuições da ABCD, a saber: coordenação nacional do combate à dopagem; condução de testes de controle de dopagem durante os períodos de competição e em seus intervalos; gestão de resultados, investigações, emissão de autorizações de uso terapêutico; certificação de profissionais, órgãos e entidades para atuar no controle de dopagem; edição de resoluções sobre procedimentos técnicos; interlocução com organismos internacionais que tratam do tema; adoção de normas técnicas internacionais e contato com a Justiça Desportiva Antidopagem sobre violações às regras (art. 48-B).

Especificamente em relação ao Código Brasileiro de Antidopagem, a ABCD apresenta regras em consonância com as estabelecidas no Código Mundial Antidopagem que não possuem caráter judicial, ou seja, são distintas das regras cíveis e criminais.[(351)]

---

(350) ABCD. *Estrutura organizacional*. Disponível em: https://www.gov.br/abcd/pt-br/acesso-a-informacao/institucional/estrutura-organizacional. Acesso em: mar. 2023.

(351) ABCD. *Código Brasileiro Antidopagem*. Disponível em: https://www.gov.br/abcd/pt-br/composicao/regras-antidopagem-legislacao-1/codigos/copy_of_codigos/codigo-brasileiro-antidopagem-aprovado-cne-19-12-2022.pdf/. Acesso em: mar. 2023.

O Código Brasileiro de Antidopagem abarca os seguintes atores: (i) Autoridade Brasileira de Controle de Dopagem; (ii) Justiça Desportiva Antidopagem; (iii) as entidades de administração e prática do desporto, incluindo filiadas, ligas, membros, dirigentes, oficiais, funcionários e voluntários, assim como delegatários e funcionários que estejam envolvidos em qualquer aspecto do controle de dopagem; (iv) os atletas, pessoal de apoio e outras pessoas, independentemente de possuir nacionalidade ou residência no Brasil (art. 5º).

Percebemos que, assim como na Lei Pelé/Lei Geral do Esporte (Lei n. 9.615/1998/Lei n. 14.597/23), a estrutura de atores prevista no Código Brasileiro de Antidopagem considera modalidades que possuem entidades de administração e prática de desporto, o que não ocorre nos esportes eletrônicos, tendo em vista a presença das desenvolvedoras e proprietárias intelectuais dos jogos.

O código estabelece, ainda, que a lista de substâncias e métodos proibidos deve identificar as substâncias e métodos proibidos em competição ou fora dela e as substâncias e métodos proibidos apenas em competição (art. 90). Essa lista proibida é a versão traduzida para o português da lista publicada pela Agência Mundial Antidopagem (AMA-WADA), o que demonstra que o Brasil segue os parâmetros mundiais em termos de combate e prevenção de *doping*.

Para a inclusão de substâncias na lista, a Agência Mundial Antidopagem (AMA-WADA) leva em conta as seguintes condições: I – evidência médica ou outra evidência científica, efeito farmacológico ou experiência de que a substância ou o método, sozinhos ou em combinação com outras substâncias ou métodos, melhoram ou têm o potencial de melhorar o desempenho esportivo; II – evidência médica ou outra evidência científica, efeito farmacológico ou experiência de que o uso da substância ou do método representa um risco real ou potencial para a saúde do atleta; III – determinação de que o uso da substância ou do método viola o espírito esportivo; IV – evidência médica ou outra evidência científica, efeito farmacológico ou experiência de que a substância ou o método tem o potencial para mascarar o uso de outras substâncias ou métodos proibidos (art. 93).

Destacamos, no entanto, que, nos casos em que a Autoridade Brasileira de Controle de Dopagem (ABCD) expede autorização de uso terapêutico (AUT), o uso da substância não constitui violação à regra antidopagem (art. 97), desde que respeitados os procedimentos da solicitação para a autorização.

As punições pela prática de *doping* variam de acordo com a gravidade da conduta do atleta, considerando ainda se a conduta foi, ou não, intencional, se o uso de substância ou do método ocorreu dentro ou fora de competição e se o atleta é reincidente. O Código Brasileiro de Antidopagem ainda estipula punições em casos de tráfico de substâncias ou método proibido, evasão, recusa, falha, tentativa ou fraude na submissão de coleta de amostras.

As equipes também podem ser punidas por *doping* nos casos em que restar constatado que mais de dois membros cometeram uma violação de regra antidopagem durante um evento. Tal punição varia de acordo com as circunstâncias do caso e pode envolver desde perda de pontos até a desqualificação de uma competição (art. 162).

A lista de substâncias e métodos proibidos é frequentemente revisada pela Agência Mundial Antidopagem (AMA-WADA), sendo a versão mais atualizada a de 2022.(352) A lista, como vimos anteriormente, engloba substâncias e métodos proibidos em todo o tempo, ou seja, em competição e fora de competição e substâncias e métodos proibidos apenas em competição.

As substâncias proibidas tanto em competição quanto fora dela são estas: substâncias não aprovadas;(353) agentes anabolizantes;(354) hormônios peptídicos; fatores de crescimento; substâncias relacionadas e miméticos;(355) beta-2 agonistas;(356) hormônios e moduladores metabólicos;(357) e diuréticos e agentes mascarantes.(358) Os métodos proibidos em todo tempo (competição e fora de competição) são manipulação do sangue e de seus componentes, manipulação química e física e dopagem genética.

As substâncias proibidas em competição são: estimulantes,(359) narcóticos,(360) canabinoides(361) e glicocorticoides.(362) Cabe-nos lembrar, conforme vimos no capítulo anterior, que, nos esportes eletrônicos, o mais comum, em matéria de *doping* tradicional, é o uso de substâncias associadas ao aumento de desempenho mental.(363)

---

(352) ABCD. *Lista proibida.* Disponível em: https://www.gov.br/abcd/pt-br/composicao/atletas/substancias-e-metodos-proibidos/arquivos-lista-de-substancias-proibidas/lista-2022-v-4-revisada-e-corrigida-19-08-2022.pdf. Acesso em: mar. 2023.

(353) Exemplo: drogas em desenvolvimento pré-clínico.

(354) Exemplos: androsterona, hidroxitestosterona, mestanolona, testosterona, etc.

(355) Exemplos: agonista de receptores da eritropoietina, agentes ativadores de fatores indutores da hipoxia (HIF), inibidores da sinalização do fator transformador de crescimento beta (TGF-β), hormônio do crescimento (GH), etc.

(356) Exemplos: fenoterol, formoterol, higenamina, etc.

(357) Exemplos: anastrozol, ciclofenil, tamoxifeno, etc.

(358) Exemplos: desmopressina, dextrano, metolazona, etc.

(359) Exemplos: anfetamina, fenetillina, prenilamina, etc.

(360) Exemplos: diamorfina, metadona, morfina, etc.

(361) Exemplos: cannabis, tetraidrocanabinóis naturais ou sintéticos, etc.

(362) Exemplos: cortisona, dexametasona, prednisolona, etc.

(363) FASHINA, Oluwatamilore. Doping in Esports: How and to What Extent can we Look to WADA for Guidance. In: *Sports Law J.*, vol. 28, 2021, p. 30. Disponível em: https://papers.ssrn.com/sol3/papers.cfm?abstract_id=4097001. Acesso em: mar. 2023.

Assim, nos termos da lista de substâncias e métodos proibidos pela Autoridade Brasileira de Controle de Dopagem (ABCD) e pela Agência Mundial Antidopagem (AMA-WADA), as substâncias mais utilizadas pelos jogadores profissionais de videogame estariam inseridas na categoria de estimulantes (Adderall, Ritalina...) e, portanto, com uso proibido em competição.

É preciso lembrarmos, no entanto, que o Brasil ainda não possui uma regulação estabelecendo que os esportes eletrônicos são uma categoria desportiva, de modo que a aplicação do Código Brasileiro de Antidopagem e da lista de substâncias e métodos proibidos ainda não consegue ter incidência no setor.

Além disso, é importante consideramos que a Autoridade Brasileira de Controle de Dopagem (ABCD) é um órgão vinculado ao Ministério do Esporte (art. 48-B, Lei n. 9.615/1998; art. 175 da Lei n. 14.597/23) e que esse ministério não deve, nesse momento, despender esforços no intuito de reconhecer os *esports* como modalidade desportiva, tendo em vista as declarações recentes da ministra dos Esportes, Ana Moser, ao dizer que não cabem investimentos, por parte do ministério, nos esportes eletrônicos, visto que, a seu ver, a atividade pertence à indústria do entretenimento. A ministra, no entanto, reconhece a necessidade de regular a matéria e defende que sejam tomadas ações intersetoriais.[364]

O presidente do Comitê Olímpico Brasileiro (COB) também chegou a se manifestar no mesmo sentido, ressaltando que a atividade de esporte eletrônico é bastante lucrativa, mas não tem necessidade de ser inserida nos Jogos Olímpicos. Ele ressaltou, no entanto, que caso o Comitê Olímpico Internacional (COI) adote uma postura entendendo que os *esports* são atividade desportiva, essa decisão será respeitada pela entidade nacional.[365]

Até o momento, a única iniciativa do Comitê Olímpico Internacional (COI) foi a organização da Semana Olímpica de *Esports* (*Olympic Esports Series 2023*), uma competição global de esportes eletrônicos. Embora seja um passo importante no intuito de demonstrar que o comitê reconhece a importância dos esportes eletrônicos, os jogos selecionados para a competição são títulos pouco expressivos e correspondem à simulação de esportes, sendo a maioria

(364) UOL. *Ana Moser defende 'ação intersetorial' para investir em eSports*. Disponível em: https://www.uol.com.br/esporte/ultimas-noticias/2023/01/18/ana-moser-defende-acao-intersetorial-para-investir-em-esports.htm. Acesso em: mar. 2023.

(365) GE. *Presidente do COB rejeita esports, mas diz "Brasileiro é bom"*. Disponível em: https://ge.globo.com/sports/noticia/2023/03/16/presidente-do-cob-rejeita-esports-mas-diz-brasileiro-e-bom.ghtml. Acesso em: mar. 2023.

deles modalidades disputadas nos Jogos Olímpicos: tiro com arco, beisebol, ciclismo, dança, tênis.[(366)]

Percebemos, portanto, que o Comitê Olímpico Internacional (COI) ainda não engloba todos os gêneros de esportes eletrônicos em seu evento específico sobre a temática. Assim, o caminho para a eventual inserção dos esportes eletrônicos nas Olímpiadas ainda deve ser longo, tendo em vista essa necessidade de expandir os gêneros de jogos abarcados pelo COI e também a necessidade de compatibilização das regras a serem adotadas pelas desenvolvedoras desses jogos.

Tendo em vista esse cenário, as únicas regulamentações antidopagem que atualmente se aplicam aos esportes eletrônicos, conforme vimos anteriormente, são aquelas estabelecidas pelas desenvolvedoras dos jogos ou pelas ligas em seus regulamentos e pelos regramentos estabelecidos na política antidoping da *Esports Integrity Coalition* (ESIC), desde que a desenvolvedora ou liga seja membro da entidade.

No entanto, deixar a cargo exclusivamente das desenvolvedoras e das ligas a competência para estabelecer regramentos acerca de dopagem pode gerar discrepâncias quanto aos tipos de substâncias proibidas e penalidades aplicadas. Além disso, precisamos ter em mente que o uso de substâncias como as previstas no Código Brasileiro de Antidopagem possui potencialidade de causar danos à saúde, além de interferir no direito de igualdade dos competidores, de modo que não cabe ao Estado omitir-se de estabelecer regramentos.

Como o Código Brasileiro de Antidopagem considera a estrutura de organização esportiva prevista na Lei Pelé/Lei Geral do Esporte (Lei n. 9.615/1998/ Lei n. 14.597/23), os esportes eletrônicos acabam por não se encaixar em suas previsões, tendo em vista que diversos atores previstos na lei não existem no cenário dos *esports*. Assim, a alternativa de considerar os regramentos da Lei n. 9.615/1998/Lei n. 14.597/23 como aplicáveis aos esportes eletrônicos também não é efetiva no que diz respeito ao controle antidopagem.

Além disso, quando consideramos o *e-doping* (*doping* digital/*doping* mecânico), que consiste no uso de softwares para a obtenção de vantagens no jogo,[(367)] percebemos que a legislação brasileira sobre antidopagem é insuficiente para abarcar esse tipo de conduta.

---

(366) IOC. *IOC announces Olympic Esports Series 2023 with winners to be crowned at live finals in Singapore from 22 to 25 June*. Disponível em: https://olympics.com/ioc/news/ioc-announces-olympic-esports-series-2023. Acesso em: mar. 2023.

(367) HWANG, Jamie. Cheating in E-Sports: A Proposal to Regulate the Growing Problem of E-Doping. In: *Northwestern University Law Review*, vol. 116, n. 5, 2022, p. 1.296. Disponível em: https://scholarlycommons.law.northwestern.edu/nulr/vol116/iss5/3/. Acesso em: mar. 2023.

Conforme vimos no capítulo anterior, os regramentos das competições têm-se incumbido de tratar sobre *e-doping*, sendo, muitas vezes, mais pormenorizados quando tratam dessas situações do que quando discorrem sobre o *doping* tradicional.

Outro exemplo de legislação que trata sobre a temática é o Código de Conduta da *Esports Integrity Coalition* (ESIC). O código não cita o termo '*e-doping*', mas dispõe que é considerado uma ofensa à entidade o ato de trapacear ou tentar trapacear para ganhar um jogo/partida, incluindo que se considera trapaça: (i) *map hack* — uso de software externo para aumentar o campo de visão estabelecido pelo jogo; (ii) *aim bot* — uso de *software* externo para atingir automaticamente os oponentes ao disparar uma arma; (iii) *ghosting* — obtenção de informação adicional sobre o jogo.[368]

Notamos, assim, que os primeiros exemplos citados no código tratam de condutas de *e-doping*, sendo importante citar que a entidade frisa que qualquer uso de software externo que adultere diretamente o jogo para a obtenção de vantagens configura ofensa ao regramento. Cabe-nos relembrar, no entanto, que os regramentos impostos pela *Esports Integrity Coalition* (ESIC) somente se aplicam a seus membros.

Desse modo, não há no cenário dos esportes eletrônicos atual uma padronização quanto à regulação de controle do *e-doping*, de modo que, por cometer as mesmas condutas, os jogadores podem ser punidos com o banimento permanente ou com suspensões de meses ou anos, a depender do regramento imposto pela desenvolvedora do jogo, pela liga ou pela ESIC.[369]

Assim, considerando o panorama legislativo brasileiro acerca do controle antidopagem, uma alternativa para o cenário dos esportes eletrônicos seria ter por base o já disposto no Código Brasileiro de Antidopagem, adequando os atores sobre os quais incidem a norma, tomando em conta as especificidades do ecossistema dos *esports* e incluindo as previsões relativas ao *e-doping* (*doping* digital/doping *mecânico*).

Por fim, cabe-nos ressaltar que, em estudo sobre o *e-doping*, Jamie Hwang salienta que, como os esportes eletrônicos possuem um caráter global, o estabelecimento de regramento interno não é medida suficiente para garantir a padronização das punições. Para o autor, seria necessária uma governança

---

(368) ESIC. *Code of Conduct.* Disponível em: https://esic.gg/codes/code-of-conduct/. Acesso em: mar. 2023.

(369) HWANG, Jamie. Cheating in E-Sports: A Proposal to Regulate the Growing Problem of E-Doping. In: *Northwestern University Law Review*, vol. 116, n. 5, 2022, p. 1303. Disponível em: https://scholarlycommons.law.northwestern.edu/nulr/vol116/iss5/3/. Acesso em: mar. 2023.

global para o estabelecimento dessas normas.[370] Assim, seria importante um esforço no intuito de constituir uma entidade semelhante à Agência Mundial Antidopagem (AMA-WADA) no âmbito dos esportes eletrônicos, entidade que levasse em conta o papel das desenvolvedoras dos jogos nesse cenário tão específico.

4.7. A heterogeneidade organizacional competitiva no cenário dos esportes eletrônicos

Uma das singularidades que envolvem os esportes eletrônicos é a diversidade das formas de organização e regramentos das competições. Conforme já vimos, o ecossistema dos esportes eletrônicos envolve diversos atores e as desenvolvedoras dos jogos possuem uma autoridade, proveniente do direito de propriedade intelectual, para estabelecer os níveis dos regramentos a serem instituídos no cenário.

Esses diferentes níveis regulatórios que podem ser estabelecidos pelas desenvolvedoras dos jogos (ignorar, deixar, pautar o nicho, regular ou super-regular) acabam por delinear cenários competitivos muito diversos, de modo que o que pode ser um problema em um cenário talvez não seja em outro.[371]

Assim, algo que precisa estar no radar legislativo e é singular dos *esports*, quando comparamos com outras modalidades competitivas como o futebol, vôlei e basquete, é o fato de que as estruturas organizativas das competições não são homogêneas, sendo possível identificarmos diversos ecossistemas dentro do cenário dos esportes eletrônicos. Um exemplo disso está na presença ou não de determinados atores: em alguns cenários, é possível identificar empresas privadas organizadoras de competições, enquanto em outros, por conta da estruturação de super-regulação, esse papel fica a cargo da desenvolvedora do jogo.

Pelo levantamento das propostas legislativas no Congresso Nacional, verificamos que muitas das proposições que estão em andamento buscam inserir os esportes eletrônicos nas modalidades alcançadas pela Lei Pelé (Lei n. 9.615/1998). No entanto, as previsões contidas na lei geral sobre desporto nem sempre se compatibilizam com os *esports*, pois algumas dessas incompatibilidades se aplicam em todos os cenários dos jogos eletrônicos, enquanto outras surgem em cenários específicos, por conta da estratégia regulatória aplicada pela desenvolvedora.

---

(370) HWANG, Jamie. Cheating in E-Sports: A Proposal to Regulate the Growing Problem of E-Doping. In: *Northwestern University Law Review*, vol. 116, n. 5, 2022, p. 1.306. Disponível em: https://scholarlycommons.law.northwestern.edu/nulr/vol116/iss5/3/. Acesso em: mar. 2023.

(371) HOLDEN, John; BAKER III, Thomas A. The Econtractor: Defining the Esports Employment Relationship. In: *American Business Law Journal*, vol. 56, n. 2, Summer 2019, p. 400. Disponível em: https://heinonline.org/HOL/P?h=hein.journals/ambuslj56&i=392. Acesso em: mar. 2023.

Alguns dos pontos que são incompatíveis com todos os cenários competitivos de *esports* já foram citados nos tópicos analisados anteriormente: é o caso das entidades de administração de desporto e das funções normatizadoras do Sistema Nacional do Desporto/Sistema Nacional do Esporte (Sinesp), que confrontam com a efetivação do direito de propriedade intelectual das desenvolvedoras de jogos. Além disso, outro aspecto que merece destaque diz respeito à incompatibilidade de alguns princípios da Lei n. 9.615/1998/Lei n. 14.597/23 à sistemática organizativa dos esportes eletrônicos.

O art. 2º tanto da Lei n. 9.615/1998 quanto da Lei n. 14.597/23 estipula princípios fundamentais do desporto, entre os quais o princípio da descentralização, o qual estipula que o funcionamento dos sistemas desportivos deve ser autônomo para os níveis federal, estadual, distrital e municipal. No entanto, quando consideramos o contexto dos esportes eletrônicos, percebemos que a organização descentralizada não atende às especificidades do cenário, visto que estamos diante de ecossistemas permeados pelas propriedades intelectuais das desenvolvedoras dos jogos, ou seja, ecossistemas centralizados.

Outro princípio que não apresenta compatibilidade integral com o cenário dos esportes eletrônicos é o princípio da autonomia, o qual prevê que as pessoas físicas e jurídicas têm a liberdade de se organizarem para a prática desportiva. No panorama constitucional, o art. 217, ao estabelecer o dever do Estado em fomentar as práticas desportivas, prevê que deve ser respeitado o princípio da autonomia, segundo o qual as entidades desportivas e associações têm liberdade para estabelecer normas relacionadas a seu modelo de organização e funcionamento.

Quando consideramos as estratégias regulatórias que podem ser adotadas pelas desenvolvedoras dos jogos no cenário competitivo, percebemos que, a depender da estratégia escolhida, a autonomia das demais entidades envolvidas nos ecossistemas (organizadores de competição e times) poderá ser maior ou menor, de modo que o princípio da autonomia é mitigado no cenário dos *esports*.

Outro aspecto previsto pela Lei n. 9.615/1998 que apresenta dificuldade de compatibilização com os esportes eletrônicos é a constituição da justiça desportiva, tendo em vista que a lei estabelece que o custeio para o funcionamento da justiça desportiva é competência das entidades de administração do desporto (art. 50, § 4º).

Tendo em vista que, nos esportes eletrônicos, a constituição de tais entidades é antagônica ao direito de propriedade intelectual das desenvolvedoras, a viabilização de uma justiça desportiva para os esportes eletrônicos passa necessariamente pela rediscussão da fonte de custeio do órgão.

Tal ponto, inclusive, não é superado pela Lei Geral do Esporte, tendo em vista que se mantém a previsão de que caberá à organização esportiva de âmbito nacional o estabelecimento de regulamento de *fair play* financeiro (art. 188 da Lei n. 14.597/23) no âmbito das competições instituindo, por exemplo, limite financeiro para contratação de atletas por temporada, limite que, nos esportes eletrônicos, varia de acordo com a estratégia regulatória adotada pela empresa desenvolvedora do jogo.

Outro ponto importante relacionado à atuação de eventual justiça desportiva nos *esports* é que a própria Lei n. 9.615/1998 estabelece que as ligas podem constituir órgãos judicantes desportivos com atuação restrita às suas competições (art. 50). De acordo com o que prescrevem os regulamentos analisados no capítulo anterior (Campeonato Brasileiro de *League of Legends* e Campeonato Brasileiro de *Counter-Strike* Elite), já é uma tendência que as ligas mais estruturadas estipulem os regramentos relativos à disciplina em suas competições, de modo que o desafio em relação à instituição de uma justiça desportiva nos esportes eletrônicos se relaciona principalmente aos cenários com pouca regulação imposta pela desenvolvedora do jogo.

A questão envolvendo os recursos para o fomento das práticas desportivas também é outro aspecto da Lei n. 9.615/1998, que pode gerar debates em relação aos esportes eletrônicos. Recentemente, a ministra dos Esportes, Ana Moser, chegou a se manifestar no intuito de não considerar a atividade como desporto, tendo em conta que o setor não é uma prioridade em seu ministério. A problemática envolvendo o recebimento de recursos públicos, porém, não apenas se restringe ao posicionamento da ministra, mas também envolve os requisitos instituídos pela Lei Pelé como condição para o recebimento desse repasse.

Segundo a Lei n. 9.615/1998 (art. 56-A), para que haja o recebimento de recursos, o Comitê Olímpico Brasileiro (COB), o Comitê Paraolímpico Brasileiro e as entidades nacionais de administração do desporto precisam celebrar um contrato de desempenho com o Ministério do Esporte. Ocorre, como vimos anteriormente, que as estruturas dos esportes eletrônicos não se compatibilizam com a existência de entidades nacionais de desporto, porque a principal função dessas entidades, que é a regulação do cenário, está a cargo das desenvolvedoras de jogos.

Além disso, como nenhum tipo de esporte eletrônico foi inserido nos Jogos Olímpicos e Paralímpicos, esse repasse de recurso público não poderia acontecer via Comitê Olímpico Brasileiro (COB) e Comitê Paralímpico Brasileiro.

Percebemos, assim, que a aplicação da Lei n. 9.615/1998 ou da Lei n. 14.597/23 aos esportes eletrônicos não garantiria a regulação efetiva da atividade, tendo em vista que apresenta dispositivos que são inaplicáveis a todos os cenários competitivos e outros dispositivos que não encontram incidência sobre alguns cenários de *esports*.

Dessa maneira, o caminho regulatório mais efetivo seria o desenvolvimento de uma legislação específica. No entanto, é importante destacarmos que é imprescindível que o legislador compreenda os diversos ecossistemas existentes dentro do cenário dos esportes eletrônicos e a heterogeneidade dos regramentos competitivos, para que estabeleça regramentos aplicáveis às características específicas da atividade.

4.8. Transtorno de jogo: limitação à prática de videogame?

Todas as atividades desportivas, sobretudo aquelas realizadas em alto rendimento, possuem potencialidade de ocasionar problemas à saúde dos atletas. A particularidade dos esportes eletrônicos está na existência de uma doença mental (CID- 6C51) ligada à prática de videogame, que se caracteriza pelo comportamento consistente ou recorrente de falta de controle relacionado à frequência, intensidade, duração e contexto para a prática de jogar videogame, aumento de prioridade outorgada ao jogo e manutenção ou aumento de uma rotina de jogo, mesmo diante de consequências negativas na esfera pessoal, familiar, educacional ou ocupacional do jogador.(372)

Segundo a Organização Mundial da Saúde (OMS), entre as características clínicas adicionais do transtorno de jogo (CID – 6C51) está a potencialidade de envolvimento do jogador com jogos de maior complexidade e com exigência de mais habilidades estratégicas. Além disso, há uma característica clínica adicional: o aumento da intensidade de jogo motivada pela coordenação com outros jogadores para a realização de tarefas complexas do jogo.(373)

Embora ainda não existam estudos analisando o nível de incidência de jogadores profissionais de videogame portadores do transtorno de jogo, os comportamentos adicionais destacados pela Organização Mundial da Saúde (OMS) podem indicar duas possibilidades em relação ao cenário de esportes eletrônicos: (i) maior tendência de os jogadores profissionais de videogame possuírem o transtorno e, assim, desenvolverem as habilidades necessárias para a profissionalização nos *esports*; (ii) potencialidade dos jogadores profissionais de videogame desenvolverem a doença, tendo em vista os constantes estímulos para o aprimoramento de habilidades.

Tendo em vista essas possibilidades, estudos específicos são imprescindíveis para determinar se o cenário dos esportes eletrônicos apresenta

---

(372) WHO. *ICD-11 for mortality and morbidity statistics*. Disponível em: https://icd.who.int/browse11/l-m/en#/http://id.who.int/icd/entity/1448597234. Acesso em: mar. 2023.

(373) *Idem*.

maior incidência de casos envolvendo o transtorno de jogo (CID – 6C51). Além disso, caberá ao legislador, tendo por base os resultados de pesquisas atuais e futuras, verificar quais os regramentos necessários para garantir um meio ambiente de trabalho seguro aos jogadores profissionais de videogame.

Acerca da conceituação de meio ambiente do trabalho, Guilherme Guimarães Feliciano destaca:

> Doutrinariamente, o meio ambiente do trabalho aparece ao lado do meio ambiente natural (constituído pelos elementos físicos e biológicos nativos do entorno: solo, água, ar atmosférico, flora, fauna e suas interações entre si e com o meio), do meio ambiente artificial (constituído pelo espaço urbano construído, que compreende o conjunto de edificações — espaço urbano fechado — e o dos equipamentos públicos — espaço urbano aberto; alguns autores referem, ainda, o meio ambiente rural, relativo ao espaço rural construído) e do meio ambiente cultural (constituído pelo patrimônio histórico, artístico, arqueológico, paisagístico e turístico, que agregou valor especial pela inspiração de identidade junto aos povos) [...].[(374)]

Em termos empíricos, o autor enfatiza que as manifestações mais claras de litigiosidade em torno do meio ambiente do trabalho envolvem questões de periculosidade, insalubridade, penosidade, acidentes de trabalho, moléstias profissionais, doenças do trabalho e riscos inerentes ao trabalho.[(375)]

No âmbito internacional, há um arcabouço bastante desenvolvido com normativas que tratam, direta ou indiretamente, de aspectos relacionados à saúde mental e ao meio ambiente do trabalho, entre as quais podemos destacar as seguintes: Convenção n. 111 da OIT, Pacto Internacional dos Direitos Econômicos, Sociais e Culturais, Convenção n. 155 da OIT, Convenção n. 159 da OIT, Convenção n. 161 da OIT, Lista de Recomendações da OIT sobre doenças ocupacionais, Convenção n. 187 da OIT e a Convenção n. 190 da OIT.[(376)]

Entre essas normativas, a Convenção n. 155 da OIT[(377)] ratificada pelo Brasil, a qual trata sobre a segurança e saúde dos trabalhadores e o meio

---

(374) FELICIANO, Guilherme Guimarães. Meio ambiente do trabalho: aspectos gerais e propedêuticos. *Revista do Tribunal Regional do Trabalho da 15ª Região*, Campinas, n. 20, p. 160-203, 2002, p. 167.

(375) *Idem.*

(376) WHO; ILO. *Mental health at work:* policy brief. 2022, p. 7. Disponível em: https://www.ilo.org/wcmsp5/groups/public/---ed_protect/---protrav/---safework/documents/publication/wcms_856976.pdf. Acesso em: mar. 2023.

(377) OIT. *Convenção n. 155*. Disponível em: https://www.ilo.org/brasilia/convencoes/WCMS_236163/lang--pt/index.htm. Acesso em: mar. 2023.

ambiente do trabalho, é aquela que apresenta um tratamento mais especializado sobre a temática da saúde mental. Dessa maneira, a compreensão dessa convenção é importante porque alguns de seus parâmetros podem servir de base para o legislador estabelecer regramentos internos específicos voltados ao cenário dos esportes eletrônicos.

Inicialmente é importante compreender os âmbitos de incidência da Convenção n. 155 da OIT, em relação tanto às áreas econômicas de aplicação da norma quanto aos sujeitos tutelados por ela.

Em relação às áreas de incidência, a Convenção n. 155 estabelece que é possível o estado-membro, mediante a consulta prévia às organizações representativas de empregadores e trabalhadores, excluir, total ou parcialmente, a aplicação do regramento a determinadas atividades econômicas em que haja problemas. A convenção estipula, ainda, que é necessário que tais exclusões sejam explicadas à Organização Internacional do Trabalho. Cabe-nos destacar, no entanto, que, em regra, a Convenção n. 155 da OIT se aplica a todas as áreas de atividade econômica e, portanto, é aplicável aos esportes eletrônicos.

Já em relação aos indivíduos tutelados, o art. 3º da Convenção n. 155, ao trazer as definições de expressões utilizadas na norma internacional, estabelece que o termo “trabalhadores” deve ser entendido como “todas as pessoas empregadas, incluindo os funcionários públicos”.(378) Considerando que, no direito brasileiro, os empregados são as pessoas que se encontram em uma relação trabalhista com subordinação, onerosidade, pessoalidade e não eventualidade, podemos compreender que a Convenção n. 155 da OIT tem uma incidência mais restrita em relação aos tutelados, não abarcando todos os tipos de trabalhadores.

Como vimos nos resultados do levantamento bibliográfico, ainda que os jogadores profissionais de videogame sejam contratados por um curto período (tempo determinado), os requisitos para configuração de uma relação empregatícia estão presentes, visto que é uma relação de pessoalidade, com subordinação às ordens do time, com treinos frequentes e mediante pagamento. Além disso, as entrevistas com os dois times demonstraram que existe um movimento dentro dos esportes eletrônicos no intuito de aplicar a Lei Pelé (Lei n. 9.615/1998) nas contratações, ou seja, já há o reconhecimento da existência de uma relação empregatícia pelos atores do cenário ou, pelo menos, por parte dos atores.

(378) OIT. *Convenção n. 155.* Disponível em: https://www.ilo.org/brasilia/convencoes/WCMS_236163/lang--pt/index.htm. Acesso em: mar. 2023.

Assim, percebemos que o cenário dos esportes eletrônicos não impõe nenhum óbice à aplicação da Convenção n. 155 da OIT, visto que não é uma área econômica apta a gerar problemas em relação ao disposto na norma e os jogadores profissionais de videogame se encontram sob os requisitos para a configuração de uma relação de emprego.

Ao que se refere às temáticas tratadas pela norma internacional, podemos destacar a obrigatoriedade de desenvolvimento de uma política nacional sobre saúde, segurança e meio ambiente do trabalho e a necessidade de desenvolvimento, pelos estados-membros, de ações em nível nacional.

O art. 4º da Convenção n. 155, ao tratar do dever de estabelecimento de uma política nacional sobre saúde, segurança e meio ambiente do trabalho, dispõe que tal política deve ser reexaminada periodicamente, a fim de realizar atualizações. Além disso, a norma estabelece que o objetivo da política nacional é prevenir os acidentes e os danos à saúde, consequentes do trabalho ou com relação à atividade de trabalho, devendo tal política reduzir, ao mínimo possível e razoável, as causas dos riscos inerentes ao meio ambiente do trabalho.

Como auxílio ao legislador dos estados-membros, a convenção estabelece como parâmetro as grandes esferas de ação que devem ser abarcadas pela política nacional, a fim de garantir a diminuição de riscos nas atividades:

> a) projeto, teste, escolha, substituição, instalação, arranjo, utilização e manutenção dos componentes materiais do trabalho (locais de trabalho, meio ambiente de trabalho, ferramentas, maquinário e equipamentos; substâncias e agentes químicos, biológicos e físicos; operações e processos);
>
> b) relações existentes entre os componentes materiais do trabalho e as pessoas que o executam ou supervisionam, e adaptação do maquinário, dos equipamentos, do tempo de trabalho, da organização do trabalho e das operações e processos às capacidades físicas e mentais dos trabalhadores;
>
> c) treinamento, incluindo o treinamento complementar necessário, qualificações e motivação das pessoas que intervenham, de uma ou outra maneira, para que sejam atingidos níveis adequados de segurança e higiene;
>
> d) comunicação e cooperação a níveis de grupo de trabalho e de empresa e em todos os níveis apropriados, inclusive até o nível nacional;
>
> e) a proteção dos trabalhadores e de seus representantes contra toda medida disciplinar por eles justificadamente empreendida de acordo com a política referida no artigo 4º da presente Convenção.[379]

(379) OIT. *Convenção n. 155.* Disponível em: https://www.ilo.org/brasilia/convencoes/WCMS_236163/lang--pt/index.htm. Acesso em: mar. 2023.

Considerando essas grandes esferas de atuação destacadas na norma internacional, Rúbia Zanotelli Alvarenga destaca que a política nacional se deve pautar em dois elementos centrais: a manutenção e adaptação do meio ambiente do trabalho como forma de garantir a efetivação do direito à saúde física e mental do trabalhador (itens "a" e "b") e a propositura de políticas educacionais pautadas na comunicação, treinamento e qualificação, como meio de efetivação dos princípios da informação e da participação.(380)

A Convenção n. 155 da OIT dispõe que, para garantir a efetividade da política nacional, é preciso estabelecermos as funções e responsabilidades das autoridades públicas, dos empregadores, dos trabalhadores (empregados e funcionários públicos) e de outras pessoas interessadas (art. 6º). Além disso, a norma estabelece que a matéria de saúde e segurança precisa ser examinada, global ou com relação a setores determinados, em intervalos adequados, para que se garanta a capacidade de identificação dos principais problemas, elaboração de soluções, definição de ordem de prioridade de implementação dessas soluções e avaliação de resultados (art. 7º).

O Brasil instituiu a política nacional prevista na Convenção n. 155 da OIT por meio do Decreto n. 7.602/2011, criando a Política Nacional de Segurança e Saúde no Trabalho (PNSST). Tal política tem como objetivos a promoção da saúde, a melhoria da qualidade de vida dos trabalhadores, a prevenção de acidentes e de danos à saúde advindos, relacionados ou talvez em ocorrência no curso do trabalho, mediante a eliminação ou redução dos riscos no ambiente de trabalho.

Além disso, como forma de definir as estratégias e os planos de ação para o monitoramento, avaliação e revisão periódica das metas para o cumprimento das disposições da Política Nacional de Segurança e Saúde no Trabalho (PNSST), foi elaborado o Plano Nacional de Segurança e Saúde no Trabalho, que é de responsabilidade da Comissão Tripartite de Saúde e Segurança no Trabalho (CTSST), composta pelo governo (Ministério do Trabalho, da Previdência Social e da Saúde), por representantes dos empregadores (Confederação Nacional da Agricultura e Pecuária do Brasil, Confederação Nacional da Indústria, Confederação Nacional das Instituições Financeiras, Confederação Nacional do Comércio de Bens, Serviços e Turismo e Confederação Nacional do Transporte) e por representantes dos trabalhadores (Central Única dos Trabalhadores, Central-Geral dos Trabalhadores do Brasil,

(380) ALVARENGA, Rúbia Zanotelli de. Princípios fundamentais de direito ambiental do trabalho. In: FELICIANO, Guilherme Guimarães; URIAS, João; MARANHÃO, Ney. *Direito ambiental do trabalho* — apontamentos para uma teoria geral. v. 3. São Paulo: LTr, 2017. p. 76.

Força Sindical, Nova Central Sindical dos Trabalhadores e União Geral dos Trabalhadores).(381)

O Plano Nacional de Segurança e Saúde no Trabalho elenca oito objetivos centrais: (i) inclusão de todos os trabalhadores brasileiros no sistema nacional de promoção e proteção da segurança e saúde no trabalho (SST); (ii) harmonização da legislação trabalhista, sanitária, previdenciária e outras que se relacionem com SST; (iii) integração das ações governamentais de SST; (iv) adoção de medidas especiais para atividades laborais submetidas a alto risco de doenças e acidentes de trabalho; (v) estruturação de uma rede integrada de informações em SST; (vi) implementação de sistemas de gestão de SST nos setores públicos e privados; (vii) capacitação e educação continuada em SST; (viii) criação de uma agenda integrada de estudos e pesquisas em SST.

Considerando esses objetivos estratégicos, as ações para a definição de parâmetros específicos de redução de riscos no meio ambiente do trabalho dos esportes eletrônicos, principalmente os possíveis riscos associados ao desenvolvimento de transtorno de jogo (CID – 6C51), estariam inseridas dentro do contexto do objetivo 4 do plano, que inclui, entre suas ações estratégicas, o compromisso de desenvolvimento de estudos para o aperfeiçoamento da legislação relacionada à SST para atividades laborais submetidas a alto risco, estabelecimento de experiências piloto articuladas intersetorialmente para a verificação da eficácia das medidas regulatórias propostas e o aperfeiçoamento de listas de fatores de risco e agentes nocivos.

Percebemos, assim, que o Brasil já possui um espaço estruturado voltado à promoção da saúde, higiene e segurança do trabalho. Dessa forma, futuros estudos relacionados aos esportes eletrônicos poderiam ser inseridos no âmbito do Plano Nacional de Segurança e Saúde no Trabalho.

Um ponto que merece destaque, no entanto, diz respeito à necessidade de incluir entre as entidades representativas de trabalhadores e empregadores que compõem a Comissão Tripartite de Saúde e Segurança no Trabalho (CTSST) atores envolvidos no cenário dos esportes eletrônicos, tendo em vista que é um ecossistema organizado de uma maneira muito específica.

Essa representatividade, porém, nem sempre é encontrada no setor, devido às dificuldades de organização associativa e sindical dos jogadores profissionais de videogame, dos times e à atuação das desenvolvedoras dos jogos.

---

(381) CT-SST. *Plano Nacional de Segurança e Saúde no Trabalho*. Disponível em: https://www.gov.br/trabalho-e-previdencia/pt-br/composicao/orgaos-especificos/secretaria-de-trabalho/inspecao/escola/e-biblioteca/plano-nacional-de-seguranca-e-saude-no-trabalho-plansat.pdf/view. Acesso em: mar. 2023.

Além disso, considerando as especificidades do setor dos esportes eletrônicos e o fato de ser uma área nova, seria preciso que o legislador brasileiro fizesse o acompanhamento das medidas de saúde e segurança do setor (previstas na Convenção n. 155, OIT) em uma periodicidade pequena e de forma específica, a fim de se manter a par do desenvolvimento do setor e dos estudos em desenvolvimento sobre a matéria.

Por fim, outro ponto que merece destaque em relação à Política Nacional de Segurança e Saúde no Trabalho (PNSST) e ao Plano Nacional de Segurança e Saúde no Trabalho instituídos pelo Brasil é que eles parecem ter uma incidência mais abrangente que a Convenção n. 155 da OIT, uma vez que ambos se referem ao trabalhador como sujeito tutelado, e não como empregado. Além disso, a política nacional dispõe como princípio orientador a universalidade e como diretriz a "inclusão de todos os trabalhadores brasileiros no sistema nacional de promoção e proteção da saúde".[382]

Complementarmente, a Política Nacional de Saúde do Trabalhador e da Trabalhadora (Portaria n. 1.823/2012), que foi instituída em alinhamento à Política Nacional de Segurança e Saúde no Trabalho (PNSST), dispõe, em seu art. 3º, que todos os trabalhadores são sujeitos tutelados, independentemente de vínculo empregatício, o que reforça o argumento de que a Política Nacional de Segurança e Saúde no Trabalho (PNSST) instituída pelo Brasil possui uma incidência de aplicação maior que a Convenção n. 155 da OIT, alcançando tanto empregados quanto trabalhadores.

Em relação ao desenvolvimento de ações em nível nacional, a Convenção n. 155 da OIT estabelece que os estados-membros devem, por via legislativa, regulamentar ou qualquer outra via, efetivar o compromisso da política nacional sobre saúde, segurança e meio ambiente do trabalho (art. 8º), sendo necessária a instituição de medidas de orientação para que os trabalhadores e empregadores cumpram com as obrigações legais (art. 10).

Nesse sentido, destaca Olívia Pasqualeto que a promoção do diálogo tripartite (envolvendo governo, representantes dos trabalhadores e representantes dos empregadores) ou multipartite (adicionando membros do terceiro setor, academia...) é uma prática que favorece a troca de informações e reforça o direito à educação e participação em relação ao trabalho.[383] No caso dos esportes eletrônicos, o diálogo multipartite envolvendo as desenvolvedoras

(382) BRASIL. *Decreto n. 7.602/2011*. Disponível em:https://www.planalto.gov.br/ccivil_03/_ato2011-2014/2011/decreto/d7602.htm. Acesso em: abr. 2023.

(383) PASQUALETO, Olívia de Quintana Figueiredo. *A influência do direito internacional na proteção da saúde e segurança do trabalhador:* uma análise jurisprudencial sobre a aplicação da Convenção n. 155 da OIT pela Justiça do Trabalho no Brasil. 2020. Tese (Doutorado) – Universidade de São Paulo, São Paulo, 2020, p. 72.

dos jogos é essencial para garantir a efetivação do direito ao meio ambiente do trabalho seguro.

A Convenção n. 155 ainda estabelece uma série de ações que devem ser implementadas pelos Estados, ainda que progressivamente, para efetivar a política nacional sobre saúde, segurança e meio ambiente do trabalho (art. 11). As ações destacadas na convenção internacional podem ser classificadas em três categorias: (i) as que preveem identificação e regulação dos riscos envolvendo as atividades (alíneas "a"[(384)] e "b"[(385)]); (ii) as que preveem a obrigação de monitoramento de ocorrência de acidentes e doenças do trabalho (alíneas "c"[(386)] e "d"[(387)]); (iii) as que preveem a necessidade de divulgação de informações relacionadas à saúde, segurança e meio ambiente do trabalho no país (alíneas "e"[(388)] e "f"[(389)]).[(390)]

Percebemos, pela análise realizada no capítulo anterior, que, em relação aos esportes eletrônicos, essas ações de identificação de riscos da atividade, monitoramento dos casos de acidente e doença do trabalho e de divulgação

---

(384) "[...] determinação, quando a natureza e o grau de risco assim o requererem, das condições que regem a concepção, a construção e o acondicionamento das empresas, sua colocação em funcionamento, as transformações mais importantes que forem necessárias e toda modificação dos seus fins iniciais, assim como a segurança do equipamento técnico utilizado no trabalho e a aplicação de procedimentos definidos pelas autoridades competentes;"

(385) "[...] determinação das operações e processos que serão proibidos, limitados ou sujeitos à autorização ou ao controle da autoridade ou autoridades competentes, assim como a determinação das substâncias e agentes aos quais estará proibida a exposição no trabalho, ou bem limitada ou sujeita à autorização ou ao controle da autoridade ou autoridades competentes; deverão ser levados em consideração os riscos para a saúde decorrentes da exposição simultânea a diversas substâncias ou agentes;"

(386) "[...] estabelecimento e a aplicação de procedimentos para a declaração de acidentes do trabalho e doenças profissionais por parte dos empregadores e, quando for pertinente, das instituições seguradoras ou outros organismos ou pessoas diretamente interessados, e a elaboração de estatísticas anuais sobre acidentes do trabalho e doenças profissionais;"

(387) "[...] realização de sindicâncias cada vez que um acidente do trabalho, um caso de doença profissional ou qualquer outro dano à saúde ocorrido durante o trabalho ou com relação com o mesmo possa indicar uma situação grave;"

(388) "[...] publicação anual de informações sobre as medidas adotadas para a aplicação da política referida no artigo 4 da presente Convenção e sobre os acidentes de trabalho, os casos de doenças profissionais ou outros danos à saúde ocorridos durante o trabalho ou com relação com o mesmo;"

(389) "[...] levando em consideração as condições e possibilidades nacionais, a introdução ou desenvolvimento de sistemas de pesquisa dos agentes químicos, físicos ou biológicos no que diz respeito aos riscos que eles representaram para a saúde dos trabalhadores."

(390) PASQUALETO, Olívia de Quintana Figueiredo. *A influência do direito internacional na proteção da saúde e segurança do trabalhador:* uma análise jurisprudencial sobre a aplicação da Convenção n. 155 da OIT pela Justiça do Trabalho no Brasil. 2020. Tese (Doutorado) – Universidade de São Paulo, São Paulo, 2020, p. 73.

de informações não vêm sendo cumpridas pelo Brasil, o que demonstra que a política nacional sobre saúde, segurança e meio ambiente do trabalho ainda é deficitária na área dos *esports*.

Tendo em vista o crescimento do setor no país e os riscos associados à atividade, principalmente o distúrbio mental de transtorno de jogo (CID – 6C51), é importante que o legislador brasileiro amplie sua atuação nessa área, a fim de possibilitar maior conhecimento do cenário do *esports* e o consequente cumprimento da Convenção n. 155 da OIT.

Uma possibilidade de garantir a efetivação da política nacional sobre saúde, segurança e meio ambiente do trabalho na esfera dos esportes eletrônicos seria a edição, por parte do Ministério do Trabalho, de uma Norma Regulamentadora (NR) específica sobre o trabalho dos jogadores profissionais de videogame, tendo em vista as peculiaridades das atividades desse setor (art. 200, CLT). A proposição de uma regulação nesse sentido deve ser realizada, no entanto, considerando os estudos realizados no âmbito do Plano Nacional de Segurança e Saúde no Trabalho, conforme vimos anteriormente.

Outros pontos que merecem destaque na Convenção n. 155 se referem à garantia de proteção aos trabalhadores que julgarem necessário, por motivos razoáveis, interromper uma situação de trabalho que envolva perigo iminente e grave para a saúde ou para a vida (art. 13) e a exigência de que os empregadores garantam a segurança dos locais de trabalho, do maquinário, dos equipamentos e das operações e processos, no que for razoável e possível (art. 16), com o estabelecimento de medidas para lidar com situações de urgência e com acidentes (art. 18).

Embora a norma internacional tenha optado por utilizar termos que trazem subjetividade ("motivos razoáveis", "no que for possível e razoável") e, em caso de contestação, necessitarão de uma análise por parte do Poder Judiciário, a inclusão do direito de interrupção do trabalho e do dever de o empregador estar atento à segurança do meio ambiente de trabalho é importante visto que traz a temática para o direito internacional.

Além disso, quando consideramos o cenário dos esportes eletrônicos, devemos ter em mente que as disposições acerca da segurança do meio ambiente do trabalho envolvem tanto as possíveis consequências do uso ergonomicamente errado de equipamentos e maquinários quanto os eventuais riscos do tempo excessivo de exposição às telas. Assim, é imprescindível que, para o cumprimento integral da Convenção n. 155, sejam realizados estudos específicos sobre os riscos da atividade profissional de videogame.

Por fim, a Convenção n. 155 da OIT ainda dispõe que a cooperação entre empregadores e trabalhadores deve ser um elemento essencial para a efetivação da saúde e segurança dos trabalhadores e do meio ambiente do trabalho. No caso dos esportes eletrônicos, é importante ressaltarmos que o elemento cooperativo deve incluir as desenvolvedoras dos jogos, visto que elas possuem um papel essencial dentro do setor.

Embora a Convenção n. 155 da OIT tenha um importante papel no sentido de estabelecer regramentos mínimos para a efetivação da saúde e segurança dos trabalhadores, a Organização Mundial da Saúde (OMS) identificou uma vulnerabilidade na institucionalização de instrumentos de promoção da saúde mental, tendo em vista que apenas 35% dos países relataram possuir, em 2020, programas nacionais para a promoção e prevenção da saúde mental relacionada ao trabalho.(391)

No âmbito brasileiro, não há, nem na Política Nacional de Segurança e Saúde no Trabalho (PNSST), nem no Plano Nacional de Segurança e Saúde no Trabalho, disposições específicas sobre saúde mental. A Política Nacional de Saúde do Trabalhador e da Trabalhadora apresenta apenas um dispositivo que trata da necessidade de o processo de capacitação de profissionais envolver os aspectos de saúde mental.

Considerando esse cenário de vulnerabilidade na efetivação da saúde mental no trabalho, a Organização Internacional do Trabalho (OIT) e a Organização Mundial da Saúde (OMS) lançaram, em conjunto, diretrizes para o enfrentamento de problemas de saúde mental no trabalho. As diretrizes são voltadas tanto para os governos quanto para os empregadores e se pautam em três eixos estratégicos: prevenção, proteção/promoção e apoio.(392)

No eixo estratégico da prevenção, os organismos internacionais identificam que é fundamental que os governos trabalhem em conjunto com as organizações de empregadores e trabalhadores para desenvolver ou revisar as normas de saúde, higiene e segurança do trabalho, com o objetivo de garantir paridade entre as disposições sobre saúde mental e saúde física. Já para os empregadores, o documento dispõe ser necessária a mitigação dos riscos psicossociais no ambiente de trabalho, que pode ocorrer, entre outras ações, por meio da flexibilização da jornada de trabalho, do envolvimento dos trabalhadores nas decisões sobre o trabalho ou da modificação da carga/horário de trabalho.(393)

---

(391) OIT. *OMS e OIT pedem novas medidas para enfrentar os problemas de saúde mental no trabalho.* Disponível em: https://www.ilo.org/brasilia/noticias/WCMS_857127/lang--pt/index.htm. Acesso em: abr. 2023.

(392) WHO; ILO. *Mental health at work:* policy brief. 2022, p. 5. Disponível em: https://www.ilo.org/wcmsp5/groups/public/---ed_protect/---protrav/---safework/documents/publication/wcms_856976.pdf. Acesso em: abr. 2023.

(393) *Ibidem*, p. 8-9.

No caso específico dos esportes eletrônicos, para que haja a efetivação desse eixo estratégico, é necessária a revisão da Política Nacional de Segurança e Saúde no Trabalho (PNSST) e do Plano Nacional de Segurança e Saúde no Trabalho para a inclusão de previsões específicas acerca da saúde mental dos trabalhadores e, paralelamente, a realização de estudos específicos para a identificação de todos os riscos existentes no meio ambiente do trabalho dos jogadores profissionais de videogame.

Já no eixo estratégico de proteção e promoção da saúde mental, a diretriz direcionada aos governos estabelece que eles devem desenvolver estruturas legais e políticas, para exigir ou incentivar a implementação de intervenções, visando proteger e promover a saúde mental. Além disso, o documento estabelece que os governos devem fornecer diretrizes e garantir padrões de qualidade em treinamentos e intervenções psicossociais. Em relação aos empregadores, a diretriz baseia-se na necessidade de existência de planos e políticas específicas de saúde mental integrados aos sistemas internos de gestão em saúde e segurança.(394)

O cumprimento desse segundo eixo temático na área dos esportes eletrônicos passa também pela atualização da Política Nacional de Segurança e Saúde no Trabalho (PNSST) e do Plano Nacional de Segurança e Saúde no Trabalho e, concomitantemente a essa atualização, o desenvolvimento de protocolos específicos de treinamento e intervenção psicossocial. Em relação aos times, é necessária a contratação de profissionais dedicados ao acompanhamento da saúde mental dos jogadores, contratação que já é realizada por alguns times, mas que deve ser uma prática amplamente estimulada e difundida.

Por fim, o eixo estratégico de apoio destaca que os governos têm o dever de viabilizar intervenções de apoio (mediante consulta prévia às organizações de representação de empregadores e trabalhadores), garantir que as normas trabalhistas internas estejam em consonância com os padrões estabelecidos internacionalmente, garantir a não discriminação de pessoas com transtornos mentais e estabelecer programas que garantam o regresso ao trabalho. Já em relação aos empregadores, estabelece que estes possuem o dever de implementar processos de recrutamento não discriminatórios, bem como de sistemáticas hierárquicas que prevejam a obrigatoriedade de os supervisores zelarem pelo apoio e desenvolvimento mental de seus supervisionados.(395)

Em relação à efetivação desse último eixo, como as legislações internacionais que envolvem os esportes eletrônicos ainda são incipientes, é preciso

(394) WHO; ILO. *Mental health at work:* policy brief. 2022, p. 11. Disponível em: https://www.ilo.org/wcmsp5/groups/public/---ed_protect/---protrav/---safework/documents/publication/wcms_856976.pdf. Acesso em: abr. 2023.

(395) *Idem.*

que o Brasil esteja atento às discussões internacionais, para que adote, no futuro, as medidas aptas a garantir proteção aos profissionais de *esports* portadores de transtornos mentais.

Percebemos, assim, que, mesmo com o estabelecimento de um regramento internacional específico como a Convenção n. 155 da OIT e a elaboração de uma Política Nacional de Segurança e Saúde no Trabalho (PNSST), a prevenção e a promoção da saúde mental no meio ambiente do trabalho são pontos de difícil implementação. Considerando os possíveis riscos associados ao transtorno de videogame (CID- 6C51) no cenário dos esportes eletrônicos, este é um ponto de atenção que precisa estar no radar do legislador, com os outros pontos, já destacados anteriormente, que são questões específicas do cenário dos esportes eletrônicos e não estão abrangidos pela legislação em vigor no país.

Considerações Finais

Esta pesquisa teve por objetivo central compreender, por meio de mapeamento bibliográfico, jurisprudencial e legislativo, os problemas envolvendo os esportes eletrônicos, se seria necessária a elaboração de uma legislação jurídico-trabalhista específica para regular o setor. Para responder a essa pergunta central, foi necessário percorrer algumas questões complementares, conforme disposto nos objetivos específicos da nota metodológica do trabalho: (i) organização do ecossistema dos esportes eletrônicos; (ii) estratégias regulatórias adotadas pelas desenvolvedoras dos jogos; (iii) problemáticas próprias dos *esports*; (iv) rotina de trabalho dos jogadores profissionais de videogame; (v) possíveis impactos e riscos físicos e mentais da atividade de jogar videogame; e (vi) efetivação dos princípios da proteção integral e prioridade absoluta em relação a jogadores profissionais de videogame adolescentes.

(i) O ecossistema dos esportes eletrônicos não é homogêneo, uma vez que a existência e o grau de importância de determinados atores no cenário estão condicionados à estratégia regulatória adotada pelas desenvolvedoras dos jogos. Assim, podemos dizer que não estamos diante de um ecossistema, mas de vários, de modo que essa diversidade traz, por si só, inúmeros desafios regulatórios. O mais importante desses desafios talvez seja a necessidade de buscar um equilíbrio no detalhamento da legislação, para garantir que esta não seja tão genérica, a ponto de não contemplar as especificidades de alguns desses ecossistemas, nem tão específica, a ponto de engessar os diversos ecossistemas.

(ii) O direito de propriedade intelectual traz uma série de garantias às desenvolvedoras de jogos eletrônicos. Uma das mais importantes está relacionada à possibilidade de determinar a estratégia regulatória aplicada aos cenários competitivos de seus jogos (ignorar, deixar, pautar o nicho, regular ou super-regular), estratégia que estabelece, por exemplo, o nível de participação das desenvolvedoras como entidades instituidoras de regramentos das competições, os tipos de regramentos aplicados e as obrigações mínimas a serem cumpridas pelos times.

Essa garantia relacionada ao poder regulatório constitui-se como uma das principais diferenças dos esportes eletrônicos, quando comparado com os esportes tradicionais, visto que nestes a regulação é exercida por entidades de administração do desporto (federações e confederações), entidades que não encontram paralelo nos *esports*, porque, nesse cenário, há a presença de uma empresa dona do jogo.

(iii) Os mapeamentos bibliográfico, jurisprudencial e legislativo, além das respostas colhidas nas duas entrevistas realizadas com times do *League of Legends*, possibilitaram a elaboração de um mapa dos problemas encontrados nos esportes eletrônicos. Foi identificada uma série de problemáticas que puderam ser organizadas em sete eixos temáticos: competição, contrato, jogadores, local de trabalho, regulação, representação e saúde. Da análise desses problemas, identificou-se que alguns deles estão presentes em outros trabalhos, já sendo regulados pela legislação brasileira, enquanto outros não possuem regulação, seja porque a dinâmica dos *esports* oferece um novo contorno para a questão, afastando a incidência da legislação existente sobre a temática, seja porque é uma especificidade do setor.

Da análise das problemáticas que apresentam novos contornos das questões já reguladas e das problemáticas específicas do setor, percebemos que a legislação brasileira existente não é adequada para regular a matéria (caso da Lei n. 9.615/1998/Lei n. 14.597/23), visto que foi pensada para regular uma estrutura de organização desportiva que não comporta as singularidades de um tipo de atividade em que há um dono ou não apresenta mecanismos aptos a garantir a redução de riscos do meio ambiente do trabalho e a proteção dos jogadores profissionais de videogame (caso, por exemplo, da Política Nacional de Segurança e Saúde no Trabalho).

Diante da existência de especificidades relevantes no cenário dos esportes eletrônicos e da inadequação da legislação brasileira atual para reger a temática, fica evidente a necessidade de uma regulação jurídico-trabalhista específica da matéria. Caberá ao legislador estabelecer, no entanto, se tal legislação definirá a atividade como uma modalidade desportiva ou não, definição que, como vimos anteriormente, não é requisito obrigatório para a elaboração da norma.

Além disso, cabe-nos destacar que algumas das problemáticas encontradas no mapeamento necessitam do desenvolvimento de estudos aprofundados que verifiquem as melhores formas de garantir a segurança dos jogadores profissionais de videogame. É o caso de estudos envolvendo a análise dos riscos para o desenvolvimento do transtorno de jogo e dos riscos relacionados ao tempo excessivo de exposição a telas.

(iv) Por meio dos dados bibliográficos e pelas respostas das duas entrevistas realizadas, foi possível identificarmos que as jornadas de trabalho dos jogadores profissionais de videogame são extensas, incluindo períodos de treinamento superiores a oito horas diárias. Além disso, o trabalho em horário noturno parece ser uma prática comum no setor e, diante das divergências acerca da incidência do adicional noturno nas atividades desportivas regidas pela Lei n. 9.615/1998 (parte dos times contratam os jogadores profissionais de videogame sob a regência da Lei Pelé), esse trabalho noturno pode ser exercido sem que haja pagamento de adicional.

Assim, um dos pontos essenciais que devem ser analisados pelo legislador em uma futura regulação jurídico-trabalhista está na duração da jornada de trabalho dos jogadores profissionais de videogame e no trabalho noturno, considerando, no momento da regulação, os riscos associados a jornadas excessivas de trabalho, tempo excessivo de exposição a telas e os riscos associados ao desenvolvimento do transtorno de jogo.

Além disso, um ponto importante a ser destacado considerando as especificidades do cenário dos esportes eletrônicos diz respeito às *gaming houses*. Nessa forma de organização dos times, em que os jogadores moram e trabalham no mesmo lugar, a separação entre tempo de trabalho e tempo de descanso pode ser mais complicada. Essa, portanto, é outra questão que precisa estar no radar do legislador.

(v) Os mapeamentos realizados também possibilitaram a identificação tanto de riscos à saúde física dos jogadores profissionais de videogame quanto de riscos à saúde mental. Em relação à saúde física, foram identificados problemas relacionados às lesões musculoesqueléticas, muitas vezes associadas aos movimentos repetitivos realizados pelos jogadores ao longo do período de treinamento e de jogo. Além disso, há outras situações que podem gerar riscos à saúde física dos atletas, aquelas relacionadas ao *doping* (uso de anabolizantes, drogas...) e às condições precárias do local de trabalho (e também de residência, quando estamos diante de uma *gaming house*). Já em relação à saúde mental, foram identificados possíveis riscos associados ao desenvolvimento de transtorno de jogo (CID- 6C51), além de riscos de desenvolvimento de transtornos mentais, como ansiedade, depressão, dependência digital, irritabilidade, Transtorno de Déficit de Atenção e Hiperatividade, transtornos de sono, comportamentos autolesivos.

(vi) Tendo em vista que o cenário dos esportes eletrônicos se caracteriza pela presença de muitos jovens, seja na parte da audiência, seja como jogadores de videogame que buscam a profissionalização, a análise da efetivação dos princípios da proteção integral e prioridade absoluta é extremamente importante. Embora o país possua uma legislação avançada sobre a temática, os *esports* apresentam especificidades que precisam ser analisadas para que os princípios constitucionais sejam cumpridos. Entre os desafios legislativos desta temática, podemos destacar estes: análise, considerando resultados de pesquisas específicas sobre a necessidade de atualização da Lista TIP para a inclusão da atividade de videogame; viabilidade de o trabalho como jogador de videogame ser autorizado mediante alvará judicial; competência para eventual emissão de autorização para o trabalho; jornada de trabalho, considerando os riscos envolvendo o tempo de exposição a telas e o desenvolvimento físico e mental da criança e do adolescente; e proibição de realização do trabalho em período noturno.

Considerando os resultados apresentados acima em relação aos objetivos específicos da pesquisa, podemos identificar que os *esports* possuem singularidades próprias que não são abarcadas pela legislação vigente. Diante desse cenário, a forma mais efetiva de garantir proteção jurídico-trabalhista efetiva aos jogadores profissionais de videogame é por meio da elaboração de uma legislação específica que regulamente o cenário.

É preciso, no entanto, que o legislador, ao propor a regulação dos esportes eletrônicos, tenha em mente que este não é um ecossistema homogêneo e compreenda as nuances existentes no cenário mediante a estratégia regulatória adotada pelas desenvolvedoras dos jogos.

Quando analisamos as propostas legislativas em tramitação no Congresso Nacional, percebemos que o caminho até então majoritariamente escolhido pelo legislador é o de propor o reconhecimento dos esportes eletrônicos como atividade desportiva. Embora consideremos que, pela definição proposta por Valdir Barbanti, nem todos os jogos se caracterizariam como atividade desportiva — diante de alguma insuficiência relativa à institucionalização da atividade competitiva, à existência de esforço físico vigoroso/habilidades motoras relativamente complexas ou às motivações intrínsecas e extrínsecas por parte dos jogadores —, este é um caminho que pode ser escolhido pelo legislador.

O importante é que, mesmo que o legislador opte por definir que os esportes eletrônicos são atividade desportiva, a regulação seja realizada por lei à parte, já que, como vimos ao longo da pesquisa, a Lei Pelé (Lei n. 9.615/1998) e a Lei Geral do Esporte (Lei n. 14.597/23) possuem diversos dispositivos incompatíveis com a estrutura dos *esports*.

Tendo em vista que, a nosso ver, nem todos os jogos se caracterizariam como atividade desportiva, o melhor caminho seria que o legislador optasse pela regulação em lei específica sem se debruçar sobre o viés desportivo ou não da matéria. Dessa forma, a legislação seria aplicável a todos os jogos competitivos, garantindo a proteção aos jogadores.

Precisamos também destacar que nem todas as problemáticas identificadas por meio dos mapeamentos seriam passíveis de serem resolvidas por esta legislação específica, tendo em vista que envolvem questões constitucionais, como o problema relativo à possibilidade de sindicalização nos esportes eletrônicos, que seria melhor resolvido pelo fim da unicidade sindical no país.

Além disso, existem questões que necessitam de embasamento científico para que sejam eventualmente revistas. É o caso das regras relativas à proteção integral e prioritária de crianças e adolescentes que poderiam, a depender das conclusões de pesquisas específicas, incluir as atividades de videogame na Lista TIP entre as piores formas de trabalho infantil ou estabelecer limitações mais severas em relação ao tempo de exposição a telas de adolescentes com contrato de formação/aprendizagem.

Outro ponto que demandaria a realização de estudos específicos para eventual regulação diz respeito aos transtornos mentais que podem ser desenvolvidos pela prática excessiva de jogar videogame, sobretudo o transtorno de jogo (CID- 6C51). A depender dos resultados das pesquisas, um caminho que pode ser trilhado pelo legislador é o de estabelecer maior restrição em relação à jornada de trabalho dos jogadores profissionais de videogame (ou seja, inferior a oito horas) ou então uma limitação específica em relação ao tempo de exposição a telas. Cabe destacar que tal preocupação com a jornada de trabalho não deve abranger apenas aqueles profissionais com vínculo empregatício reconhecido pelo time, mas todos os trabalhadores, na medida em que estamos diante de uma questão de saúde.

Cabe-nos destacar, ainda, que a atualização da Política Nacional de Segurança e Saúde no Trabalho (PNSST) para a inclusão de dispositivos específicos sobre saúde mental não é uma questão que depende dos resultados dos estudos acima, tendo em vista a importância do tema e considerando que as diretrizes estipuladas pela Organização Internacional do Trabalho (OIT) e pela Organização Mundial da Saúde (OMS), pautadas nos eixos de prevenção, proteção/promoção e apoio, são genéricas, visando à proteção da saúde mental dos trabalhadores de maneira ampla. Além disso, nada impede que, após a realização de estudos específicos sobre os esportes eletrônicos, tal política seja atualizada novamente para incluir as especificidades do setor.

Por fim, é preciso termos em mente que esta pesquisa se constitui como um esforço inicial de mapeamento dos problemas com impacto trabalhista envolvendo o cenário dos esportes eletrônicos. Como este ainda é um cenário emergente, foi necessário esse esforço de conhecimento de campo para a identificação dos desafios a serem enfrentados pelos legisladores em uma eventual regulação, desafios que são, em sua maior parte, ignorados pelos projetos de lei em trâmite no Congresso Nacional.

Pretendemos, por fim, que este estudo seja um incentivo e traga reflexões importantes que possibilitem o desenvolvimento de outros trabalhos sobre problemas específicos envolvendo os esportes eletrônicos, de modo que tais pesquisas auxiliem o trabalho complexo do legislador de estabelecer regramentos para uma atividade com características singulares que envolve grandes receitas globais e tem sido difundida muito fortemente no Brasil.

Bibliografia

ABCD. *Código Brasileiro Antidopagem*. Disponível em: https://www.gov.br/abcd/pt-br/composicao/regras-antidopagem-legislacao-1/codigos/copy_of_codigos/codigo-brasileiro-antidopagem-aprovado-cne-19-12-2022.pdf/. Acesso em: mar. 2023.

ABCD. *Estrutura organizacional*. Disponível em: https://www.gov.br/abcd/pt-br/acesso-a-informacao/institucional/estrutura-organizacional. Acesso em: mar. 2023.

ABCD. *Lista proibida*. Disponível em: https://www.gov.br/abcd/pt-br/composicao/atletas/substancias-e-metodos-proibidos/arquivos-lista-de-substancias-proibidas/lista-2022-v-4-revisada-e-corrigida-19-08-2022.pdf. Acesso em: mar. 2023.

ALVARENGA, Rúbia Zanotelli de. Princípios fundamentais de direito ambiental do trabalho. In: FELICIANO, Guilherme Guimarães; URIAS, João; MARANHÃO, Ney. *Direito ambiental do trabalho* — apontamentos para uma teoria geral. v. 3. São Paulo: LTr, 2017.

BARBANTI, Valdir. O que é esporte? *Rev. Bras. Ativ. Fís. Saúde* [Internet]. Disponível em: https://rbafs.org.br/RBAFS/article/view/833. Acesso em: jan. 2023.

BBC. *Tóquio 2020*: quais são os novos esportes da Olímpiada. Disponível em: https://www.bbc.com/portuguese/geral-57889404. Acesso em: nov. 2021.

BENOIT, Julie Justine *et al*. The neuropsychological profile of professional action video game players. *PeerJ*. vol. 8 e10211. 17 nov. 2020. DOI: 10.7717/peerj.10211. Disponível em: https://pubmed.ncbi.nlm.nih.gov/33240605/. Acesso em: nov. 2021.

BEVIR, Mark. *Governance*: A Very Short Introduction. Oxford: Oxford University Press, 2014.

BOUDOT, Michel; FAURE-ABBAD, Marianne. La qualification juridique de l'e-sport. Gaylor Rabut, Morgane Reverchon-Billot. *Les enjeux juridiques de l'e-sport*, PUAM, 2017, 978-2-7314-10709. hal-01925756.

BRAND, Stewart. *Spacewar*: Fanatic Life and Symbolic Death Among the Computer Bums. Rolling Stone, 1972. Disponível em: http://wheels.org/spacewar/stone/rolling_stone.html. Acesso em: out. 2021.

BRASIL. *Decreto n. 7.602/2011*. Disponível em: https://www.planalto.gov.br/ccivil_03/_ato2011-2014/2011/decreto/d7602.htm. Acesso em: abr. 2023.

BRASIL. *NR-17 – Ergonomia*. Disponível em: https://www.gov.br/trabalho-e-previdencia/pt-br/composicao/orgaos-especificos/secretaria-de-trabalho/inspecao/seguranca-e-saude-no-trabalho/normas-regulamentadoras/nr-17-atualizada-2022.pdf. Acesso em: fev. 2023.

BRASIL. *NR-24 – Condições sanitárias e de conforto nos locais de trabalho*. Disponível em: https://www.gov.br/trabalho-e-previdencia/pt-br/composicao/orgaos-especificos/secretaria-de-trabalho/inspecao/seguranca-e-saude-no-trabalho/normas-regulamentadoras/nr-24-atualizada-2022.pdf. Acesso em: fev. 2023.

BRASIL. *PL 2796/2021*. Disponível em: https://www.camara.leg.br/propostas-legislativas/2293861. Acesso em: jan. 2023.

BRASIL. *PL 2891/2022*. Disponível em: https://www.camara.leg.br/proposicoesWeb/fichadetramitacao?idProposicao=2340373. Acesso em: jan. 2023.

BRASIL. *PL 2972/2019*. Disponível em: https://www.camara.leg.br/proposicoesWeb/fichadetramitacao?idProposicao=2203969. Acesso em: nov. 2021.

BRASIL. *PL 3450/2015*. Disponível em: https://www.camara.leg.br/proposicoesWeb/fichadetramitacao?idProposicao=2025514&ord=1. Acesso em: nov. 2021.

BRASIL. *PL 6210/2016*. Disponível em: https://www.camara.leg.br/proposicoesWeb/fichadetramitacao?idProposicao=2112633. Acesso em: nov. 2021.

BRASIL. *PL 70/2022*. Disponível em: https://www.camara.leg.br/propostas-legislativas/2313858. Acesso em: jan. 2023.

BRASIL. *PL 7747/2017*. Disponível em: https://www.camara.leg.br/proposicoesWeb/fichadetramitacao?idProposicao=2139618. Acesso em: nov. 2021.

BRASIL. *PL 8260/2017*. Disponível em: https://www.camara.leg.br/proposicoesWeb/fichadetramitacao?idProposicao=2147404. Acesso em: nov. 2021.

BRASIL. *PLS 383/2017*. Disponível em: https://www.congressonacional.leg.br/materias/materias-bicamerais/-/ver/pls-383-2017. Acesso em: nov. 2021.

BRATEFIXE JUNIOR, Antonio Carlos. *Introdução ao estudo do esports law*: o direito do esporte eletrônico. Leme: Mizuno, 2021.

BURO, Michael. *Real-time strategy games*: a new AI research challenge. Disponível em: https://skatgame.net/mburo/ps/RTS-ijcai03.pdf. Acesso em: out. 2021.

CASTRO, Bruno; BRANDÃO, Elaine Reis. Aprimoramento cognitivo e uso de substâncias: um estudo em torno da divulgação midiática brasileira sobre "*smart drugs*" e nootrópicos. In: *Teoria e Cultura – Revista de Pós-graduação em Ciências Sociais da UFJF*, vol. 15, n. 2, 2020. Disponível em: https://periodicos.ufjf.br/index.php/TeoriaeCultura/article/view/29336. Acesso em: fev. 2023.

CBDEL. *Sobre a confederação*. Disponível em: https://cbdel.com.br/portal/governanca/sobre-cbdel. Acesso em: out. 2021.

CBEE. *Sobre nós*. Disponível em: http://www.cbee.com.br/#sobre. Acesso em: out. 2021.

CBeS. *Conheça a CBeS*. Disponível em: http://cbesports.com.br/a-cbes/conheca-a-cbes/. Acesso em: out. 2021.

CBGE. *Sobre nós*. Disponível em: https://cbge.com.br/institucional/a-cbge. Acesso em: out. 2021.

CHAO, Laura L. 'You Must Construct Additional Pylons': Building a Better Framework for Esports Governance. N. 86. *Fordham Law Review*, 2017. Disponível em: https://ir.lawnet.fordham.edu/cgi/viewcontent.cgi?article=5447&context=flr. Acesso em: out. 2021.

CISNEROS, Jesus. Leveling the E-Sports Playing Field: An Argument in Favor of Government Regulation to Ensure Fair Player Contracts for Young Professional Gamers in E-Sports. In: *California Western Law Review*, vol. 58, 2022. Disponível em: https://scholarlycommons.law.cwsl.edu/cgi/viewcontent.cgi?article=1744&context=cwlr. Acesso em: fev. 2023.

CNN. *Profissão streamer*: a geração que ganha até US$ 500 mil por mês fazendo lives. Disponível em: https://www.cnnbrasil.com.br/business/profissao-streamer-a-geracao-que-ganha-ate-us-500-mil-por-mes-fazendo-lives/. Acesso em: out. 2021.

COB. *COI anuncia o programa dos Jogos Olímpicos Paris de 2024*. Disponível em: https://www.cob.org.br/pt/galerias/noticias/coi-anuncia-o-programa-dos-jogos-olimpicos-paris-2024/. Acesso em: nov. 2021.

CRIPE, Chase. TFUE v. FaZe Clan and Newly Created Players Associations: What Has Happened and How Will It Impact the Future of Esports? In: *Marquette Sports Law Review*, vol. 31, 2020. Disponível em: https://scholarship.law.marquette.edu/cgi/viewcontent.cgi?article=1790&context=sportslaw. Acesso em: fev. 2023.

CSPPA. *CSPPA services*. Disponível em: https://www.csppa.gg/services. Acesso em: fev. 2023.

CT-SST. *Plano Nacional de Segurança e Saúde no Trabalho*. Disponível em: https://www.gov.br/trabalho-e-previdencia/pt-br/composicao/orgaos-especificos/secretaria-de-trabalho/inspecao/escola/e-biblioteca/plano-nacional-de-seguranca-e-saude-no-trabalho-plansat.pdf/view. Acesso em: mar. 2023.

DELPANAH, Arman *et al*. *The evaluation of rating games in team-based Battle Royale games*. Disponível em: https://arxiv.org/pdf/2105.14069.pdf. Acesso em: out. 2021.

EMMERICH, Katharina *et al*. *Streaming VR games to the broad audience*: a comparison of the first-person and third-person perspectives. Disponível em: https://dl.acm.org/doi/abs/10.1145/3411764.3445515?casa_token=XUdpUcPGeDkAAAAA:Cxzwb7f2PtRS-CY7QBWdyL5ILZnIRcGiNjeFIirFDRS3euOUnzgUK5EZ495BHdH3UPwWulvQfxiByTyQ. Acesso em: out. 2021.

EPSTEIN, Lee; KING, Gary. *Pesquisa empírica em direito*: as regras de inferência. Tradução de Fabio Morosini. São Paulo: DIREITO GV, 2013.

ESIC. *Anti-doping code*. Disponível em: https://esic.gg/codes/anti-doping-code/. Acesso em: fev. 2023.

ESIC. *ESIC prohibit list*. Disponível em: https://esic.gg/codes/esic-prohibited-list/. Acesso em: fev. 2023.

ESIC. *Members & Supporters*. Disponível em: https://esic.gg/members/?member_type=tournament-operator-members&status=active. Acesso em: fev. 2023.

ESIC. *Who we are*. Disponível em: https://esic.gg/about/. Acesso em: out. 2021.

ESPN. *Counter-Strike nos eSports*: do começo tímido à sua popularização global. Disponível em: http://www.espn.com.br/noticia/675074_coluna-do-bczz-counter-strike-nos-esports-do-comeco-timido-a-sua-popularizacao-global. Acesso em: dez. 2021.

ESPN. *Riot releases details on NA LCS franchising with $10m flat-fee buy-in*. Disponível em: https://www.espn.com/esports/story/_/id/19511222/riot-releases-details-na-lcs-franchising-10m-flat-fee-buy-in. Acesso em: fev. 2023.

ESPN. *Riot's players' association lays groundwork for unionization*. Disponível em: https://www.espn.com/esports/story/_/id/19617991/riot-players-association-lays-groundwork-unionization. Acesso em: fev. 2023.

ESPN. *Tfue processa a FaZe Clan e quer ser liberado de seu contrato com a organização*. Disponível em: https://www.espn.com.br/esports/artigo/_/id/5654985/tfue-processa-a-faze-clan-e-quer-ser-liberado-de-seu-contrato-com-a-organiza%C3%A7%C3%A3o. Acesso em: fev. 2023.

ESPN. *The life of Life*: chronicling the rise and fall of Lee "Life" Seung Hyun. Disponível em: https://www.espn.com/esports/story/_/id/15356948/chronicling-rise-fall-lee-life-seung-hyun. Acesso em: jan. 2023.

EXAME. *Porque o campeonato brasileiro de LoL vai adotar o modelo de franquia*. Disponível em: https://exame.com/pme/por-que-o-campeonato-brasileiro-de-lol-vai--adotar-modelo-de-franquia/. Acesso em: out. 2021.

FABER, Rodrigo. *Rainbow Six*: jogadores vão à Justiça do Trabalho contra a Team oNe. Disponível em: https://ge.globo.com/e-sportv/rainbow-6/noticia/rainbow-six-jogadores-vao-a-justica-do-trabalho-contra-a-team-one.ghtml. Acesso em: out. 2021.

FASHINA, Oluwatamilore. Doping in Esports: How and to What Extent can we Look to WADA for Guidance. In: *Sports Law J.*, vol. 28, 2021. Disponível em: https://papers.ssrn.com/sol3/papers.cfm?abstract_id=4097001. Acesso em: fev. 2023.

FELICIANO, Guilherme Guimarães. Meio ambiente do trabalho: aspectos gerais e propedêuticos. *Revista do Tribunal Regional do Trabalho da 15ª Região*, Campinas, n. 20, p. 160-203, 2002.

FRANÇA. *LOI n. 2016-1321 du 7 octobre 2016 pour une République numérique*. Disponível em: https://www.legifrance.gouv.fr/jorf/id/JORFTEXT000033202746. Acesso em: fev. 2023.

GE. *CBLoL*: confira a lista de todos os campeões do torneio. Disponível em: https://ge.globo.com/esports/noticia/cblol-confira-lista-de-todos-os-campeoes-do-torneio.ghtml. Acesso em: dez. 2021.

GE. *LoL e CS:GO passam Free Fire em esports mais vistos de 2020*: veja lista. Disponível em: https://ge.globo.com/esports/noticia/lol-e-csgo-passam-free-fire-em-esports-mais-vistos-de-2020-veja-lista.ghtml. Acesso em: dez. 2021.

GE. *Presidente do COB rejeita esports, mas diz "Brasileiro é bom"*. Disponível em: https://ge.globo.com/sports/noticia/2023/03/16/presidente-do-cob-rejeita-esports-mas-diz-brasileiro-e-bom.ghtml. Acesso em: mar. 2023.

GIMENES, Erick. *Time de e-sports é condenado a indenizar família de gamer morto em R$ 400 mil*. Disponível em: https://www.jota.info/tributos-e-empresas/trabalho/time-de-e-sports-e-condenado-a-indenizar-familia-de-gamer-morto-em-r-400-mil-20072022. Acesso em: fev. 2023.

GE. *CS:GO*: pancc é acusado de assédio sexual por menor de idade; jogador admite. Disponível em: https://ge.globo.com/esports/csgo/noticia/csgo-pancc-e-acusado-de-assedio-sexual-por-menor-de-idade-jogador-admite.ghtml. Acesso em: fev. 2023.

GE. *Free Fire*: El Mito é alvo de racismo durante live. Disponível em: https://ge.globo.com/esports/blogs/call-do-gb12/post/2021/01/27/free-fire-el-mito-e-alvo-de-racismo-durante-live.ghtml. Acesso em: fev. 2023.

GE. *LoL*: Biofrost assume ser gay e relata homofobia nos *esports*. Disponível em: https://ge.globo.com/esports/lol/noticia/2022/05/09/lol-biofrost-assume-ser-gay-e-relata-homofobia-nos-esports.ghtml. Acesso em: fev. 2023.

GE. *LoL*: Kake, treinador do Flamengo, é demitido após acusações de assédio. Disponível em: https://ge.globo.com/esports/lol/noticia/lol-kake-treinador-do-flamengo-e-demitido-apos-acusacoes-de-assedio.ghtml. Acesso em: fev. 2023.

GE. *LoL*: Mayumi e INTZ entram em acordo e encerram ações na justiça. Disponível em: https://globoesporte.globo.com/esports/lol/noticia/lol-mayumi-e-intz-entram-em-acordo-e-encerram-acoes-na-justica.ghtml. Acesso em: fev. 2023.

GE. *LoL*: MiT é acusado de agressão sexual e não será *caster* do CBLoL 2021. Disponível em: https://ge.globo.com/esports/lol/noticia/caster-e-ex-tecnico-de-lol-gabriel-mit-e-acusado-de-agressao-sexual.ghtml. Acesso em: fev. 2023.

GE. *Mulheres nos esports*: coletivos e ações que lutam por inclusão. Disponível em: https://ge.globo.com/esports/noticia/mulheres-nos-esports-coletivos-e-acoes-que-lutam-por-inclusao.ghtml. Acesso em: fev. 2023.

GE. *R6*: Liquid anuncia desligamento de Mav após apuração interna. Disponível em: https://ge.globo.com/esports/rainbow-6/noticia/r6-liquid-anuncia-desligamento-de-mav-apos-apuracao-interna.ghtml. Acesso em: fev. 2023.

GE. *Retrospectiva 2021*: ano teve denúncias de assédio nos *esports*. Disponível em: https://ge.globo.com/esports/noticia/retrospectiva-2021-ano-teve-denuncias-de-assedio-nos-esports.ghtml. Acesso em: fev. 2023.

GE. *Mercado brasileiro de games deve bater R$ 12,3 bi em 2021*. Disponível em: https://ge.globo.com/esports/stories/2021/05/05/mercado-brasileiro-de-games-deve-bater-r-123-bi-em-2021.ghtml. Acesso em: out. 2021.

GOH, Chui Ling. *The Social Licence to Operate in Esports*: The Glorification of Violence, Discrimination, and Gaming Addiction in Esports. Disponível em: https://papers.ssrn.com/sol3/papers.cfm?abstract_id=3814567. Acesso em: jan. 2023.

HAMSTEAD, Coleman. *'Nobody talks about it because everyone is on it'*: Adderall presents esports with an enigma. Disponível em: https://www.washingtonpost.com/video-games/esports/2020/02/13/esports-adderall-drugs/. Acesso em: fev. 2023.

HEDLUND, David P. A typology of Esports Players. *Journal of Global Sport Management*, DOI: 10.1080/24704067.2021.1871858. Disponível em: https://www.tandfonline.com/doi/abs/10.1080/24704067.2021.1871858. Acesso em: nov. 2021.

HEGGEM, Timothy. It's Complicated: Analyzing the Potential for Esports Players Unions. In: *Sports and entertainment law journal*, 2017. Disponível em: http://asuselj.org/wp-content/uploads/2017/08/Timothy-Its-complicated.pdf. Acesso em: fev. 2023.

HIMMELSTEIN, Daniel; LIU, Yitong; SHAPIRO, Jamie L. An Exploration of Mental Skills Among Competitive League of Legend Players. *International Journal of Gaming and Computer-Mediated Simulations.* vol. 9 (2), 1-21. https://doi.org/10.4018/IJGCMS.2017040101. Disponível em: https://psycnet.apa.org/record/2017-35500-001. Acesso em: nov. 2021.

HLTV. *CS:GO World ranking on November*, 2021. Disponível em: https://www.hltv.org/ranking/teams/2021/november/22?__cf_chl_jschl_tk__=zVpJmkW8FH8zT.R3t2QCwXpxkMU_UwuBx3cMkfbE7Kl-1638365782-0-gaNycGzNCL0. Acesso em: dez. 2021.

HOLDEN, John T.; EDELMAN, Marc; BAKER III, Thomas A. *A short treatise on eSports and the law*: how America regulates its next national pastime. Disponível em: https://papers.ssrn.com/sol3/papers.cfm?abstract_id=3441843. Acesso em: out. 2021.

HOLDEN, John T.; RODENBERG, Ryan M.; KABURAKIS, Anastasios. The Future is Now: Esports Policy Considerations and Potential Litigation. In: *Journal of Legal Aspects of Sport*, ©SRLA Vol. 27 pp. 46-78, 2017. Disponível em: https://journals.iupui.edu/index.php/jlas/article/view/22241. Acesso em: jan. 2023.

HOLDEN, John; BAKER III, Thomas A. The Econtractor: Defining the Esports Employment Relationship. In: *American Business Law Journal*, vol. 56, n. 2, Summer 2019. Disponível em: https://heinonline.org/HOL/P?h=hein.journals/ambuslj56&i=392.

Acesso em: jan. 2023.

HOLLIST, Katherine E. Time to be grown-ups about video gaming: the rising esports industry and the need for regulation. In: *Arizona Law Review*, vol. 57, n. 3, 2015. Disponível em: https://arizonalawreview.org/time-to-be-grown-ups-about-video-gaming-the-rising-esports-industry-and-the-need-for-regulation/. Acesso em: fev. 2023.

HWANG, Jamie. Cheating in E-Sports: A Proposal to Regulate the Growing Problem of E-Doping. In: *Northwestern University Law Review*, vol. 116, n. 5, 2022, p. 1296. Disponível em: https://scholarlycommons.law.northwestern.edu/nulr/vol116/iss5/3/. Acesso em: fev. 2023.

IGREJA, Rebecca Lemos. O direito como objeto de estudo empírico: o uso de métodos qualitativos no âmbito da pesquisa empírica em direito. In: MACHADO, Maíra Rocha. *Pesquisar empiricamente o direito*. São Paulo: Rede de Estudos Empíricos em Direito, 2017.

IOC. *IOC announces Olympic Esports Series 2023 with winners to be crowned at live finals in Singapore from 22 to 25 June*. Disponível em: https://olympics.com/ioc/news/ioc-announces-olympic-esports-series-2023. Acesso em: mar. 2023.

ISTOÉ. *E-sports não é (mais) brincadeira*. Disponível em: https://www.istoedinheiro.com.br/e-sports-nao-e-mais-brincadeira/. Acesso em: out. 2021.

IZIDRO, Bruno. *Torneios de eSports*: qual a diferença entre ligas abertas e fechadas? Disponível em: https://www.uol.com.br/start/ultimas-noticias/2019/05/26/torneios-de-esports-qual-a-diferenca-entre-formatos-abertos-e-fechados.htm. Acesso em: out. 2021.

JAKOBSSON, Mikael. The Achievement Machine: Understanding Xbox 360 Achievements in Gaming Practices. *Game Studies*. 2011. Disponível em: http://gamestudies.org/1101/articles/jakobsson. Acesso em: out. 2021.

JOHNSON, Mark R.; WOODCOCK, Jamie. Work, play, and precariousness: An overview of the labour ecosystem of esports. In: *Media, Culture & Society*, vol. 43, n. 8, 2021. Disponível em: https://journals.sagepub.com/doi/10.1177/01634437211011555. Acesso em: fev. 2023.

JOHRI, Achint. Cashing in on the Esports Phenomenon: Increasing Awareness on Ethical Issues and Governance Challenges. *J. FOR SPORTS L. POL'Y & Gov*, Vol. 41, 2020. Disponível em: https://heinonline.org/HOL/LandingPage?handle=hein.journals/jslpg2&div=8&id=&page=. Acesso em: fev. 2023.

JOVEM NERD. *Jogador revela doping nos e-Sports*. Disponível em: https://jovemnerd.com.br/nerdbunker/jogador-revela-doping-nos-e-sports/. Acesso em: fev. 2023.

KANG, Jin Oh *et al.* Comparison of Psychological and Cognitive Characteristics between Professional Internet Game Players and Professional Baseball Players. *International journal of environmental research and public health*. vol. 17,13 4797. 3 Jul. 2020. DOI: 10.3390/ijerph17134797. Disponível em: https://pubmed.ncbi.nlm.nih.gov/32635282/. Acesso em: nov. 2021.

KEMP, C.; PIENAAR, P. R.; RAE, D. E. *Brace yourselves*: esports is coming. Disponível em: http://www.scielo.org.za/pdf/sajsm/v32n1/07.pdf. Acesso em: out. 2021.

KIM, Habbine Estelle. *A Rescue Project*: The French Esports Fixed-Term Employment Contract. Disponível em: https://papers.ssrn.com/sol3/papers.cfm?abstract_id=4125169. Acesso em: fev. 2023.

LEE, Jonathan. *Esports stars have shorter careers than NFL players*: here's why. Disponível em: https://www.washingtonpost.com/video-games/esports/2022/04/19/esports-age-retirement/. Acesso em: fev. 2023.

LI, Roland. *Good luck have fun*: the rise of eSports. New York: Skyhorse Publishing, 2016.

LII. *ABC Test*. Disponível em: https://www.law.cornell.edu/wex/abc_test. Acesso em: fev. 2023.

LIQUIPEDIA. *Circuito CBCS 2022*. Disponível em: https://liquipedia.net/commons/images/f/fd/CBCS_2022_Rulebook.pdf. Acesso em: jan. 2023.

LUU, Anh *et al*. Reaction Times for Esport Competitors and Traditional Physical Athletes are Faster than Noncompetitive Peers. *The Ohio journal of science*. vol. 121(2): 15-20. Disponível em: https://www.researchgate.net/publication/350852240_Reaction_Times_for_Esport_Competitors_and_Traditional_Physical_Athletes_are_Faster_than_Noncompetitive_Peers. Acesso em: nov. 2021.

MACKUS, Evelynn. *Por que as ligas femininas são necessárias nos esports?* Disponível em: https://www.espn.com.br/esports/artigo/_/id/7803037/coluna-da-evelynn-por-que-as-ligas-femininas-sao-necessarias-nos-esports. Acesso em: fev. 2023.

MARQUES, Rafael Dias; SANTOS, Elisiane. Proteção integral de crianças e adolescentes no trabalho artístico e o sistema de Justiça do Trabalho. In: CÉSAR, João Batista Martins; MELO, Guilherme Aparecido Bassi de. *Trabalho infantil*: mitos, realidades e perspectivas – estudos realizados em homenagem ao Professor Oris de Oliveira. São Paulo: LTr, 2016.

MARTINELLI, Jacqueline. The Challenges of Implementing a Governing Body for Regulating ESports. In: *University of Miami International and Comparative Law Review*, vol. 26, n. 2, 2019. Disponível em: https://repository.law.miami.edu/umiclr/vol26/iss2/8/#:~:text=Currently%2C%20there%20are%20multiple%20organizations,the%20regulations%20that%20they%20propose. Acesso em: jan. 2023.

MCCARTHY, Matthew. Balancing Esports: Protecting the next Generation's Superstars. *The Free Library*, 2022. Disponível em: https://www.thefreelibrary.com/BALANCING+ESPORTS%3A+PROTECTING+THE+NEXT+GENERATION%27S+SUPERSTARS.--a0706498434. Acesso em: fev. 2023.

MCLEOD, Christopher M.; XUE, Hanhan; NEWMAN, Joshua I. Opportunity and inequality in the emerging esports labor market. In: *International Review for the Sociology of Sport*, vol. 57, n. 8, 2021. Disponível em: https://journals.sagepub.com/doi/abs/10.1177/10126902211064093. Acesso em: fev. 2023.

MELO FILHO, Álvaro. *Direito desportivo*: novos rumos. Belo Horizonte: Del Rey, 2004.

MICHELMAN, Frank I. Adjudication as Sport: Rhetoric Astray? In: *Osgoode Hall Law Journal*. (2000). Disponível em: https://digitalcommons.osgoode.yorku.ca/ohlj/vol38/iss4/4/. Acesso em: jan. 2023.

MURRAY, Trent. *An introduction to watching fighting games as eSports*. Disponível em: https://archive.esportsobserver.com/introduction-fighting-games-esports/. Acesso em: out. 2021.

NAGORSKY, Eugen; WIEMEYER, Josef. The structure of performance and training in esports. *PLOS ONE*. vol. 16(4): e0250316. https://doi.org/10.1371/journal.pone.0250316. Disponível em: https://journals.plos.org/plosone/article?id=10.1371/journal.pone.0237584. Acesso em: nov. 2021.

NEWMAN, James. *Videogames*. New York: Routledge, 2004.

NEWZOO. *Esports in Brazil*: key facts, figures, and faces. Disponível em: https://resources.newzoo.com/hubfs/Reports/Esports_Bar_Newzoo_Esports_in%20Brazil.pdf?__hstc=133451409.e85d2ae887e1752fc1de3bac41c9e1c3.1568909855822.1568909855822.1568909855822.1&__hssc=133451409.9.1568909855823. Acesso em: out. 2021.

NEWZOO. *Gen X gamers*: the spotlight. Disponível em: https://newzoo.com/insights/infographics/gen-x-gamers-how-gen-x-engage-with-video-games/. Acesso em: out. 2021.

NEWZOO. *Gen Z gamers*: key insights. Disponível em: https://newzoo.com/insights/infographics/gen-z-gamers-key-insights/. Acesso em: out. 2021.

NEWZOO. *Global Esports & Streaming Market*: 2021. Disponível em: https://newzoo.com/insights/trend-reports/newzoos-global-esports-live-streaming-market-report-2021-free-version/. Acesso em: abr. 2023.

NEWZOO. *Global Games Market Report 2022*. Disponível em: https://newzoo.com/resources/trend-reports/newzoo-global-games-market-report-2022-free-version. Acesso em: abr. 2023.

NEWZOO. *Key insights into brazilian gamers*. Disponível em: https://newzoo.com/resources/trend-reports/key-insights-into-brazilian-gamers-newzoo-gamer-insights-report. Acesso em: abr. 2023.

NEWZOO. *Millenials gamers*: a deep dive. Disponível em: https://newzoo.com/insights/infographics/millennial-gamers-how-millennials-engage-with-video-games/. Acesso em: out. 2021.

NEWZOO. *Most Popular PC Games*. Steam Global. Disponível em: https://newzoo.com/insights/rankings/top-20-pc-games/. Acesso em: nov. 2021.

NEWZOO. *Most watched games on Twitch*. Disponível em: https://newzoo.com/insights/rankings/top-games-twitch/. Acesso em: dez. 2021.

OIT. *Convenção n. 138*. Disponível em: https://www.ilo.org/brasilia/convencoes/WCMS_235872/lang--pt/index.htm. Acesso em: mar. 2023.

OIT. *Convenção n. 155*. Disponível em: https://www.ilo.org/brasilia/convencoes/WCMS_236163/lang--pt/index.htm. Acesso em: mar. 2023.

OIT. *Convenção n. 182*. Disponível em: https://www.ilo.org/brasilia/convencoes/WCMS_236696/lang--pt/index.htm. Acesso em: mar. 2023.

OIT. *Convenção da OIT sobre trabalho infantil conquista a ratificação universal*. Disponível em: https://www.ilo.org/brasilia/noticias/WCMS_752499/lang--pt/index.htm. Acesso em: mar. 2023.

OIT. *Declaração da OIT sobre os princípios e direitos fundamentais no trabalho*. Disponível em: http://www.ilo.org/public/english/standards/declaration/declaration_portuguese.pdf. Acesso em: mar. 2023.

OIT. *OMS e OIT pedem novas medidas para enfrentar os problemas de saúde mental no trabalho*. Disponível em: https://www.ilo.org/brasilia/noticias/WCMS_857127/lang--pt/index.htm. Acesso em: abr. 2023.

PAPALOUKAS, Marios. E-Sports Explosion: The Birth of Esports Law or Merely a New Trend Driving Change in Traditional Sports Law? In: *24th IASL International Sports Law Congress*, 2018. Disponível em: https://papers.ssrn.com/sol3/papers.cfm?abstract_id=3323593. Acesso em: jan. 2023.

PARAVIZO, Esdras; SOUZA, Renato Rodrigues Luvizoto. *Playing for real*: an exploratory analysis of professional esports athletes' work. Disponível em: https://link.springer.com/chapter/10.1007/978-3-319-96077-7_54. Acesso em: out. 2021.

PARRY, Jim. E-sports are not sports. *Sport, Ethics and Philosophy*. vol. 13:1, 3-18, DOI: 10.1080/17511321.2018.1489419. Disponível em: https://www.researchgate.net/publication/326372787_E-sports_are_Not_Sports. Acesso em: nov. 2021.

PASQUALETO, Olívia de Quintana Figueiredo. *A influência do direito internacional na proteção da saúde e segurança do trabalhador*: uma análise jurisprudencial sobre a aplicação da Convenção n. 155 da OIT pela Justiça do Trabalho no Brasil. 2020. Tese (Doutorado) – Universidade de São Paulo, São Paulo, 2020.

PATEL, Roshan. Esports, Player Positions, and the Benefits of Unionization. In: *Duke Law & Technology Review*, 2020. Disponível em: https://scholarship.law.duke.edu/dltr/vol18/iss1/18/. Acesso em: fev. 2023.

PLAYMATCH. *O caminho para você trabalhar no mercado de esports*. Disponível em: https://blog.playmatch.gg/o-caminho-para-voce-trabalhar-no-mercado-de-esports/. Acesso em: nov. 2021.

PwC. *Sports industry*: system rebooting. Disponível em: https://library.olympics.com/Default/doc/SYRACUSE/470563/sport-industry-system-rebooting-pwc-s-sports-survey-2020-pricewaterhousecoopers?_lg=en-GB. Acesso em: out. 2021.

RAMOS, Rafael Teixeira. Direito desportivo e o direito ao desporto na Constituição da República Federativa do Brasil. *Revista Jurídica da FA7*. vol. 6 (1), 81-103. https://doi.org/10.24067/rjfa7;6.1:236. Disponível em: https://periodicos.uni7.edu.br/index.php/revistajuridica/article/view/236. Acesso em: nov. 2021.

RIGON, Daniela. *A história de Remilia*: ex-jogadora de *League of Legends* teve sua vida devastada pela Renegades. Disponível em: https://www.espn.com.br/esports/artigo/_/id/4135586/a-historia-de-remilia-ex-jogadora-de-league-of-legends-teve-sua-vida-devastada-pela-renegades. Acesso em: fev. 2023.

RIGUEIRAS, Siouxsie. *Além dos games e streams*: conheça integrantes da Wakanda Streamers. Disponível em: https://www.uol.com.br/start/ultimas-noticias/2020/11/03/wakanda-streamers-alem-dos-games.htm. Acesso em: fev. 2023.

RIOT GAMES. *Conheça as equipes*. Disponível em: https://br.leagueoflegends.com/pt/featured/worlds-2017-meet-the-teams/. Acesso em: jan. 2023.

RIOT GAMES. *Regulamento temporada de 2022*: Campeonato Brasileiro & Campeonato Brasileiro Academy. Disponível em: https://assets.contentstack.io/v3/assets/bltad9188aa9a70543a/blt5f029dff8cb11e55/61d882778aabbf6426b751ba/CBLOL_-_Regulamento_Oficial_[1.1].pdf. Acesso em: jan. 2023.

ROSENTHAL, Rebecca R. *A Tough Pill to Swallow*: Making the Case for Why eSports Leagues Must Adopt Strict Banned Substance Policies to Prevent Disability Discrimination. 2020. Disponível em: https://papers.ssrn.com/sol3/papers.cfm?abstract_id=3589710. Acesso em: fev. 2023.

SANTOS, Isadora. *Insights into Latin America's $3.5 Billion Mobile Games Market*: Players, Payers, Revenues, Esports & Market Dynamics. Disponível em: https://newzoo.com/insights/articles/insights-into-latin-americas-3-5-billion-mobile-games--market-players-payers-revenues-esports-market-dynamics/. Acesso em: out. 2021.

SBP. *Manual de orientação #Menos telas #Mais saúde*. Disponível em: https://www.sbp.com.br/fileadmin/user_upload/_22246c-ManOrient_-__MenosTelas__MaisSaude.pdf. Acesso em: fev. 2023.

SCHOLZ, T. M. Deciphering the World of eSports. *International Journal on Media Management*, 2020, vol. 22, n. 1. Disponível em: https://www.tandfonline.com/doi/pdf/10.1080/14241277.2020.1757808. Acesso em: out. 2021.

SCHOLZ, T. M. *Management in the world of competitive gaming*. Siegen: Palgrave Macmillan, 2019.

SCHOLZ, Tobias M.; VOLKER, Stein. Going Beyond Ambidexterity in the Media Industry: eSports as Pioneer of Ultradexterity. *International Journal of Gaming and Computer-Mediated Simulations*. 2017.

SCHÜTZ, Martin. *Sportwissenschaftler*: eSports-profis sind wahre athleten. Disponível em: https://www.dw.com/de/sportwissenschaftler-esports-profis-sind-wahre--athleten/a-19011581. Acesso em: nov. 2021.

SEINER, Jake. *"You're a girl, you're being targeted"*: Women in esports navigate toxicity, other barriers. Disponível em: https://www.denverpost.com/2019/01/03/esports-women-navigate-toxicity-barriers/. Acesso em: fev. 2023.

SLUSHER, Howard S. Sport: a philosophical perspective. In: *Law and Contemporary Problems*. Vol. 38, No. 1, Athletics (Winter – Spring, 1973). Disponível em: https://www.jstor.org/stable/1190964#metadata_info_tab_contents. Acesso em: jan. 2023.

SOMMADOSSI, Guilherme. *Carreiras nos eSports*: conheça 7 caminhos profissionais no setor. Disponível em: https://forbes.com.br/carreira/2019/10/carrreiras-nos-esports-conheca-7-caminhos-profissionais-no-setor/. Acesso em: nov. 2021.

STIGERS, Quinn A. Legal and Practical Barriers to the Viability of Traditional Esports Titles as Olympic Medaling Sports. In: *Marquette Sports Law Review*, 2021. Disponível em: https://scholarship.law.marquette.edu/cgi/viewcontent.cgi?article=1819&context=sportslaw. Acesso em: fev. 2023.

SUN, Yaoyao. *Motivation To Play Esports*: Case of League of Legends. Disponível em: https://scholarcommons.sc.edu/cgi/viewcontent.cgi?article=5119&context=etd. Acesso em: nov. 2021.

SUPER INTERESSANTE. *O lado sombrio dos eSports*. Disponível em: https://super.abril.com.br/comportamento/o-lado-sombrio-dos-esports/. Acesso em: fev. 2023.

SWARTZ & SWARTZ. *Fortnite star Tfue settles dispute with FaZe Clan, ending Esports' first major employment lawsuit*. Disponível em: https://swartzlaw.com/fortnite-star-tfue-settles-dispute-with-faze-clan/. Acesso em: fev. 2023.

TAYLOR, T. L. *Raising the stakes*: e-sports and the professionalization of computer gaming. Cambridge: MIT Press, 2012.

TECHTUDO. *LoL e CS:GO*: relembre escândalos de manipulação de resultados no *esports*. Disponível em: https://www.techtudo.com.br/listas/2020/03/lol-e-csgo-relembre-escandalos-de-manipulacao-de-resultados-no-esports.ghtml. Acesso em: jan. 2023.

THOLL, Chuck *et al*. Musculoskeletal disorders in video gamers – a systematic review. In: *BMC Musculoskelet Disord*, vol. 23, 2022. Disponível em: https://pubmed.ncbi.nlm.nih.gov/35842605/. Acesso em: fev. 2023.

TOTH, Adam J. *et al*. Converging Evidence Supporting the Cognitive Link between Exercise and Esport Performance: A Dual Systematic Review. *Brain sciences*, vol. 10, 11 859. 15 nov. 2020, DOI: 10.3390/brainsci10110859. Disponível em: https://pubmed.ncbi.nlm.nih.gov/33203067/. Acesso em: nov. 2021.

TOTH, Adam J. *et al*. The effect of expertise, training and neurostimulation on sensory-motor skill in esports. *Computers in Human Behavior*. vol. 121, 2021. p. 3. Disponível em: https://www.sciencedirect.com/science/article/pii/S0747563221001059. Acesso em: nov. 2021.

TRT 2. *Ato GP 19/2013*. Disponível em: http://www.trtsp.jus.br/geral/tribunal2/Normas_Presid/Atos/2013/GP_19_13.html. Acesso em: mar. 2023.

TRT 2. *Provimento GP/CR 07/2014*. Disponível em: http://www.trtsp.jus.br/geral/tribunal2/Normas_Presid/Provimentos/2014/GPCR_7_14.html. Acesso em: mar. 2023.

TST. *TST considera fraudulento contrato de jogador e reconhece natureza salarial do direito de imagem*. Disponível em: https://www.tst.jus.br/-/tst-considera-fraudulento-contrato-de-jogador-e-reconhece-natureza-salarial-do-direito-de-imagem. Acesso em: fev. 2023.

UOL. *Adicional noturno para atletas precisa de mais casos para gerar jurisprudência*. Disponível em: https://www.uol.com.br/esporte/colunas/lei-em-campo/2020/05/08/adicional-noturno-a-atletas-precisa-de-mais-casos-para-gerar-jurisprudencia.htm. Acesso em: fev. 2023.

UOL. *Ana Moser defende 'ação intersetorial' para investir em eSports*. Disponível em: https://www.uol.com.br/esporte/ultimas-noticias/2023/01/18/ana-moser-defende-acao-intersetorial-para-investir-em-esports.htm. Acesso em: mar. 2023.

UOL. *Gaming office:* saiba tudo sobre o *gaming office* do Submarino Stars. Disponível em: https://www.uol/jogos/conteudo-de-marca/submarino-stars-gaming-office.htm#gaming-office. Acesso em: out. 2021.

UOL. *Justiça de SP garante adicional noturno para jogador*: Ele tem direito? Disponível em: https://www.uol.com.br/esporte/colunas/lei-em-campo/2021/10/18/justica-reconhece-direito-a-adicional-noturno-para-jogador-ele-tem-direito.htm. Acesso em: fev. 2023.

VALVE. *Limited Game Tournament Licenses*. Disponível em: https://store.steampowered.com/tourney/limited_license. Acesso em: jan. 2023.

WASSERMAN, Howard. *Defining sport*: Intrinsic and Instrumental (not utilitarian) Values. Disponível em: https://prawfsblawg.blogs.com/prawfsblawg/2012/08/defining-sport-intrinsic-and-utilitarian-values.html. Acesso em: jan. 2023.

WATANABE, Ken *et al*. The effects of competitive and interactive play on physiological state in professional esports players. *Heliyon*. vol. 7, 2021. Disponível em: https://www.sciencedirect.com/science/article/pii/S2405844021009476#! Acesso em: nov. 2021.

WEBER, David P. Athletes in Transit: Why the Game Is Different in Sports and the Visas Should Be Too. In: *Tulane Law Review*, Vol. 96, 2021-2022. Disponível em: https://papers.ssrn.com/sol3/papers.cfm?abstract_id=3796346. Acesso em: fev. 2023.

WEINREB, Brandon I. Esports and Harassment: Analyzing Player Protections in a Hostile Work Environment. In: *California Western Law Review*, vol. 57, 2021. Disponível em: https://scholarlycommons.law.cwsl.edu/cgi/viewcontent.cgi?article=1732&context=cwlr. Acesso em: fev. 2023.

WEUSTINK, Jorik. *Brazilian Games Market Consumer Insights*: Brazil's Mobile Players Are Likelier to Play Competitive & Midcore Games. Disponível em: https://newzoo.com/insights/articles/brazilian-games-market-consumer-insights-brazils-mobile-players-are-likelier-to-play-competitive-midcore-games/. Acesso em: out. 2021.

WHO. *ICD-11 for mortality and morbidity statistics*. Disponível em: https://icd.who.int/browse11/l-m/en#/http://id.who.int/icd/entity/1448597234. Acesso em: fev. 2023.

WHO; ILO. *Mental health at work*: policy brief. 2022. Disponível em: https://www.ilo.org/wcmsp5/groups/public/---ed_protect/---protrav/---safework/documents/publication/wcms_856976.pdf. Acesso em: abr. 2023.

WIEMEYER, Josef; HARDY, Sandro. Serious Games and Motor Learning: Concepts, Evidence, Technology. g. In: Bredl K., Bösche W., editors. *Serious games and virtual worlds in education, professional development and healthcare*. Hershey, Pa: IGI Global. Disponível em: https://www.igi-global.com/viewtitlesample.aspx?id=75816&ptid=72157&t=serious+games+and+motor+learning%3a+concepts%2c+evidence%2c+technology. Acesso em: nov. 2021.

WINDHOLZ, Eric. Governing Esports: Public Policy, Regulation and the Law. In: *Sports Law e Journal*, 2020. Disponível em: https://papers.ssrn.com/sol3/papers.cfm?abstract_id=3622662. Acesso em: fev. 2023.

WOHN, Donghee Yvette; FREEMAN, Guo. Live Streaming, Playing, and Money Spending Behaviors in eSports. In: *Games and Culture*, Vol. 15. Disponível em: https://journals.sagepub.com/doi/full/10.1177/1555412019859184. Acesso em: jan. 2023.

WONG, Jackson. More Than Just a Game: The Labor and Employment Issues Within Esports. In: *UNLV Gaming Law Journal,* Vol. 11, 2020. Disponível em: https://scholars.law.unlv.edu/glj/vol11/iss1/5/. Acesso em: fev. 2023.

ZAINAGHI, Domingos Sávio. *Os atletas profissionais de futebol no direito do trabalho*. 4 ed. São Paulo: LTr, 2020.

ZETINO, Jehnytssa. Out of Their League: An Antitrust Analysis of Esports Players Associations and Attempts at Unionization. In: *Hous. L. Rev.*, vol. 58, 2021. Disponível em: https://houstonlawreview.org/article/19367-out-of-their-league-an-antitrust-analysis-of-esports-players-associations-and-attempts-at-unionization. Acesso em: fev. 2023.

Anexo

Anexo A — Roteiro das entrevistas com os times de esportes eletrônicos

Perguntas aos times:

— Como é a estrutura de funcionamento e organização do time?

— Quais são os pontos positivos e negativos da forma de organização das competições/envolvimento da desenvolvedora nessas competições?

— Quais são os pontos positivos e negativos da migração para o sistema de franquias? (*League of Legends*)

— Quais são os pontos positivos e negativos do menor controle da desenvolvedora na organização das competições? (*Counter-Strike*)

Qual o nível de envolvimento de mulheres no cenário competitivo?

— Como são firmados os contratos com os atletas?

— Os atletas podem também fazer *streaming*?

Perguntas aos atletas:

— Como é a rotina de trabalho?

— Qual a idade com que começou a jogar videogame? E com qual idade começou a jogar profissionalmente/competir?

— Quais as motivações que levaram você a querer ser um jogador profissional?

— Já teve alguma lesão por conta de jogar videogame?

Anexo B — Entrevista 1 (time de *League of Legends*)

Perguntas ao time:

— Como é a estrutura de funcionamento e organização do time?

R: O time se organiza com 1 treinador, uma comissão técnica de 5 pessoas, 12 jogadores, 1 psicólogo, 2 educadores físicos e 1 médico do esporte.

Além disso, o time adota a organização de *gaming office*, porque acha positiva a separação entre vida pessoal e profissional dos atletas.

— Quais são os pontos positivos e negativos da forma de organização das competições/envolvimento da desenvolvedora nessas competições?

R: O ponto positivo é que a desenvolvedora do jogo (Riot) é muito organizada, o que possibilita que os times tenham maior segurança para se organizarem. Além disso, a liga tem uma força comercial muito grande.

O ponto negativo é que o calendário é ruim, tendo em vista que há um intervalo muito grande entre as competições.

— Quais são os pontos positivos e negativos da migração para o sistema de franquias? (*League of Legends*)

R: O ponto positivo do sistema fechado (franquias) é que os times têm maior estabilidade já que a vaga está assegurada para os anos seguintes. Além disso, os times acabam trabalhando melhor com a liga.

O ponto negativo é que esse sistema tira um pouco da emoção e da competitividade.

— Quais são os pontos positivos e negativos do menor controle da desenvolvedora na organização das competições? (*Counter-Strike*)

R: O ponto positivo de um sistema aberto como o do *Counter-Strike* é que há a maior possibilidade de novos times ingressarem no cenário competitivo.

O ponto negativo é que há menor estabilidade para os times, de modo que eles tendem a fazer menos apostas em contratações.

— Qual o nível de envolvimento de mulheres no cenário competitivo?

R: O time possui algumas mulheres disputando a liga secundária e algumas disputando a liga de base. Um destaque é que o jogo *Valoran*t organiza campeonatos femininos, o que não existe em outros jogos.

— Como são firmados os contratos com os atletas?

R: Os contratos dos jogadores são firmados com base na Lei Pelé (Lei n. 9.615/1998) e todos os jogadores têm tanto o contrato de trabalho quanto o contrato de imagem.

— Os atletas podem também fazer *streaming*?

R: O time possui 3 categorias de profissionais contratados: aqueles que são contratados como influenciadores digitais e produzem conteúdo para as mídias sociais; os atletas profissionais; e aqueles que além de desempenharem a função de atletas, possuem um instrumento jurídico apartado que dispõe sobre as condições para a realização de *streaming*.

Perguntas aos atletas: *(nesse caso, os representantes dos times que responderam as questões, tendo em vista que os atletas estavam em preparação para o campeonato)*

— Como é a rotina de trabalho?

R: A rotina varia bastante, mas em regra há treinamento 4 dias na semana e 2 dias de jogos/competição. Os atletas chegam no *gaming office* por volta do 12h e iniciam os treinos por volta das 14h, tal treino se encerra por volta das 19h/20h, mas os atletas ainda continuam treinando por conta própria.

Em dias de jogos, os atletas se apresentam com 2 horas de antecedência.

— Qual a idade com que começou a jogar videogame? E com qual idade começou a jogar profissionalmente/competir?

R: Não foi possível realizar a pergunta, porque os atletas não foram entrevistados

— Quais as motivações que levaram você a querer ser um jogador profissional?

R: Não foi possível realizar a pergunta, porque os atletas não foram entrevistados

— Já teve alguma lesão por conta de jogar videogame?

R: As lesões mais frequentes entre os atletas estão relacionadas com lesões de membros superiores, por conta de movimentos repetitivos e problemas de postura.

Anexo C — Entrevista 2 (time de *League of Legends*)

Perguntas ao time:

— Como é a estrutura de funcionamento e organização do time?

R: O time se organiza com no mínimo 1 treinador, 1 analista, 1 *manager* e 2 *positioners* (profissionais específicos de posicionamento). O time possui ainda uma equipe comercial, uma equipe de bem-estar (composto por psicólogo e fisioterapeuta) e também conta com nutricionista no início dos campeonatos.

Além disso, o time adota a organização de *gaming office*, porque é uma forma de organização que traz mais profissionalismo e ajuda na separação entre vida pessoal e vida profissional. Em casos em que a organização de *gaming office* não é possível, o time opta por ofertar um auxílio-moradia.

— Quais são os pontos positivos e negativos da forma de organização das competições/envolvimento da desenvolvedora nessas competições?

R: Os pontos positivos estão na melhor regulamentação de práticas, padronização e sucesso em evitar *doping* financeiro (regras para transferência de atletas).

O ponto negativo é que a desenvolvedora atrai as responsabilidades para si quando não permite que outros atores explorem o cenário.

— Quais são os pontos positivos e negativos da migração para o sistema de franquias? (*League of Legends*)

R: O ponto positivo está no maior diálogo com a organizadora dos campeonatos.

O ponto negativo é o risco do investimento para se comprar a vaga.

— Quais são os pontos positivos e negativos do menor controle da desenvolvedora na organização das competições? (*Counter-Strike*)

R: Não possuem experiência com *Counter-Strike.*

— Qual o nível de envolvimento de mulheres no cenário competitivo?

R: O consumo de jogos eletrônicos por mulheres é alto, mas esse número diminui quando falamos do mundo competitivo. Existem alguns movimentos que buscam abrir espaço para mais participação feminina.

— Como são firmados os contratos com os atletas?

R: Os contratos dos jogadores são firmados com base na Lei Pelé (Lei n. 9.615/1998). Os atletas são contratados considerando posicionamento em rankings oficiais, relevância no mercado e também análise do setor de inteligência de dados.

— Os atletas podem também fazer *streaming*?

R: A possibilidade de se fazer *streaming* varia de atleta para atleta.

Perguntas aos atletas:

— Como é a rotina de trabalho? (pergunta respondida pelo time)

R: Os atletas chegam no escritório por volta das 13h e realizam dois blocos de amistosos com times do Brasil e da América Latina, depois realizam tanto treinamento em equipe quanto treinamento solo, havendo um tempo reservado para analisar pontos positivos e negativos do treino (momento é acompanhado pelo psicólogo). Acabam os treinos por volta da meia-noite/1h da manhã.

Os atletas jogam 2 vezes na semana e possuem 1 dia de descanso.

— Qual a idade com que começou a jogar videogame? E com qual idade começou a jogar profissionalmente/competir? (time repassou a pergunta para os jogadores e enviou as respostas)

R: Idade em que começou a jogar videogame:

4 anos: 2 jogadores

5 anos: 1 jogador

6 anos: 4 jogadores

8 anos: 2 jogadores

Idade em que começou a jogar profissionalmente:

16 anos: 1 jogador

17 anos: 2 jogadores

18 anos: 1 jogador

19 anos: 2 jogadores

20 anos: 3 jogadores

— Quais as motivações que levaram você a querer ser um jogador profissional? (time repassou a pergunta para os jogadores e enviou as respostas)

R: As motivações citadas foram: porque gostam de competir, ser relevante no meio, ter uma carreira e gostar de jogar videogame.

— Já teve alguma lesão por conta de jogar videogame? (pergunta respondida pelo time)

R: O time nunca teve problemas com lesões por esforço repetitivo (LER), no entanto, já identificaram muitos casos associados ao transtorno de ansiedade, sendo que em alguns houve a necessidade de afastamento dos jogadores e encaminhamento para o psiquiatra.